음악과 영화가
만난 길에서 [개정증보판]

음악과 영화가 만난 길에서 [개정증보판]

- 아마데우스
- 웨스트사이드 스토리
- 오페라의 유령

김종환 지음

이담 Books

시작하는 말

　피터 쉐퍼(Peter Shaffer)의 각본을 바탕으로 1984년에 영화로 제작된 밀로스 포만(Miloš Forman)의 영화 <아마데우스>(*Amadeus*)는 작품상을 포함한 8개 부문에 걸쳐 아카데미상을 수상한 수작이다. 다양한 분야에 걸쳐 수상을 가능하게 한 근본적인 요인은 각본상을 받은 피터 쉐퍼의 탄탄한 영화 대본일 것이다. 피터 쉐퍼가 자신의 희곡을 바탕으로 각색한 이 영화 대본은 그 어떤 영화 대본에서도 볼 수 없는 문학성과 상징성을 지니고 있다. 영화 대본이 원작만큼이나 작품성이 높다는 말이다.

　이 영화는 죄책감에 사로잡혀 자살을 시도했으나 실패한 늙은 살리에리(Salieri)의 고백으로 시작되며, 그와 모차르트의 대립과 갈등이 중심 사건이다. 살리에리는 음악을 통해 신의 영광을 찬양하고, 자신 또한 음악을 통해 영광을 누리기를 갈망한다. 그러나 신은 경박하고 천박한 모차르트에게만 신의 음성을 담은 천상의 음악을 작곡하도록 허락할 뿐, 살리에리에게는 모차르트와 같은 음악적 천재성을 부여하지 않는다. 그리하여 살리에리는 모차르트와 같은 경박한 인간에게 천재적 재능을 준 신을 이해할 수 없었고, 마침내 모차르트에게 해를 끼치는 방식으로 신에게 복수하기로 결심한다. 그리하여 살리에리는 음악을 통해 모차르트에게 접근하며 또한 음악을 통해 그를 망가뜨린다. 감독은 배경음악으로 흐르는 모차르트의 음악을 인물들의 갈등을 드러내고 주제를 구현하는 효과적인 장치로 이용한다. 또한 음악적 상징을 통해 예술적 깊이를 더한다.

1961년 발표된 영화 <웨스트사이드 스토리>(*West Side Story*)는 1957년 무대에서 공연된 뮤지컬 <웨스트사이드 스토리>를 영화로 만든 작품이다. 셰익스피어의 『로미오와 줄리엣』(*Romeo and Juliet*)을 현대적 관점으로 재현하고 싶었던 제롬 로빈스(Jerome Robbins)가 작품의 내용을 구상하고, 아서 로렌츠(Arthue Laurents)가 대본을, 레너드 번스타인(L. Bernstein)이 작곡을 맡아 작업에 참여했다. 연출과 안무를 맡은 제롬 로빈스는 몸짓과 춤을 극적 전개의 중요한 요소로 채택하는데, 이는 당시의 뮤지컬 흐름과는 다른 실험적인 작업이었다. 해피엔딩으로 끝나는 당시 대부분의 뮤지컬 코미디와는 달리 비극의 형식을 취한 것도 혁신적이다. 이러한 실험성으로 인해 <웨스트사이드 스토리>는 흥행의 위험이 높은 작품이었지만, 1957년 브로드웨이에서 초연된 후 장기흥행 기록을 세운 당대 최고의 작품으로 남게 된다. 1961년, <웨스트사이드 스토리>는 로빈스와 로버트 와이즈(Robert Wise) 감독에 의해 영화로 제작되었다. 이 영화 또한 대사, 음악, 춤이 잘 어우러진 수작으로 그해 최고의 화제작이 되었고, 제34회 아카데미 영화 시상식에서 11개 부문에 걸쳐 수상했다.

사랑의 모티프가 중심인 『로미오와 줄리엣』을 각색한 작품이지만, <웨스트사이드 스토리>는 사랑보다는 사회적 갈등을 더 중요한 모티프로 제시한다. <웨스트사이드 스토리>는 잘 짜인 대본과 음악과 춤을 통해 인종 갈등과 편견 속에 진행되는 비극적 사랑을 효과적으로 담아낸다. 음악과 가사가 장식적인 도구로 쓰이지 않을 뿐만 아니라 우연히 나오는 경우도 없다. 이 영화에서 음악과 함께 제공되는 춤 또한 사건의 전개에 기여하고, 분위기를 조성하고, 인물들의 감정을 효과적으로 전달하는 데 기여한다.

웨버(Andrew L. Webber)의 <오페라의 유령>(*The Phantom of the Opera*)은 프랑스의 작가 르루(Gaston Leroux)의 소설인 『오페라의 유령』(*Le Fantôme de l'Opéra*, 1910)을 각색한 수많은 작품들 가운데 가장 성공한 작품이다. 웨버의 <오페라의 유령>은 수많은 기록을 갈아치우면서 금세기 최고의 뮤지컬로 자리 잡았다는 것은 의심의 여지가 없다. 1986년 런던에서 초연된 웨버의 뮤지컬은 1988년에는 미국의 브로드웨이에서 공연되어 7개 부문의 토니상을 수상했다. 작품성과 흥행성을 인정받은 것이다. 웨버의 뮤지컬은 어린 크리스틴(Christine)을 둘러싼 팬텀(Phantom)과 라울(Raul)의 갈등을 소설보다 훨씬 효과적으로 재현한다. 또한 좀 더 극적으로 재현한다. 2011년에는 웨버의 <오페라의 유령> 상연 25주년을 기념하는 공연 실황을 영화로 찍은 작품이 출시되었는데, 팬텀 역을 맡은 라민 카림루(Ramin Karimloo)와 크리스틴 역을 맡은 시에라 보게스(Sierra Boggess)의 연기와 노래가 돋보였던 공연이었다. 이 뮤지컬 영화는 크리스틴의 사랑을 두고 서로 갈등하고 경쟁하는 팬텀과 라울의 심리를, 그리고 이들을 향한 크리스틴의 심리를 노래 가사와 이미지를 통해 효과적으로 제시하고 있다.

<아마데우스>와 <웨스트사이드 스토리> 그리고 <오페라의 유령>에서 음악은 대단히 중요한 요소이다. 곳곳에서 음악은 플롯의 전개와

Contents

웨스트사이드 스토리

오페라의 유령

AMADEUS

아마데우스

1. 음악과 상징

지금까지 제작된 모든 영화를 통틀어 <아마데우스>만큼 영화의 내용과 그 배경음악이 적절하게 조화를 이룬 경우를 찾기 어려울 것이다. 1984년에 제작된 <아마데우스>는 1823년 현재 늙은 살리에리가 1780년대와 1790년대 과거를 회상하는 형식으로 진행된다. 살리에리의 내러티브를 통해 재현된 1780년대 모차르트의 모습은 논란의 여지가 없지 않다.

모차르트 전기 작가인 터너(Tuner)는 살리에리가 모차르트의 천재성을 시기하여 그를 독살했다는 발상이 근거가 없다고 주장한다.[1] 하지만 살리에리가 모차르트의 재능을 질투하여 그에게 해를 입히는 설정은 여러 가지 정황으로 볼 때 무리가 아니다. 이 영화의 사건들은 모두 살리에리의 앵글을 통해 제시되고 있다. 그만큼

[1] Carol Wootton, "Literary Portraits of Mozart", *Mosaic* 18.4 (1985): 78.

이 영화에서 살리에리의 시각이 중요하다는 말이다. 그러나 한편으로는 살리에리의 내러티브가 역사적 사실성을 확보하기에 무리가 있다는 말이다.

살리에리의 살해 여부는 불확실하지만 살리에리가 모차르트의 죽음에 간접적으로 관여한 것은 사실이다. 영화에서 살리에리는 모차르트의 천재성을 질시하여 신을 원망하고 십자가를 불태우며 복수 의지를 드러내기 때문이다. 그리고 그는 모차르트를 해칠 의도 아래 잿빛 가면이 달린 모자를 쓰고 잿빛 망토를 입고 모차르트를 찾아가 <레퀴엠>의 작곡을 의뢰하고 완성을 재촉한다. 레오폴드(Leopold)가 무도회에서 썼던 잿빛 가면과 잿빛 망토가 모차르트에게 심리적 압박감을 준다는 것을 간파했기 때문이다.

살리에리가 모차르트를 살해한 장본인이라는 설정과 모차르트의 죽음을 유발한 <레퀴엠>의 작곡을 모차르트에게 의뢰한 사람이 살리에리라는 설정 또한 논란의 여지가 있다. 그럼에도 불구하고 영화에서 모차르트의 음악에 대한 가장 적절한 평을 내리는 것은 다름 아닌 살리에리이다. 살리에리는 모차르트의 능력을 질시하고 음악적 능력을 방탕한 모차르트에게만 내려준 신을 원망하고 복수하려고 하지만, 당대의 그 어느 누구보다도 모차르트의 음악을 깊이 이해하고 그 천재성을 인식했던 음악가이다. 그러므로 이 영화에 재현된 모차르트의 음악에 대한 그의 논평은 적절하다.

살리에리의 내러티브를 통해 진행되는 이 영화에 삽입된 모차르트의 음악은 영화 내용의 전개와 적절하게 조화를 이루어 모차르트의 삶을 효과적으로 재현한다. 그러므로 음악은 배경음악으로서의 역할에만 그치지 않는다. 음악은 모차르트의 삶을 효과적으로 재현하는 데 기여할 뿐만 아니라 그와 살리에리와의 대립을 깊이 있게 조망하는 데도 기여한다. 또한 음악은 이 영화의 주제인 천재와 범인, 그리고 신과 인간의 관계를 조망하는 데도 기여한다. 모차르트의 천재성을 질시하면서도 모차르트의 음악을 찬미하는 살리에리를 통해 이 영화는 천재와 범인의 관계를 조명하며, 천상의 음악을 작곡할 수 있는 능력을 부여받은 모차르트와 자신에게 주어지지 않는 능력을 두고 신을 원망하면서 신에게 반항하는 살리에리를 통해 신과 인간의 관계를 검증한다.

영화 <아마데우스>는 음악으로 표출되는 청각적 이미지와 더불어 시각적 이미지를 통해 많은 것을 상징적으로 드러내는 작품이다. 영화는 특히 <레퀴엠>과 <돈 조반니>(*Don Giovanni*, K527)에 내포된 청각적 상징과 십자가, 잿빛 망토와 잿빛 가면에 내포된 시각적 상징을 이용하여 아버지와 아들의 관계 그리고 신과 인간의 관계를 효과적으로 드러낸다. 모차르트와 그의 아버지의 관계를 드러내는 상징이 레오폴드가 가면무도회에서 썼던 잿빛 가면이 달린 모자와 잿빛 망토라면, 살리에리와 신과의 관계를 효과적으로 드러내는 상징은 십자가이다.

2. 모차르트, 날 용서하시오!

영화 첫 장면의 시간적 배경은 1823년 밤이고, 공간적 배경은 비엔나의 거리와 늙은 살리에리의 집이다. 카메라가 눈이 흩날리는 비엔나의 밤거리를 비추는 가운데 느닷없이 <돈 조반니>(*Don Giovanni*) 서곡 첫머리의 불길한 음조와 함께 늙은 살리에리의 절규가 들린다. "모차르트! 모차르트! 모차르트! 날 용서하시오! 당신을 죽인 날 용서하시오!" 1787년 10월 29일 프라하에서 초연된 오페라 <돈 조반니> 서곡 첫머리의 네 마디는 마치 죄지은 자를 정죄하러 오는 심판자의 목소리처럼 무섭고 음산하다. 모차르트를 죽음으로 몰아넣은 살리에리가 "용서해달라"고 외치는 장면에서 이 곡은 대단히 효과적으로 사용된 극적 장치이다. 그런데 "당신을 죽인 날 용서하라"는 살리에리의 절규는 신빙성을 확보하고 있는가?

영화 <아마데우스>의 현재 시점은 1823년이다. 그 당시 비엔나에는 살리에리(1750~1825)가 모차르트(Wolfgang Amadeus Mozart 1756~1791)를 살해했다는 소문이 파다했다. 1832년 푸시킨(Pushkin) 은 모차르트가 살리에리가 탄 독약을 마시고 죽었다는 가정 아래 <모차르트와 살리에리>(*Mozart and Salieri*)라는 희곡 작품을 썼고, 림스키-코르사코프(Rimsky-Korsakov)는 1898년에 이 작품을 오페라로 만들어 무대에 올렸다.[2] 쉐퍼의 <아마데우스>도 살리에리가 모차르트를 살해했다는 가정 아래 모차르트와 살리에리의 이야기를 풀어나가고 있고, 살리에리의 살해 동기가 질투라고 생각하면서 살리에리의 심리에 초점을 맞추고 있다는 점에서 푸시킨과 맥을 같이하고 있다.[3] 영화 <아마데우스>에서 늙은 살리에리의 회상이 진행되는 1823년은 모차르트가 죽은 지 32년이 지난 시점이지만, 살리에리가 모차르트를 살해했다는 의혹이 계속 제기되었다. 살리에리가 직접 죽인 것인지 아닌지는 분명치 않지만, 그가 모차르트의 죽음에 어느 정도 관여한 것은 사실이다.

영화의 도입부에 제시된 <돈 조반니> 서곡의 첫 네 마디는 영화 전체를 통하여 끊임없이 울려 퍼진다. 어둡고 불길한 장면이 제시될 때마다 그리고 공포 분위기가 제시될 때마다 계속 흘러나온다. 아버지 레오폴드가 모차르트에게 두려운 존재로 나타날 때, 그리고 <레퀴엠> 작곡을 의뢰하기 위해 검은 가면을 쓴 불길한 존재가 등장할 때 <돈 조반니> 서곡의 음산한 선율이 계속 흘러나온다. 그러

---

2) Werner Huber and Hubert Zapf, "On the Structure of Peter Shaffer's *Amadeus*", *Contemporary British Drama, 1970~1990*, eds. Hursh Zeifman and C. Zimmerman (Toronto: U of Toronto, 1993), p.63.

3) Martin Bidney, "Thinking about God and Mozart: The Salieris of Puskin and Peter Shaffer", *Slavic-and-East-European-Journal* 30.2 (1986): 183.

므로 영화 전편에 걸쳐 반복되고 있는 이 선율은 모차르트를 두렵게 만들고 억압하는 힘으로 작용한다.

<돈 조반니> 서곡의 첫 네 마디의 주된 음형은 매우 어둡고 무거운 느낌의 장엄한 분위기를 연출한다. 이 음형은 이 영화에서 극적인 장면 전환 시 반복적으로 사용됨으로써 극적 효과 창출에 기여하고 있음과 동시에 영화 전체의 흐름에 통일성도 부여하고 있다. <돈 조반니> 서곡은 극적 장면을 효과적으로 구성하는 데 일조하고 있을 뿐만 아니라, 후에 등장하는 모차르트의 아버지 레오폴드와의 관계 또한 효과적으로 암시하고 있다.

자살을 시도하는 살리에리의 모습과 함께 나오는 <교향곡 25번 G단조, K183>(Symphony No. 25 in G minor K.183)의 급박한 선율 또한 영화의 내용에 잘 들어맞는 음악이다.4) 하인이 살리에리 응접실 문의 손잡이를 돌리지만 문은 잠겨 있다. 늙은 살리에리는 계속 자신의 죄를 고백하면서 용서를 구하고 자비를 베풀어달라고 탄원한다. 하인이 문을 두드리면서 문을 열라고 종용하나 살리에리는 문을 열지 않는다. 살리에리의 응접실 밖에서 요리사는 두려움에 떨고 있고 시종이 다시 문을 두드린다. 이때 침실 안에서 쿵 하

---

4) 음악에서 장음계(major scale)에 바탕을 둔 조성(調性, 선율이나 화성이 하나의 으뜸음을 중심으로 종속적으로 관련된 현상)을 장조(major key)라고 한다. 조성음악에서 중심이 되는 음인 으뜸음(keynote)은 음계의 첫 음과 일치한다. 음계(scale)는 그 높이의 차례를 배열한 음의 열이고, 조(key)는 곡 구성의 바탕이 되는 음계 전체의 높이와 음계의 종류를 가리키는 말이다. 장음계는 제3음(미)과 제4음(파), 제7음(시)과 제8음(도) 사이가 반음이며, 나머지는 모두 온음으로 이루어진 7음 음계를 말한다. 단음계(minor scale)는 제2음(시)과 제3음(도), 제5음(미)과 제6음(파) 사이가 반음이고 나머지는 온음으로 이루어진 7음 음계를 말한다. 장음계를 바탕으로한 조(key)를 장조라 하고 단음계(minor scale)에 바탕을 둔 조(key)를 단조(minor key)라고 한다. 장조는 다시 음계의 제1음(으뜸음)의 높이에 따라 각각 다(C)장조·라(D)장조·마(E)장조·바(F)장조·사(G)장조·가(A)장조·나(B)장조 등으로 나누어진다. 예를 들면 '다(C)'음을 으뜸음으로 시작하는 장음계를 '다(C)'장조라고 부른다. C장조의 으뜸화음은 "도(C)미솔"이다. 장조의 악곡은 대체로 밝은 느낌을 준다. 단조는 장조에 비해서 어둡고 슬픈 느낌의 표현에 적합하다.

는 소리가 난다(S3).

시종과 요리사는 공포에 질려 서로를 쳐다보면서 미친 듯이 문으로 돌진한다. 자물쇠가 풀어지고 문이 활짝 열리면서 이와 동시에 터져 나오는 음악이 바로 모차르트의 <교향곡 25번 G단조, K183> 1악장의 서두 부분이다. 이 지점에서 살리에리가 자신의 목을 칼로 찌른 채 피를 흘리며 뒤로 쓰러지는 장면이 이어진다. 곡 서두의 급박한 템포와 힘찬 선율은 이 장면과 잘 어울리는 음악이다. 격정적이고 열정적인 교향곡 서두가 긴박하고 음산한 분위기를 연출하면서 스스로 목을 찔러 고통스러운 살리에리의 상태를 잘 보여주고 있기 때문이다.

1773년에 작곡된 <교향곡 25번 G단조, K183>에는 17세의 젊은 모차르트가 지녔던 강렬한 에너지가 드러나 있다. 살리에리가 광기를 드러내며 죄책감을 견디지 못해 자살을 시도하는 장면에 감독이 강렬한 에너지로 충만한 이 교향곡을 삽입한 것은 적절한 선택이다.[5] 긴박하고 긴장감을 고조시키는 선율이 살리에리의 불안한 심리와 광기를 잘 드러내고 있기 때문이다. 그뿐만 아니라 긴박감이 넘치는 <교향곡 25번> 1악장의 선율은 자살 미수에 그친 살리에리가 급하게 병원으로 옮겨지고 있는 상황과도 잘 들어맞는 효과적인 음악이다. 살리에리의 고백을 중심으로 진행된 연극과는 달리 영화에서는 살리에리의 시각으로 재현된 모차르트의 음악과 그의 삶이 중심이다. 그리고 장면을 촬영하기 전에 음악을 먼저 녹음해놓고 거기에 맞춰 영화 촬영 작업을 진행했을 만큼 모차르트의

---

5) 김방현 역, 『모차르트 I (Kaisetsu Library 13)』 (서울: 음악세계, 2001), pp.41~43.

음악은 이 영화에서 중요한 요소 중의 하나이다.6)

장면이 바뀌어 카메라는 늙은 살리에리의 응접실을 비춘다. 늙은 살리에리는 손에 면도칼을 쥐고, 피를 흘린 채 바닥에 누워 있다. 면도칼로 목을 그었지만 여전히 살아 있다. 하인과 요리사가 주인을 들어 올려 냅킨으로 피 흘리는 목을 감는다(S5). 빠른 음악이 다시 들리고, 두 수행원들에 의해 들것에 실려 나오는 살리에리가 보인다. 마차는 눈 속을 헤치고 잽싸게 나아가고, 담요에 싸인 살리에리는 비엔나의 한 병원에 도착한다(S6-11).

장면이 전환되어 카메라는 병원의 복도를 비추고 40세 정도로 보이는 병원의 지도 신부 보글러가 보인다. 보글러 신부는 살리에리의 병실 문을 열고 들어간다(S13). 신부가 들어갔을 때 늙은 살리에리는 휠체어에 앉아서 창밖을 보고 있다. 신부가 조용히 문을 닫고 살리에리를 부르자, 목을 붕대로 감은 살리에리는 그를 보기 위해 휠체어를 뒤로 돌린다. 살리에리는 환자복 위에 명예시민 훈장과 체인을 걸치고 있다.7)

신부와 늙은 살리에리의 대화가 시작되고 영화의 스토리가 살리에리의 회상을 통해 본격적으로 전개된다. 기아나카리스(Gianakaris)가 지적하고 있듯이 이 영화의 사건들은 모두 "살리에리의 의식이라는 렌즈"를 통해 해석되고 굴절되어 제시되고 있다.8) 살리에리

---

6) Dennis A. Klein, *Peter Shaffer, Revised edition* (New York: Twayne Pub., 1993), p.153; C. J. Gianakaris, "Drama into Film: The Shaffer Situation", *Modern Drama* 28.1 (1985): 93.

7) 1787년 <오르무스의 왕 악수르>(*Axur: King of Ormus*) 공연 후 황제는 살리에리에게 명예시민 훈장과 체인을 수여했다. 살리에리는 이것을 평생 소중히 간직했는데, 영화 내내 늙은 살리에리는 이 훈장과 체인을 목에 걸고 있다. 영화의 종반부에서 살리에리는 자신의 음악이 점점 희미해져 갔다고 읊조리면서 이 훈장과 체인을 벗어 던져버린다. 그러므로 이 훈장과 메달은 살리에리가 누렸던 일시적인 영광을 지시하는 상징이다.

8) C. J. Gianakaris, *"Playwright Looks at Mozart: Peter Shaffer's Amadeus"*, *Comparative Drama*

를 신뢰할 수 있는 화자라고 인정할 경우 그가 서술하는 사건들은 믿을 만한 것들이다. 그러나 더러는 살리에리의 서술을 통해 과장되거나 축소될 수도 있다. 살리에리가 모차르트를 보다 더 부정적으로 서술하고, 그리고 자신을 보다 더 나은 모습으로 그렸을 수도 있기 때문이다. 보글러 신부는 살리에리에게 자살하려고 했던 사실을 상기시키면서 하느님이 보시기에 자살은 죄라고 말한다.

> VOGLER: Do you understand that you have sinned?
> OLD SALIERI: Leave me alone.
> VOGLER: I cannot leave alone a soul in pain.
> OLD SALIERI: Do you know who I am? You never heard of me, did you?
> VOGLER: That makes no difference. All men are equal in God's eyes.
> OLD SALIERI: Are they?
> VOGLER: Offer me your confession. I can offer you God's forgiveness.
> OLD SALIERI: I do not seek forgiveness. (S13)[9]

그리 길지 않은 이 대사에 죄를 짓고 고통받고 있는 살리에리에게 회개하기를 종용하는 신부의 입장과 신을 불신하고 용서를 구하지 않는 불경스러운 살리에리의 입장이 잘 드러나 있다. 특히 "신 앞에선 모든 사람이 똑같다"는 신부의 말에 "정말 그렇소?"라고 묻는 살리에리의 말은 서로의 생각이 얼마나 다른지를 극명하게 드러내는 대사이다.

15.1 (1981): 40~41.

9) 영화 <아마데우스>(Amadeus) 대본 텍스트 인용은 다음을 따르며, S라는 장면 표시 뒤에 장면 번호로 표시한다. Peter Shaffer, Amadeus (1984), http://sfy.ru/sfy. html?script=amadeus

늙은 살리에리는 자신이 누군지 알고 있느냐고 묻고, 신부는 "모든 사람이 똑같으니" 그건 아무런 상관도 없다고 답한다. 그러나 살리에리는 결코 신이 공평하다고 생각하지 않고 신의 용서를 구하지 않는다. 신부는 "당신 영혼엔 뭔가 무서운 게 도사리고 있으니" 그 짐을 풀어놓고 자신에게 고백하라고 종용한다. 그러나 살리에리는 아직 그럴 생각이 없다. 살리에리는 포르테피아노로 자신이 작곡했던 곡의 멜로디를 연주하면서 신부에게 이 곡을 아느냐고 묻는다. 신부가 모르겠다고 답하자 살리에리는 다른 곡을 연주한다. 그의 연주에 이어 카메라가 오페라 하우스의 무대를 비추자, 20대 초반의 젊은 소프라노 가수 카발리에리가 보인다(S14). 1780년대로 거슬러 올라가 살리에리의 전성기를 비추고 있는 것이다.

다시 시점은 1823년으로 돌아와 늙은 살리에리의 병실을 비추고 신부와의 대사로 이어진다(S15). 보글러 신부는 방금 살리에리가 연주한 곡이 귀에 익은 곡이 아니라 유감이라고 말하자, 살리에리는 다음과 같이 말한다. "내 작품 중 기억나는 곡은 없소? 당신이 어렸을 때 난 유럽에서 가장 유명한 작곡가였소. 혼자 40곡이나 되는 오페라를 썼지." 살리에리는 다시 한 곡을 연주한다. 그런데 신부는 웃으면서 이 음악에 맞추어 콧노래를 부르면서 이 곡은 안다고 말하자, 살리에리는 그것이 볼프강 아마데우스 모차르트의 곡이라고 말하면서 씁쓸하게 웃는다.[10]

살리에리의 곡은 알지 못하지만 모차르트의 선율은 알아차리는

---

10) 살리에리가 언급하고 있는 곡은 1787년 모차르트가 작곡한 <아이네 클라이네 나흐트 무지크 (Eine Kleine Nachtmusik) G major, K525> 제1악장으로, 지금까지 삽입된 급박하고 음산한 선율에 비해 다소 가볍고 명랑한 선율이다.

신부를 통해 감독은 대중과 모차르트 사이의 친숙성을 강조하고 그들과 살리에리 사이의 거리감을 제시한다. 물론 이것이 살리에리에게 모멸감을 주었음은 말할 나위가 없다. 자신이 작곡한 음악에 대해서는 알지 못하지만, 짧은 몇 마디만 듣고도 뒤에 이어지는 음을 읊을 정도로 잘 알려진 모차르트의 음악을 두고 살리에리가 느끼는 모멸감은 증폭되었을 것이고, 이는 이후 시점을 달리하여 진행되는 장면에서 살리에리가 보여준 모차르트에 대한 질투심을 예견하게 만든다.

보글러 신부는 살리에리가 죽었다고 언급하는 사람이 모차르트인지를 물으면서 죄를 고백하라고 종용한다. "고백할 게 있다면 지금 고백하세요! 그리고 마음의 평화를 얻도록 하세요." 그러나 둘 사이에는 긴 침묵이 흐르고, 이 침묵에 이어 살리에리는 다음과 같이 말한다. "그는 내 우상이었소. 그의 이름을 안 순간 평생 내 뇌리를 떠나지 않았소. 내가 14살 때 그는 벌써 유명한 인물이 되어 있었소. 이탈리아의 아주 작은 마을, 레그나고에 사는 나조차도 그의 이름을 알고 있었소"(S15).

3. 음악을 통해 하느님의 영광을!

카메라는 1780년대 이탈리아 롬바르디아의 작은 마을 광장을 비춘다. 14살의 살리에리는 눈을 가리고, 다른 아이들과 까막잡기 놀이를 하고 있다. 이를 회상하며 늙은 살리에리는 다음과 같이 말한다. "모차르트가 왕들과 황제들, 그리고 심지어는 로마 교황 앞에서 연주하고 있을 때, 난 여전히 유치한 장난이나 하면서 놀고 있었소"(S16). 이후의 시퀀스에서 카메라는 어린 살리에리와 어린 모차르트, 그리고 그들의 아버지를 번갈아 비추면서 이들을 대조한다.

장면이 전환되어 1780년대, 바티칸 성당의 접견실에서 연주하는 6살의 모차르트가 보인다(S17). 모차르트 역시 눈을 가린 채 교황과 추기경들과 다른 성직자들 앞에서 하프시코드를 연주한다. 눈을 가린 채 까막잡기 놀이를 하고 있는 어린 살리에리와 대조적인 모습이다. 어린 모차르트 옆에 아버지인 레오폴드가 서 있다. 어린 살리에리의 아버지와는 대조적이다.

레오폴드는 모차르트의 천재성을 간파하고 그 어떤 지원도 아끼지 않았던 반면, 살리에리의 아버지는 음악에는 무지한 장사꾼이었기 때문이다. 살리에리가 부러웠던 것은 자신의 아버지와는 판이한 모차르트의 아버지 레오폴드이다. 그는 모차르트에게도 질투를 느꼈지만 "정말 질투를 느낀 건 그 신동이 아니라 그에게 모든 걸 가르친 그의 아버지"(Not of the brilliant little prodigy himself, but of his father, who had taught him everything, S17)였다. 늙은 살리에리의 회상은 다음과 같이 이어진다. 살리에리는 음악에는 무지하고 자신을 상인으로 키우려고 했던 아버지를 원망한다.

> My father did not care for music. He wanted me only to be a merchant, like himself. As anonymous as he was. When I told how I wished I could be like Mozart, he would say, why? Do you want to be a trained monkey? Would you like me to drag you around Europe doing tricks like a circus freak? How could I tell him what music meant to me? (S17)

살리에리에게 음악이 어떤 의미가 있는지를 전혀 알지 못하는 살리에리의 아버지는 레오폴드를 두고 아들을 '훈련받은 원숭이'로 만들어 유럽 전역을 끌고 다니면서 서커스 단원처럼 재주를 부리게 하는 사람이라고 폄하한다. 이런 아버지에게 살리에리가 음악에 대한 자신의 소망을 드러내지 못했음은 당연하다.

장면이 전환되어 카메라는 1780년대의 북 이탈리아 마을에 위치한 성당을 비춘다. 소년 합창대가 오르간 반주에 맞추어 페르고레시의 <슬픔의 성모에 대한 성가>를 부른다(S18). 신도들과 함께 앉아 있는 뚱뚱한 살리에리 부모의 모습과 환희에 찬 모습으로 음악을 듣고 있는 12살의 살리에리가 보인다. 성당의 제단 위에는 크고 엄숙한 모습을 한 십자가가 걸려 있고 십자가상 아래에는 촛불이 타고 있다(S19). 어린 살리에리는 무릎을 꿇고 뒤에서 자신을 보고 있는 십자가상을 쳐다본다. 이를 두고 살리에리는 다음과 같이 회상한다.

> Whilst my father prayed earnestly to God to protect commerce, I would offer up secretly the proudest prayer a boy could think of. Lord, make me a great composer! Let me celebrate your glory through music—and be celebrated myself! Make me famous through the world, dear God! Make me immortal! After I die let people speak my name forever with love for what I wrote! In return I vow I will give you my chastity—my industry, my deepest humility, every hour of my life. And I will help my fellow man all I can. (S19)

살리에리는 이 세상에서 영광을 누릴 수 있는 위대한 작곡가가 되어 "음악을 통해 하느님의 영광을 찬양하게 해달라"고 기도한다. 음악을 통해 자신을 불멸하게 하고 자신이 죽은 후에도 자신이 작곡했던 음악을 사람들이 사랑하게 해달라고 기도한다. 그리하여 자신의 이름이 영원히 사람들의 입에 오르내리게 해달라고 기도한다. 그러나 문제는 어린 살리에리가 무조건적 헌신이 아니라 조건부 헌신을 맹세하면서 신과 흥정을 벌인다는 점이다. "맹세합니다. 그럼 보답으로 제 순결하고 근면하고 가장 겸손한 마음을, 그리고 저의 전 생애를 당신께 바치겠다고. 그리고 전심전력을 다해 저의 동포들을 돕겠다고…."

아마데우스(Amadeus) 모차르트는 아마데우스라는 이름이 명시하듯이 신의 사랑을 받아 선택받은 자이다. 그러나 장사꾼처럼 조건부 헌신을 맹세하면서 신과 흥정을 하는 것처럼 보이는 살리에리는 교활하고 계산적인 아이의 모습으로 투사된다.[11] 살리에리가 성장하여 비엔나에서 모차르트를 대면하게 되었을 때 이런 면모는 보다 명시적으로 드러난다.

이 장면에 이어 카메라는 어린 살리에리 집의 식당을 비춘다. 카메라는 클로즈업으로 큰 접시 위에 오른 생선요리를 비추고, 뒤로 물러서서 저녁을 먹고 있는 살리에리의 가족들을 비춘다. 아버지는 생선을 게걸스럽게 먹는다. 그런데 갑자기 소위 '기적'이 일어난다. 살리에리의 아버지의 목에 고기 뼈가 걸려 숨이 막혀 갑자기 죽어버린 것이다. 이는 기적이라고 할 만큼 어린 살리에리에게는 중요한 사건이다. 아버지가 죽게 되어 어린 살리에리는 이제 그렇게도 원하던 음악 공부를 할 수 있게 되었기 때문이다. 1823년으로 이동한 시점에서 늙은 살리에리는 병실에서 다음과 같이 말한다.

> Suddenly he was dead. Just like that! And my life changed forever. My mother said, so. Study music if you really want to. Off with you! And off I went as quick as I could and never saw Italy again. Of course, I knew God had arranged it all; that was obvious. One moment I was a frustrated boy in an obscure little town. The next I was here, in Vienna, city of musicians, sixteen years old and studying under Gluck! Gluck, Father. Do you

---

11) Frank X. Mikels and James Rurak, "Finishing Salieri: Another Act to Amadeus", *Soundings* 67.1 (1984): 50.

know who he was? The greatest composer of his time. And he loved me! That was the wonder. He taught me everything he knew. (S20)

아버지가 돌아가시자 작은 마을에 살던 살리에리의 인생은 갑자기 바뀌게 된다. 그는 어머니의 허락 아래 음악 공부를 하기 위해 고향을 떠났고, 이름 없는 한 소년은 마침내 음악의 도시 비엔나로 가게 되었다. 16살인 살리에리는 당시 대단히 유명한 작곡가였던 글룩 신부12) 밑에서 공부를 하게 되었고, 그는 자신이 알고 있는 모든 것을 살리에리에게 가르쳤다. 글룩 신부는 음악 애호가였던 요제프(Joseph) 황제에게 살리에리를 소개했고 이내 왕실 작곡가가 되었다.13) 이후 살리에리는 자신이 신과의 약속을 지켰다고 생각한다. 주위의 사람들에게 덕을 베풀었고 성실했으며 열심히 일했고 많은 음악가를 도왔고 많은 학생들을 무료로 가르쳤기 때문이다.

살리에리가 비엔나에서 모차르트를 처음으로 대면한 것은 1782년이다. 이때 그는 왕실 작곡가가 되어 성공한 음악가로 행세하고 있었다. 그러나 모차르트의 등장과 함께 그의 만족스러운 생활도 끝나버린다.

Tell me, if you had been me, wouldn't you have thought God had accepted your vow? And believe me, I honoured it. I was a model of virtue. I kept my hands off women, worked hours every day teaching students, many of them for free, sitting on

---

12) C. W. Gluck(1714~1787). 살리에리의 스승으로 1754년부터 오스트리아 왕실의 수석 궁정악장으로 있었다. 그의 후임은 본노(Bonno), 살리에리로 이어진다.

13) 안토니오 살리에리(1750~1825). 이탈리아 출신 작곡가. 1766년 16세 때 비엔나에 와서 가스만과 굴룩에게 사사하였다. 그 후 황제 요제프에 의해 궁정 작곡가로 발탁되었고, 1788년에는 본노가 죽자 수석 궁정악장이 되어 사망 직전인 1824년까지 그 지위에 있었다. 하이든 등 당대의 저명한 작곡가들과 교류했고, 베토벤, 슈베르트, 리스트가 어렸을 때 그들을 지도하기도 했다.

endless committees to help poor musicians—work and work and work, that was all my life. And it was wonderful! Everybody liked me. I liked myself. I was the most successful musician in Vienna. And the happiest. Till he came. Mozart. (S20)

모차르트가 비엔나에 나타나자 살리에리의 삶은 송두리째 바뀌기 시작한다. 시점은 다시 1780년대로 이동하고, 카메라는 잘츠부르크(Salzburg) 대주교의 대저택을 비춘다. 웅장한 방에 손님들이 가득 차 있고 방의 다른 쪽 구석에는 잘츠부르크 대주교가 의자에 앉아 있다. 사람들은 모차르트의 연주를 듣기 위해 기다리고 있다 (S21).

4. 그 천한 자가 모차르트라고?

31살의 살리에리는 품위 있는 검은색 옷을 단정하게 차려입고 손님들 사이를 걷고 있다. 카메라는 그를 계속 따라간다. 살리에리는 연주를 할 모차르트가 누구인지 몹시 궁금하다. 케이크와 과자를 담은 쟁반을 든 하인이 지나가자 과자를 너무나도 좋아하는 살리에리는 그를 뒤따라 뷔페식당으로 이동한다(S22-24). 살리에리는 뷔페식당에 차려진 과자들을 쳐다보면서 먹고 싶은 마음에 군침을 흘린다. 살리에리가 어디선가 들려오는 낄낄 웃는 소리를 듣는다. 그는 테이블 아래 머리를 숙이고 그 앞에 벌어지는 광경을 주시한다.

콘스탄체(Constanze)가 방으로 달려 들어와 테이블 뒤에 숨고, 26세의 모차르트는 방으로 달려 들어와 작은 생쥐처럼 식탁보 아래서 찍찍거리는 콘스탄체를 보게 되고, 모차르트는 장난꾸러기 고양이처럼 울면서 우스꽝스러운 표정을 한 채 네 발로 마룻바닥을 기어 다니기 시작한다. 모차르트는 식탁보 밑으로 들어가 콘스탄체를 덮치고, 이를 본 살리에리는 깜짝 놀란다. 날카로운 고음으로 낄낄거리는 소리가 들린다(S25). 모차르트의 기괴한 웃음이다. 모차르트의 이 낄낄거리는 웃음소리는 영화 전편에 걸쳐 끊임없이 반복되면서 모차르트의 경박한 성격을 효과적으로 드러내는 기표로 작용한다.

장면이 전환되어 다시 대접견실이 보이고 사람들은 대부분 자리에 앉았다. 잘츠부르크 대주교인 콜로레도(Colloredo)가 들어와 자리를 잡자 시종장이 음악을 시작하라는 신호를 보낸다. 그러나 음악은 연주되지 않는다. 모차르트가 그 자리에 없었기 때문이다. 모차르트는 1782년 대주교의 저택에서 <관악기를 위한 세레나데, K361>(Serenade No. 10 in B major for Winds K.361), 즉 '그랑 파르티타'(Grand Partitia)를 연주할 예정이었다. 시종장이 대주교에게 모차르트를 찾고 있다고 말하자, 대주교는 화를 내면서 모차르트 없이 시작하라고 지시한다(S26-28).

장면이 전환되어 카메라는 다시 모차르트와 콘스탄체가 낄낄대며 놀고 있는 뷔페식당을 비춘다. 26세의 모차르트는 대주교를 '방귀주교'라고 부르면서 천박하게 장난을 치고 있다. 옆방의 접견실에서 음악이 연주되고, 세레나데(K361)의 시작 부분이 들린다. 이 순간 모차르트는 자신이 없는 가운데 자신의 음악을 연주하는 상황에 놀라 벌떡 일어나 경박스러운 놀이를 멈추고 방을 뛰쳐나간다. 이 광경을 바라보는 살리에리 역시 놀란다.

음악 소리가 점점 커지는 가운데 카메라는 다시 대접견실을 비춘다. 관악단의 수석연주자가 임시로 세레나데의 시작 부분을 지휘하고 있다. 갑자기 들어온 모차르트가 지휘를 이어 받는다(S31). 모차르트가 <관악기를 위한 세레나데, K361>의 아다지오를 지휘하고 있을 때, 살리에리는 의혹에 찬 눈으로 모차르트를 주시하면서 다음과 같이 말한다. "그가 저 사람이란 말인가? 내가 방금 보았던 마루를 기어 다니며 낄낄거리는 그 천한 자가 모차르트라고? 젊은 시절 내 마음을 사로잡았던 그 전설적인 인물이 저 인물이란 말인가? 그럴 순 없어"(S33).

살리에리는 자신이 보았던 사람이 그토록 숭배하던 모차르트라는 것을 믿을 수가 없다. 그러나 살리에리는 눈을 감고 놀랍고도 황홀한 모차르트의 음악에 빠져든다. 음악을 다 들은 대주교 콜로레도는 갑자기 일어서서 모차르트를 보지도 않고 접견실을 떠나 모차르트를 호출한다.

여전히 화가 난 대주교는 모차르트에게 "손님들 앞에서 내가 왜 내 하인 중 한 사람으로부터 모욕을 당해야 하느냐"를 묻고 모차르트에게서 받은 "수모를 참느라고 얼마나 화가 났는지를 아느냐"고 묻는다. 연주에 늦은 모차르트를 질책하는 말이다.

돌봐주면 줄수록 더 무례하다고 질책하는 대주교와 이에 반항하는 모차르트의 모습은 당시 음악인의 위상을 짐작하게 한다. 못마땅하면 해고해도 좋다는 다음 모차르트의 말에는 기존의 질서에 순응하기를 거부하는 자유분방한 모차르트의 면모가 드러나 있다.

MOZART: If His Grace is not satisfied with me, he can dismiss
me.
COLLOREDO: I wish you to return immediately to Salzburg.
Your father is waiting for you there patiently. I will speak

to you further when I come.

MOZART: No, Your Grace! I mean with all humility, no. I would rather you dismissed me. It's obvious I don't satisfy.

COLLOREDO: Then try harder, Mozart. I have no intention of dismissing you. You will remain in my service and learn your place. Go now. (S39)

대주교 콜로레도는 모차르트에게 아버지가 기다리고 있는 잘츠부르크에 돌아가라고 명하지만, 모차르트는 이를 모욕으로 받아들이고 차라리 해고하라고 한다. 그러나 대주교는 모차르트를 해고할 생각이 없다고 말하면서, 고용인으로의 위치와 처지를 배우라고 명한다.

5. 신의 음성을 듣고 있는 것 같았어!

  장면이 전환되어 카메라는 대접견실에서 세레나데의 악보를 보고 있는 살리에리를 비춘다(S41). 살리에리는 악보의 페이지를 천천히 넘긴다. 카메라는 황홀경에 빠져 아다지오 부분의 악보를 읽고 있는 살리에리를 클로즈업하고 살리에리가 다음과 같이 악보를 설명하는 것에 맞추어 음악이 흘러나온다.

  살리에리는 비범한 모차르트의 재능을 감탄하면서 자신이 "일찍이 전혀 들어보지 못했던 음악"(This was a music I'd never heard)이라고 언급한다. 모차르트의 음악은 채울 수 없는 갈망으로 가득 찬 살리에리를 전율하게 한다. 그리하여 그는 "마치 내가 신의 음성을 듣고 있는 것 같았다"(It seemed to me that I was hearing a voice of God, S41)고 고백한다. 모차르트의 음악을 듣고 환희를 느끼면서 살리에리가 모차르트의 천재성을 확인하는 순간이다.

그러나 그 환희는 이내 고통으로 변한다. 악보를 내려놓는 살리 에리 앞에 모차르트가 나타나 악보를 빼앗고 방을 빠져나간다. 경건한 살리에리는 모차르트처럼 경박한 이에게 천재적 재능을 준 하느님을 이해할 수가 없다. "왜? 신이 왜 이 음탕한 어린아이 같은 자를 그의 도구로 선택했을까? 믿을 수 없어! 이건 뜻밖이야. 정말 뜻밖이야"(S41A).

여기서 신이 왜 이렇게 천박한 모차르트를 자신의 도구로 삼았느냐는 살리에리의 물음에는 "영화 전체를 관통하는 문제의식"이 집약되어 있다(이채훈 149).[14] 경건하게 생활하면서 음악으로 하느님을 섬겨 온 살리에리는 모차르트와 같은 경박한 사람에게 천재적 재능을 준 하느님을 이해할 수가 없었고 이는 그에 대한 분노와 복수로 이어지기 때문이다. 감독은 이 장면을 통해 살리에리의 질투심과 신에 대한 그의 원망이 무리가 아니라는 것을 부각시키고, 살리에리와 모차르트 사이에서 진행될 극적 긴장을 예비한다.

모차르트의 <관악기를 위한 세레나데, K361>는 목관악기의 다양한 음색이 어우러져 맑은 음색의 아름답고 화려한 선율을 만들어낸다.[15] 특히 영화 속에서 살리에리가 듣는 제3악장은 살리에리도 언급하고 있듯이, 흔들림 없이 자신에 찬 오보에의 울림과 클라리넷이 서로 속삭이는 것같이 연주되어 맑고 화려한 선율을 만들어낸다. 아인슈타인(Alfred Einstein)은 이 3악장 아다지오에 두고 "그것은 사랑하는 젊은이의 두근거리는 가슴에서 뿜어져 나오는

---

14) 이채훈, 『내가 사랑하는 모차르트』 (서울: 호미, 2006), p.149.
15) Serenade No. 10 in B major for Winds, K361. 1781년에 모차르트가 오페라 <이도메네오> 상연을 위해 뮌헨에 갔을 무렵 작곡을 시작하여 이듬해 봄에 완성했다.

그리움과 서글픔과 사랑이다. 저 별빛 가득한 밤하늘 아래 서성대
는 로미오의 모습이다"라는 평을 한 바 있는데, 끊임없이 계속될
것 같은 오보에와 클라리넷의 서정적인 대화는 사실 그리움과 슬
픔의 감정을 잘 표현하고 있다.[16]

　감독은 이 아름답고 완벽한 선율을 이 장면에 삽입함으로써 살
리에리의 좌절감과 모차르트에 대한 그의 질투심을 부각시킨다. 이
후 모차르트의 명성은 갈수록 커져가고 이에 비례하여 살리에리의
질투심 또한 커져만 간다. 이후의 시퀀스에서 모차르트는 요제프
황제 앞에서 살리에리가 작곡한 행진곡을 변주하여 연주하는데, 이
를 계기로 살리에리의 질투와 분노는 극에 달한다.

---

16) 물리학자 알베르트(Albert) 아인슈타인의 육촌 동생인 독일 출신의 미국 음악사가 알프레드 아
　　인슈타인은 "나에게 죽음이란 모차르트의 음악을 더 이상 들을 수 없는 것"이라고 말할 정도로
　　모차르트의 음악을 사랑한 사람이다. 곡 해설은 http://blog.dreamwiz.com/95kimj/4472079 참조.

6. 더 이상 날지 못하리라!

장면은 이제 1780년대 왕궁의 식당으로 전환되고, 카메라는 식사를 하고 있는 40대의 황제 요제프 2세, 시종장인 폰 스트랙(Von Strack), 오페라 극장 감독인 60대의 로젠베르크(Orsini-Rosenberg) 백작, 왕실 도서관 관장인 50대 중반의 슈비텐(Von Swieten) 남작, 70세쯤 된 수석악장 본노를 비춘다. 또한 늘 품위 있는 검은색 옷을 즐겨 입는 살리에리를 비춘다. 그들은 모차르트를 두고 서로 다른 평가를 한다.

JOSEPH: How good is he, this Mozart?
VON SWIETEN: He's remarkable, Majesty. I heard an extraordinary
    serious opera of his last month. *Idomeneo, King of Crete.*
ORSINI-ROSENBERG: That? A most tiresome piece. I heard it, too.
VON SWIETEN: Tiresome?
ORSINI-ROSENBERG: A young man trying to impress beyond
    his abilities. Too much spice. Too many notes.

VON SWIETEN: Majesty, I thought it the most promising work
    I've heard in years.
JOSEPH: Ah-ha. Well then, we should make some effort to acquire
    him. We could use a good German composer in Vienna, surely?
    (S42)

슈비텐 남작은 모차르트를 훌륭한 작곡가라고 생각한다. 그러나 로젠베르크 백작은 그가 작곡한 <크레타의 왕 이도메네오>(Idomeneo, King of Crete)[17]라는 오페라를 보았는데 정말 따분한 작품이었다고 모차르트를 폄하한다. 모차르트가 강렬한 인상을 주기 위해 도를 넘은 것 같고, "너무 많은 양념을 곁들였고, 음표가 너무 많다(too many notes)"고 그의 작품을 비판한다. 슈비텐 남작이 이 작품이 "수년간 들어본 작품 중 가장 인상적인 작품"이었다고 말하자, 요제프 황제는 모차르트를 비엔나에 불러들이라고 말한다.

시종장 스트랙은 모차르트가 대주교의 고용인이라 불러올 수 있을지 모르겠다고 답한다. 그러나 황제는 모차르트의 월급이 박봉이고 국립극장에서 공연될 오페라를 의뢰하면 솔깃할 것이라고 말한다.

국립극장에서 공연될 독일어 가사의 오페라를 의뢰하는 일을 두고 슈비텐 남작은 멋진 생각이라고 맞장구를 치지만 로젠베르크 백작은 "이탈리아어가 오페라에 적합한 언어"(Italian is the proper language for opera)라고 주장하면서 독일어 가사로 쓰인 오페라 작곡을 의뢰하는 것을 반대한다. 시종장인 스트랙 역시 평민들이 감상할 수 있도록 독일어로 된 작품을 가질 때가 되었다고 생각한

---

17) <크레타의 왕 이도메네오>는 모차르트의 1781년 작품으로 크레타의 왕 이도메네오가 해신 포세이돈의 노여움을 풀기 위해 아들을 바치지만 결국 이를 후회하고 아들을 다시 구한다는 내용을 담고 있다.

다. 본노 악장은 오페라 극장 감독인 로젠베르크의 말에 동의한다. 독일어는 노래 부르기에는 너무 거칠고 너무 귀에 거슬린다고 생각하기 때문이다. 궁정 작곡가인 살리에리는 유보적인 입장을 취한다.

> JOSEPH: Ah-ha. Kapellmeister?
> BONNO: (*Italian accent*) Majesty, I must agree with Herr Dirretore. Opera is an Italian art, *solamente*. German is—*scusate*—too *bruta* for singing, too rough.
> JOSEPH: Ah-ha. Court Composer, what do you say?
> SALIERI: I think it is an interesting notion to keep Mozart in Vienna, Majesty. It should really infuriate the Archbishop beyond measure—if that is your Majesty's intention. (S42)

여기서 독일어 가사 오페라를 두고 슈비텐 남작과 시종장인 스트랙의 의견은 극장 감독 로젠베르크 백작과 본노 악장의 의견과 대립하고 있다. 어쨌든 요제프 황제[18]는 오페라 작곡을 모차르트에게 의뢰하기로 결정한다.

장면이 바뀌어 카메라는 1780년대 낮, 살리에리 집의 침실과 서재를 겸한 어두침침한 방을 비춘다(S43). 벽난로 선반 위에는 엄숙한 예수상을 담은 십자가가 매달려 있고, 살리에리는 행진곡을 작곡하고 있다. 작곡을 마무리한 살리에리는 십자가에 머리를 숙이고

---

18) 오스트리아의 황제 요제프 2세(1741~1790, 재위기간 1765~1790). 신성로마제국 황제 프란츠(Franz) 1세와 마리아 테레지아(Maria Theresa, 1717~1780) 사이에서 태어난 요제프는 또한 신성로마제국의 황제(1765~1790)였다. 어머니인 테레지아는 오스트리아의 대공이었으며, 헝가리와 보헤미아의 여왕(1740~1780)이었고, 합스부르크(Habsburg) 왕가의 통치자였다. 요제프는 1765년 오스트리아의 황제가 되었으나 모든 중요한 결정은 테레지아가 내렸다. 처음에는 합스부르크 왕가의 영토를 테레지아와 공동으로 통치했으나(1765~1780) 나중에는 단독으로 통치했다(1780~1790). 계몽전제군주였던 요제프 2세는 여러 부문에서 개혁을 시도했으나 그리 큰 성공을 거두지는 못했다. 프랑스 왕 루이 16세의 부인인 마리 앙투아네트(Marie Antoinette)는 그의 여동생이다.

감사한다. 그러고는 작곡한 행진곡을 연주하기 시작한다. 아직까지는 살리에리에게 신에 대한 불만이 없어 보인다.

1780년대 낮, 가발 상점에서 머리를 치장하면서 낄낄 웃는 모차르트가 보이고, 왕궁의 대접견실에서 모차르트를 기다리고 있는 사람들이 보인다(S44). 황제와 시종장 스트랙, 로젠베르크 백작, 본노 악장, 슈비텐 남작, 그리고 살리에리가 등장한다(S45). 살리에리는 모차르트가 오는 것을 기념하여 환영 행진곡을 작곡했다고 하면서 황제에게 악보를 내밀고, 황제는 피아노 앞에 가서 이 악보를 놓고 살리에리의 지도에 따라 연습을 끝낸다.

모차르트가 대접견실로 걸어 들어오고, 황제가 연주하는 행진곡이 시작된다(S47). 황제는 열심히 연주하고 모차르트는 어리둥절한 표정으로 이 장면을 주시한다. 모차르트가 무릎을 꿇고 황제가 내민 손에 열렬하게 키스하자 황제는 "내 손은 성물(聖物)이 아니니" 제발 그만두라고 하면서 모차르트가 6살 때 왕궁을 방문해서 연주를 하고 자신의 여동생인 앙투아네트에게 어린 모차르트가 했던 말을 기억해낸다.[19) "나와 결혼해 주겠소? 하겠소, 하지 않겠소?" 모차르트는 어린 시절부터 장난기가 넘치고 자유분방한 성격의 소유자임을 드러내는 일화이다.

황제의 말에 머쓱해진 모차르트는 그 특유의 낄낄거리는 웃음소리를 낸다. 요제프 황제는 모차르트를 진정시키고 그 자리에 함께 있던 사람들을 소개한다(S47). 슈비텐 남작은 모차르트를 환영하지

---

19) 요제프 2세의 여동생인 앙투아네트와 모차르트는 어린 시절 만난 적이 있다. 6세의 신동 모차르트가 마리아 테레지아 앞에서 피아노를 연주하여 경탄을 자아냈다. 연주가 끝난 후 모차르트가 한 살 많은 공주 앙투아네트와 놀면서 자신의 아내가 되어달라고 했다. 후에 앙투아네트는 프랑스의 루이 16세의 왕후가 되어 베르사유 궁전에서 살았다.

만, 오페라 극장 감독인 로젠베르크 백작은 그를 냉랭하게 대한다. 1782년, 드디어 32세인 살리에리와 26세인 모차르트의 공식적인 첫 만남이 황제의 궁전에서 이루어진다. 살리에리가 그를 반기자, 모차르트는 살리에리의 작품을 잘 알고 있다고 말한다. 황제는 살리에리가 모차르트를 환영하여 '환영의 행진곡'을 작곡했다고 밝히자 모차르트는 훌륭한 작곡가인 살리에리를 만나 영광이라고 말한다. 이제 오페라 작곡을 두고 본격적인 문제가 대두된다.

> JOSEPH: Well, there it is. Now to business. Young man, we are going to commission an opera from you. What do you say?
> MOZART: Majesty!
> JOSEPH: Did we vote in the end for German or Italian?
> RORSINI-ROSENBERG: Well, actually, Sire, if you remember, we did finally incline to Italian.
> VON STRACK: Did we?
> VON SWIETEN: I don't think it was really decided, Director.
>
> (S47)

황제가 오페라 가사를 독일어로 할지 이탈리어로 할지를 다시 묻자 로젠베르크 백작은 이탈리아어로 된 오페라 작곡을 의뢰하기로 했다고 말한다. 그러나 이는 사실이 아니다. 슈비텐 남작의 말처럼 그 문제는 아직 결정되지 않은 상태로 남아 있다.

모차르트는 독일어로 된 오페라를 작곡하게 해달라고 요청하고, 왜 독일어를 고집하느냐는 황제의 말에 "벌써 멋진 독일어 가사 대본을 찾았기 때문"이라고 답한다. 황제가 이 이야기의 줄거리와 배경을 말해 보라고 하자, 모차르트는 열정적으로 자신의 견해를 피력한다. 모차르트는 이야기의 배경이 파샤의 하렘(Pasha's Harem),

즉 후궁의 거처라고 밝히고, 로젠베르크 백작은 독일어 오페라의 배경이 왜 터키인가를 묻는다. 모차르트는 특별한 이유는 없고 원한다면 터키어 가사도 가능하다고 답하면서 낄낄대고 로젠베르크는 모차르트를 못마땅하게 바라본다. 그러나 문제는 오페라의 언어보다 그 내용이다.

> VON SWIETEN: My dear fellow, the language is not finally the point. Do you really think that subject is quite appropriate for a national theatre?
> MOZART: Why not? It's charming. I mean, I don't actually show concubines exposing their! their! It's not indecent! (*to Joseph*) It's highly moral, Majesty. It's full of proper German virtues. I swear it. Absolutely! (S47)

로젠베르크 백작과는 달리 비교적 모차르트에게 우호적인 슈비텐 남작조차도 모차르트가 생각하는 오페라의 주제가 국립극장에서 상연될 작품으로 적절하지 않다고 생각한다. 그러나 모차르트는 이야기의 줄거리는 대단히 도덕적이며 독일적 미덕으로 가득 차 있는 작품이라고 주장한다. 그러자 살리에리는 왜 그 이야기가 독일적인 미덕을 내포하고 있느냐고 묻는다. 모차르트는 독일적인 미덕이란 바로 사랑이라고 답하고, 살리에리는 "우리 이탈리아인은 사랑을 모른다고 생각하느냐"고 되묻는다. 살리에리의 물음에는 가시가 돋쳐 있고, 같은 이탈리아 사람인 로젠베르크 백작과 본노 악장 역시 살리에리에게 동조한다.

이탈리아 오페라에 대한 모차르트의 인상은 대단히 부정적이다. "이탈리아 오페라에선 모든 남성 소프라노들이 째지는 것 같은 고성을 지르죠. 또한 우둔하고 비대한 연인들은 서로의 눈길을 맞추죠. 그건 사랑이 아닙니다. 그런 작품은 단지 쓰레기일 뿐입니다"(S47). 이러한 모차르트의 말이 이탈리아 출신 음악가들에게 반감을 자아내고 있음은 말할 나위가 없다. 황제 스스로 오페라의 언어를 선택하라는 모차르트의 말에 황제는 마침내 독일어로 된 오페라를 작곡하라고 명한다. 이탈리아 음악가들의 반대를 무릅쓰고 모차르트의 손을 들어준 셈이다. 그리하여 모차르트는 독일어로 된 <후궁(後宮)탈출>(*Il Seraglio*)[20]이란 오페라 작곡에 착수한다.

여기서 주시할 점은 오페라에 대한 모차르트와 다른 사람들의 견해 차이이다. 1782년이란 시점은 음악사에서 고전주의 시대, 문학사에서는 신고전주의 시대에 속한다. 신고전주의는 18세기 유럽의 예술 양식을 지배했던 사조로 고전을 모형으로 삼아 내용보다는 형식과 규칙을, 감성보다는 이성을 중시했고, 데카르트의 합리주의의 영향을 받아 개인의 자유로운 상상력보다는 전통과 보편성, 그리고 합리성을 강조했다. 전통, 합리성, 판단력, 보편성, 이성이 신고전주의가 강조했던 키워드이다. 또한 예술의 품위와 그 내용의 고상함과 우아함을 강조했다.

웅장함과 화려함을 추구했고 고상한 주제를 담은 다성 음악[21]이 유행이었던 바로크 시대(1600~1750) 음악에 대한 반발로 시작된

---

20) <후궁탈출>은 3막으로 된 모차르트의 오페라로 1782년 7월 16일 비엔나에서 초연되었다. 브레츠너(C. F. Bretzner) 희곡을 기초로 슈테파니(G. Stephanie)가 독일어로 대본을 썼다. 배경은 16세기 터키이며, 주요 등장인물은 다음과 같다. 콘스탄체(Constance, 후궁에 감금된 스페인 여자로 벨몬테의 연인, 소프라노), 블론드켄(Blondchen, 콘스탄체의 시녀, 소프라노), 벨몬테(Belmonte, 콘스탄체를 사랑하는 스페인 귀족, 테너), 페드릴로(Pedrillo, 벨몬테의 하인, 베이스), 오스민(Osmin, 태수의 별장지기, 베이스), 젤림(Selim, 터키의 태수).

21) 다성 음악(polyphony)은 둘 또는 그 이상의 독립적 성부(聲部)를 동시에 노래하는 것을 가리키는 용어이다. 대표적인 곡이 헨델의 '메시야'이다.

것이 고전파 시대(1750~1820)의 음악이다. 오스트리아 비엔나를 중심으로 활동했던 하이든과 모차르트가 고전파 시대 음악의 거장들이다. 18세기 후반에 계몽주의 사상이 확산되고 신흥 중산층이 부상하면서 연주하거나 듣기에 어려운 다성 음악보다는, 하나의 중요한 선율을 다른 성부들이 화성적으로 뒷받침하는 화성 음악이 주를 이루게 되었고, 바로크 음악의 과장된 경향으로부터 벗어나 간결하고 명확한 형식적 음악을 추구했다. 1820년경부터는 형식적이고 지성적인 것보다는 인간의 정서를 강조하는 19세기 문학 사조의 영향으로, 감성적인 것에 바탕을 둔 낭만파 음악이 싹트기 시작했다.[22]

모차르트가 비엔나에서 활동했던 1780년대 오스트리아 궁정에는 고상한 주제를 강조했던 바로크 음악이 여전히 강세를 유지했고, 오스트리아 궁정에서 활동했던 살리에리를 비롯한 이탈리아 음악가들은 바로크 음악의 성향을 지지했다. 당시 대부분의 오페라는 이탈리아어를 가사로 채택했고, 인물은 왕이나 영웅이었으며 고상한 주제를 채택했다. 이러한 궁정의 분위기를 두고 볼 때 모차르트의 시각은 가히 혁신적이다. 오페라의 내용과 형식에 대한 그의 생각은 고전주의를 벗어나 이미 낭만주의로 향하고 있었기 때문이다.[23] 영화에서 <피가로의 결혼>(*Le Nozze Di Figaro*) 상연을 둘러싼 모차르트와 그와 대립적인 인물들의 논쟁은 이를 잘 드러내

---

22) http://blog.daum.net/riverflowsinyou/8742330

23) 모차르트의 오페라는 대체로 다음과 같이 구분된다. 1) 징슈필: 독일어 대사와 노래가 섞인 대중적인 뮤지컬. <후궁탈출>(1782)과 <마술피리>(1791)가 여기에 속한다. 2) 오페라 부파: 코믹 오페라. <피가로의 결혼>(1786), <돈 조반니>(1787), <여자는 다 그래>(1790). 3) 오페라 세리아: 심각한 오페라. <이도메네오>(1781), <티토황제의 자비>(1791).

고 있다. 그러므로 영화에 나타난 오페라에 관한 논쟁은 어느 정도 역사적 신빙성을 확보하고 있다.

요제프 황제는 모차르트를 환영하여 살리에리가 작곡한 악보를 모차르트에게 건네주려고 하지만, 모차르트는 그 악보를 받지 않는다. 이미 그 악보 전부를 기억하고 있기 때문이다. 황제는 모차르트가 단 한 번만 듣고 악보를 기억하는 것을 의아하게 생각하면서 그에게 연주해 보라고 청한다. 그러자 모차르트는 악보를 보지 않고도 정확하게 행진곡의 반쯤을 연주한다.

모차르트는 다시 행진곡의 전반부를 반복하면서 악절(樂節)의 중간에서 멈춘다. 잘 맞지 않는다고 생각했기 때문이다. 이 지점에서부터 사람들은 놀라고 살리에리는 경악한다. 모차르트는 "뭔가 좀 모자란 것 같다"고 하면서 임의로 변주하여 다른 악절을 연주한다. 모차르트는 살리에리의 행진곡을 변주하고, 그 행진곡은 후에 <피가로 결혼> 3막의 마지막을 장식하는 그 유명한 행진곡으로 바뀐다. 모차르트가 멋대로 기교를 부리면서 연주하자 살리에리는 어색한 미소를 머금고 이 광경을 바라본다. 단 한 번만 듣고도 모든 악보를 기억하는 모차르트의 천재성에 사람들은 놀란다. 모차르트는 작곡 기법에 대한 비판까지 곁들이면서 즉흥적으로 연주하여 전혀 다른 곡으로 마무리한다. 그가 의기양양하게 연주를 끝내고 건반으로부터 손을 땐 순간 카메라는 분노하는 살리에리의 표정을 비춘다 (S47). 모차르트와 살리에리의 구체적이고도 본격적인 갈등이 전개되는 부분이다.

여기서 모차르트가 변주한 행진곡은 다름 아닌 후에 오페라 <피가로 결혼> 1막에서 피가로가 부르는 아리아 '더 이상 날지 못하리라, 나비들'(Non piu andrai)의 선율이다.24) 감독은 이 변주곡의 삽입을 통해 모차르트의 음악에 살리에리의 자취가 남아 있다는 것을 말하려고 했을지도 모른다. 아니면 피가로가 케루비노에게 군대생활에 대해 비꼬는지 격려하는지 모를 상황을 통해, 오페라 <피가로 결혼> 상연을 방해하면서도 모차르트에게는 발레 장면에 음악을 삽입할 수 있도록 노력해 보겠다고 위선적으로 행동하는 살리에리의 모습을 부각시키기 위한 장치로 사용했을 수도 있다.

<피가로의 결혼>은 '엿듣기'와 '음모'라는 모티프를 통해 내용을 풀어나가는 작품으로 이는 후에 로를을 통해 모차르트를 '엿보고' 음모를 꾸미는 살리에리와 연결되고 있다.25) 살리에리의 영향력이 좋은 쪽으로 행사되었든 나쁜 쪽으로 행사되었든 궁정악장의 위치까지 올라갔던 살리에리가 모차르트에게 영향력을 행사했음은 부인할 수 없는 사실이고, 살리에리가 모차르트에게 영향을 받은 것 또한 분명한 사실이다. 감독은 모차르트가 즉흥적으로 변주하여 연주하는 이 장면을 통해 모차르트의 천재성을 부각시킴과 아울러 모멸감을 느꼈던 살리에리의 분노와 복수에 그 나름의 근거가 있다는 것을 제시하고 있다.

집으로 돌아온 살리에리는 책상에 앉아 분노한 눈길로 십자가를 응시하면서 다음과 말한다. "내가 늘 원한 것은 그를 찬미하며 노

---

24) 모차르트가 살리에리의 행진곡을 변주하여 연주할 때 처음 등장하는 <피가로의 결혼>의 선율은 이 영화에 자주 등장한다. 레오폴드와 모차르트의 아내 콘스탄체가 실랑이를 벌일 때, 그리고 모차르트가 <피아노 협주곡 22번>을 연주하기 위해 집을 비운 사이 살리에리가 모차르트의 작업실에 몰래 스며들었을 때 이 선율이 삽입되어 있다.

25) Werner Huber and Hubert Zapf, "On the Structure of Peter Shaffer's *Amadeus*", *Contemporary British Drama, 1970~1990*, eds. Hursh Zeifman and C. Zimmerman (Toronto: U of Toronto, 1993), p.75.

래하는 것이었어"(All I ever wanted was to sing to Him)(S48, D0:37:30).26) 장면이 1823년, 늙은 살리에리의 병실로 전환되고 보글러 신부에게 다음과 같이 항의하는 살리에리를 클로즈업한다.

> OLD SALIERI: He gave me that longing—then made me mute. Why? Tell me that. If He didn't want me to serve Him with music, why implant the desire, like a lust in my body, then deny me the talent? Go on, tell me! Speak for Him!
>
> (S71)

자신에게는 왜 모차르트에게 준 음악적 재능을 주지 않느냐는 살리에리의 물음에는 신에 대한 강한 불신과 불만이 드러나 있다. "신은 나에게 그런 갈망을 주고는, 이내 날 벙어리로 만들어버렸소. 왜? 말해 보시오. 신께서 음악으로 내가 찬미하는 걸 원하지 않는다면, 왜 육욕(肉慾) 같은 욕망을 나에게 심어주고는, 그럴 수 있는 능력을 주시는 건 거부하는 거요?"(D0:37:38).

장면은 다시 1782년으로 바뀌고 이국적인 비단 모자를 쓴 소프라노 가수 카발리에리가 모차르트에게 받은 모욕을 잊지 못하는 살리에리에게 레슨을 받기 위해 들어온다(S49). 카발리에리(Cavalieri)는 모차르트가 어떤 인물인지 궁금하다. 그녀는 이미 모차르트가 오페라 작곡을 의뢰받았다는 것을 알고 있고, 그 오페라에 참가하기를 바란다. 살리에리는 오페라의 배경이 터키의 갈보집이니 포기하라고 말하지만, 카발리에리는 이 오페라에서 역을 맡고 싶다. 또한 모차르트에 대한 호기심을 버릴 수가 없다.

---

26) 감독판(Director's cut, D로 약칭하고 시간 표시)에서는 이 장면 이후 S71로 이동하고, 다시 S49로 돌아온다.

7. 음표가 너무 많아!

1782년, 살리에리의 집에서 카발리에리는 모차르트가 어떻게 생겼는지를 묻고, 살리에리는 "외모와 재능이 항상 같이 있는 것은 아니라"(Looks and talent don't always go together, S49)고 답한다. 모차르트의 모습을 보면 실망할 것이라는 말이다. 그러나 그녀는 여성이 관심 있는 것은 단지 재능일 뿐 외모가 아니라고 말하면서 살리에리의 질투심을 부추긴다. 살리에리의 반주에 따라 카발리에리는 열심히 음계를 연습한다. <후궁(後宮)탈출>의 소프라노 아리아 '어떤 형벌을 가한다 해도' 중반부 반주가 배경에 깔리고, 카발리에리의 노래는 연습 장면에서 실제 공연의 화려한 아리아로 바뀐다. 카메라는 갑자기 완전히 터키식으로 화장을 하고 옷을 입은 카발리에리의 모습을 비춘다(S49, D0:40:0).

모차르트의 오페라 <후궁탈출>의 여주인공 카발리에리는 비엔나의 오페라 하우스 무대에서 열심히 노래한다. 모차르트는 건반악기 옆에서 지휘를 하고, 칸막이 관람석에는 황제, 그리고 그의 주위에 앉아 있는 스트랙, 로젠베르크, 본노, 슈비텐 남작이 보인다. 다른 칸막이 관람석에는 웨버 부인과 그녀의 딸 콘스탄체가 보인다. 카메라는 다른 칸막이 관람석에 앉아 무대를 차가운 시선으로 바라보고 있는 살리에리를 비춘다(S50). 모차르트가 작곡한 오페라에서 모차르트의 지휘에 따라 그와 호흡을 맞추면서 열정적으로 노래하는 카발리에리를 보고 살리에리는 질투심에 불타오른다. 살리에리는 "그들이 어디서 어떻게 만났는지" 모른다고 분노한다.

모차르트의 재능에 마음을 빼앗긴 카발리에리가 부르는 아리아 '어떤 형벌을 가한다 해도'가 끝나자, 작곡가인 모차르트와 가수인 그녀가 서로를 바라본다. 이 아리아가 어떤 대가를 치르더라도 살리에리를 벗어나 모차르트에게 달려가고 싶은 카발리에리의 마음을 대변하고 있는 것은 아닌지 모르겠다. 모차르트의 시선을 따라가면서 카발리에리가 부르는 "마침내 죽음이 날 자유롭게 하리라!"라는 애절한 아리아의 가사 역시 살리에리에게서 자유롭고 싶은 그녀의 심중을 대변하고 있는 것은 아닌지 모르겠다. 모차르트가 그녀를 건드렸다고 느끼면서 질투를 드러내는 살리에리를 비추는 이 장면에 <후궁탈출>의 아리아를 삽입한 것은 적절한 선택이다. 이를 통해 살리에리의 질투심은 더욱 불타오르고 모차르트에게 복수할 구체적 방안을 간구하기 때문이다.

오케스트라가 종결 부분을 끝내기 전에 장면이 전환되어, 카메라는 1823년의 늙은 살리에리의 병실을 비춘다. 그리고 다음과 같은 살리에리의 대사가 이어진다.

Understand, I was in love with the girl. Or at least in lust. I wasn't a saint. It took me the most tremendous effort to be faithful to my vow. I swear to you I never laid a finger on her. All the same, I couldn't bear to think of anyone else touching her—least of all the Creature. (S51)

늙은 살리에리는 신부에게 카발리에리를 사랑했지만 그녀에게 손끝조차도 대지 않았다고 고백하고, 신에 대한 맹세를 지키기 위해 노력했다고 맹세한다. 하지만 모차르트라는 천박한 인간이 그녀를 건드렸다는 생각에 분노를 참을 수가 없다. 자신의 행진곡을 변주하면서 조롱하던 일에 이어 이 일은 살리에리에게 지울 수 없는 상처를 남긴다. 이 고백 이후 카메라는 앞서 나왔던 장면으로 거슬러 올라가 <후궁탈출> 공연 장면을 비춘다. 컷백(cut back)을 통해 현재와 과거를 병치시키고 있는 것이다.

1780년대, 비엔나의 오페라 하우스에서 <후궁탈출> 공연이 끝나고, 모든 등장인물들이 무대 위에 줄을 선다(S52). 무대에 커튼이 내려오고 소란스러운 소리가 들린다. 갑자기 조용히 하라는 소리가 들리고 황제가 무대로 다가온다. 요제프 황제는 정중하게 절을 하는 카발리에리 앞에 서서 그녀를 칭찬한다(S53). 황제를 알현하기 위해 웨버 부인이 무대 위에 올라가려고 시도하고, 수행원들은 이를 제지한다(S54).

황제는 "분명 훌륭해. 멋진 작품이었소! 당신은 오늘 뭔가 새로운 것을 보여줬소"라고 말하면서 모차르트를 칭찬한다. 독일어 가사가 의심할 여지없이 새롭다고 생각한 황제는 흡족한 표정을 짓는다. 그런데 정말 마음에 드느냐는 모차르트의 말에 황제는 다음과 같이 말한다. "정말 훌륭한 작품이오. 분명, 차츰… 그래, 차츰 더 좋아질 것 같소." 표현하기 힘들지만 뭔가 석연치 않다는 말이다.

> JOSEPH: Well, I mean occasionally it seems to have, how shall one say? (he stops in difficulty; to Orsini-Rosenberg) How shall one say, Director?
> ORSINI-ROSENBERG: Too many notes, Your Majesty?
> JOSEPH: Exactly. Very well put. Too many notes.
> MOZART: I don't understand. There are just as many notes, Majesty, as are required. Neither more nor less.
> JOSEPH: My dear fellow, there are in fact only so many notes the ear can hear in the course of an evening. I think I'm right in saying that, aren't I, Court Composer?
> SALIERI: Yes! yes! Sire, on the whole, yes, Majesty. (S55)

황제는 로젠베르크 백작의 견해를 따라 모차르트의 오페라에 "음표가 너무 많아서 저녁 무렵에 듣기에는 쉽지 않다"는 의견을 개진한다. 이에 모차르트가 발끈했음은 말할 여지가 없다. 그는 "음표가 너무 많다"는 황제와 로젠베르크의 생각을 도저히 이해할 수가 없다. 황제가 살리에리에게 의견을 구하자, 그 역시 황제의 견해에 동조한다. 그럼에도 불구하고 "음표가 너무 많다"는 말은 황제의 음악적 무지를 단적으로 드러내는 말이다.

사실 모차르트의 말처럼 그의 악보에는 "당연히 있어야 할 만큼의 음표"만 있다. 황제는 음표가 좀 많다는 게 걸리지만 독창적인 훌륭한 작품이란 것을 인정한다. "음표를 조금 줄이면 완벽한 작품"(Cut a few and it will be perfect, S55)이 될 것이라는 황제의 말에 모차르트가 어느 정도 줄여야 하느냐고 묻자, 당황한 황제는 어색하게 웃는다. 이 어색하고 불편한 장면에 웨버 부인이 갑자기 끼어든다. 그녀는 모차르트를 부르며 필사적으로 무대 위에 올라간다.

웨버 부인은 무대 위의 황제를 보고 놀라 입을 다물지 못한다. 모차르트가 황제에게 웨버 부인을 소개하자, 그녀는 자신의 딸인 콘스탄체가 모차르트의 약혼자라고 밝힌다. 콘스탄체가 황제에게 절을 한다. 카메라는 이에 놀란 카발리에리를 클로즈업하고, 또한 카발리에리가 놀라는 광경을 보고 있는 살리에리의 모습을 클로즈업한다. 황제는 26세인 모차르트에게 언제 결혼할지를 묻고 모차르트는 아직 아버지의 승낙을 받지 못했다고 답한다. 황제가 부인의 매력적인 딸과 결혼해서 비엔나에 머물면 좋겠다고 하자, 너무나 감격한 웨버 부인은 황제의 손에 키스하려고 하다가 갑자기 기절한다.

시종장과 함께 황제가 퇴장하자, 카발리에리는 곱지 않은 시선으로 모차르트를 쳐다보고는 무대를 떠난다. 모차르트는 그녀를 따라가야 할지 기절한 웨버 부인을 도와야 할지를 결정하지 못하고 망설인다. 콘스탄체가 모차르트에게 물을 좀 가져오라고 부탁하자 그는 서둘러 나간다(S55). 화가 난 카발리에리는 분장실 거울 앞에 앉아 있고 모차르트가 들어와 그녀의 눈치를 보면서 물을 찾는다. 카발리에리는 모차르트에게 괴롭히지 말라고 거듭 말한다(S56). 모차르트는 웨버 부인 주위에 몰려 있는 사람들을 밀쳐 그녀의 얼굴에 물을 퍼붓고, 콘스탄체는 그녀를 부축하여 일으켜 세운다. 깨어난 웨버 부인은 모차르트와 콘스탄체를 보고 크게 기뻐한다. 웨버 부인은 결혼하라는 황제의 말을 상기시키며 딸과 함께 퇴장한다(S57).

흥분한 카발리에리는 살리에리에게 모차르트와 콘스탄체의 얘기를 알고 있었느냐고 묻자, 살리에리는 그게 무슨 상관이냐고 되묻는다. 이 둘의 대화 사이에 불쑥 들어온 모차르트에게 카발리에리

는 웨버 부인이 아직도 바닥에 누워 있는지를 묻는다(S59). 살리에
리가 공연이 대단히 마음에 들었다고 말하자 모차르트는 또다시
자만심을 드러낸다. "요즘 비엔나에서 들어본 음악 중 최고였을 겁
니다. 그렇지 않습니까?" 늘 자신만만하고 오만한 모차르트가 살리
에리 마음에 들 리가 없다. 카발리에리는 모차르트에게 "그녀가 성
교하기 좋은 상대인가"를 물으면서 비아냥거린다. 콘스탄체와 같은
여자와 결혼하는 데 다른 이유가 있을 리가 없다고 생각하기 때문
이다. 이 광경을 살리에리가 놀라서 쳐다본다. 문이 열리고 콘스탄
체가 들어와 모차르트에게 함께 가기를 부탁하자 모차르트는 서둘
러 문밖으로 나간다. 자제력을 잃은 카발리에리는 날카로운 목소리
로 소리를 지르고, 화를 내고 울면서 살리에리 팔에 안긴다. 이때
카메라는 살리에리에게 초점을 맞추고, 살리에리는 다음과 같이 회
상한다. "그 순간 난 어떤 의심의 여지도 없이 알게 되었소. 놈이
카발리에리를 범했다는 걸. 그 작자가 내가 사랑하는 그녀를 범했
다는 걸"(S59).

8. 신의 뜻을 이해할 수 없어!

    시점은 다시 1823년으로 돌아와 카메라는 병실에서 신부에게 열
정적으로 이야기하는 늙은 살리에리를 비춘다. 신이 주신 재능을
유지하기 위해 모든 육신적인 욕망을 거부하고 살아왔던 살리에리
는 신의 뜻이 뭔지를 도대체 이해할 수 없다.

> It was incomprehensible. What was God up to? Here I was
> denying all my natural lust in order to deserve God's gift and
> there was Mozart indulging his in all directions—even though
> engaged to be married!—and no rebuke at all! Was it possible I
> was being tested? Was God expecting me to offer forgiveness in
> the face of every offense, no matter how painful? That was very
> possible. ⋯ Why use Mozart to teach me lessons in humility?
> My heart was filling up with such hatred for that little man. For
> the first time in my life I began to know really violent thoughts.
> I couldn't stop them. (S60)

욕망을 억누르고 살아왔던 살리에리와는 달리 모차르트는 아무런 비난도 받지 않고 욕정을 탐닉하고 부정을 저지른다. 자신이 시험에 들었다고 생각하는 살리에리는 부당한 일을 당하고도 용서할 수 있을지를 의심한다. 살리에리는 신께서 자신에게 "겸양의 미덕을 가르치기 위해" 왜 모차르트란 인간을 이용하는가를 묻는다. 살리에리 자신의 고백처럼 그의 마음은 온통 모차르트에 대한 증오심으로 가득 차 있다. "내 생애 처음으로 격렬하고 험한 생각을 하게 되었고, 그 생각을 멈출 수 없었다"는 고백에는 살리에리의 복수 심리가 명시적으로 드러나 있다. 살리에리의 복수심에는 모차르트에게만 음악적 재능을 부여한 신에 대한 배신감이 자리 잡고 있다. 정신분석적인 관점에서 보자면 모차르트는 쾌락원리에 따라 움직이는 통제 불가능한 이드(Id)에 해당하는 인물이다. 반면, 살리에리는 성적 충동을 자제하고 도덕원리에 따라 움직이는 초자아(Super-ego)에 해당하는 인물이다. 이 상반된 특성을 대변하는 두 인물은 필연적으로 갈등의 관계에 놓이게 되며, 그들 사이의 대치는 또한 디오니소스적인 감성과 아폴로적인 이성의 충돌을 함의한다.27)

　신부가 살리에리에게 그런 험한 생각을 하지 않으려고 노력해 보았느냐고 묻자, 살리에리는 때때로 몇 시간 동안이나 기도하면서 복수심을 없애려고 노력했다고 답한다(S60). 그러나 이는 살리에리에게 쉽지 않은 일이다. 시점은 1780년대로 이동하여 카메라는 십자가 앞에 절망한 채 무릎을 꿇고 앉아 있는 젊은 살리에리를 비춘다. 살리에리는 절규한다. "제발! 제발! 그가 잘츠부르크로 돌아가

---

27) M. K. MacMurraugh-Kavanagh, *Peter Shaffer: Theatre and Drama* (London: Macmillan, 1998), pp.120~121.

게 해 주세요. 나를 위해 또한 그를 위해서"(S61). 카메라는 기도하는 살리에리를 응시하는 예수상을 클로즈업한다. 모차르트가 잘츠부르크로 돌아가게 해달라는 살리에리의 기도에 답하기라도 하듯이 장면은 대주교와 모차르트의 아버지가 있는 잘츠부르크로 이동한다.

9. 주여, 불쌍히 여기소서!

　　장면은 잘츠부르크로 이동하여, 카메라는 1780년대 어느 날 대주교 콜로레도 앞에 무릎을 꿇고 앉아 모차르트가 잘츠부르크로 다시 오게 해달라고 탄원하는 모차르트의 아버지 레오폴드를 비춘다(S62). 레오폴드는 후견인이 필요한 모차르트가 잘츠부르크에 오도록 해야 한다고 말한다. 처음에는 대주교가 이를 부인하고 서로 다음과 같은 언쟁을 벌인다.

　　COLLOREDO: Your son is an unprincipled, spoiled, conceited brat.
　　LEOPOLD: Yes, sir, that's the truth. But don't blame him. The fault is mine. I was too indulgent with him. But not again. Never again, I promise! I implore you—let me bring him back here. I'll make him give his word to serve you faithfully. (S62)

레오폴드의 말에 따르면 모차르트는 지금 "삶에서 가장 최악의 실수"를 범하기 직전이다. 그는 모차르트가 허튼 계집의 덫에 걸려 결혼을 서두르고 있다고 판단한다. 그러나 모차르트를 "버릇없고 무례하고 변덕스러운 놈"으로 생각하는 콜로레도는 별로 놀라지 않는다. 레오폴드는 아이를 너무 제멋대로 키운 자신에게 잘못이 있다고 하면서 모차르트가 잘츠부르크에 돌아오게 해달라고 애원한다. 한번만 더 기회를 주면 모차르트가 대주교에게 복종하도록 맹세를 시키겠다는 레오폴드의 말에 대주교는 모차르트의 귀환을 허락한다.

레오폴드가 일어나자 <돈 조반니> 서곡의 첫 번째 음울한 포르티시모(fortissimo)[28] 가락이 들린다. "사랑하는 내 아들아"라는 레오폴드의 보이스 오버를 배경으로 <돈 조반니> 서곡의 두 번째 포르티시모 가락이 들린다. 앞서 언급한 것처럼 <돈 조반니>[29] 서곡의 음울한 선율은 레오폴드가 등장할 때 자주 삽입되었던 곡이다. 돈 조반니의 방탕한 생활과 죄를 탄핵하는 기사장과 방탕한 모차르트를 나무라는 레오폴드의 모습이 중첩되기 때문이다. 돈 조반니는 계몽주의 정신을 대변하는 인물로 "아버지 또는 신"의 권위에 도전하는 아들, 혹은 "아버지를 살해하는 인물"로 제시되고 있어 반항적인 모차르트의 모습을 연상하게 만드는 인물이다.[30] <돈 조

---

28) 곡의 강약을 나타내는 셈여림표로 포르테(f, forte, 강하게), 포르티시모(ff, fortissimo, 매우 세게), 포르티시시모(fff, fortississimo, 가장 세게), 메조포르테(mf, mezzo-forte 조금 세게) 등이 있다.

29) <돈 조반니>는 로렌초 다 폰테의 대본으로 모차르트가 1787년에 작곡한 2막 오페라이다. 배경은 어떤 스페인 마을이다. 주요 등장인물은 젊은 귀족으로 호색가인 '돈 조반니'(바리톤), 돈 오타비오의 약혼자인 '돈나 안나', 안나의 아버지인 '기사장', 돈 조반니의 친구인 '돈 오타비오', 돈 조반니의 시종인 '레포렐로' 등이다.

30) Brigid Brophy, *Mozart the Dramatist* (London: Faber & Faber, 1964), pp.83~84.

반니>에 대한 좀 더 구체적 논의는 후에 레오폴드가 모차르트의 집을 방문하는 장면을 언급할 때 다시 할 것이다.

카메라가 아버지의 편지를 읽고 있는 모차르트의 머리를 클로즈 업하자, 이 장면 너머로 레오폴드의 목소리가 들린다.

> LEOPOLD: (V.O.) I write to you with urgent news. I am coming to Vienna. Take no further steps toward marriage until we meet. You are too gullible to see your own danger. As you honour the father who has devoted his entire life to yours, do as I bid, and await my coming. (S63)

레오폴드는 비엔나로 갈 것이니 그때까지는 결혼에 관한 일을 더 이상 진행하지 말라고 편지를 쓴다. 전 생애를 그에게 바쳤던 아버지를 생각한다면 제발 기다리라는 호소에도 불구하고 모차르트는 서둘러 결혼식을 올린다. 이는 자신을 구속하는 아버지 레오폴드에 대한 의식적인 반항이고, 또한 기존의 질서에 대한 반항이다.

갑자기 장면이 바뀌어 바로크풍의 성당이 보인다. 카메라가 콘스탄체 옆에 무릎을 꿇고 앉아 있는 모차르트를 클로즈업한다. 웨버 부인을 위시한 하객들이 자리를 잡은 가운데, 신부는 두 사람의 의사를 묻고 두 사람이 부부가 되었음을 선포한다. 이때 <미사곡 17번 C단조, K427>(Mass in C Minor) 도입부의 '키리에'(kyrie)가 들린다. 음악 소리가 점점 커지고 다음 장면에서도 계속된다.

잘츠부르크에 있는 레오폴드 집의 방이 보이고, 카메라는 방 안에 홀로 앉아 모차르트의 편지를 읽는 레오폴드를 비춘다. 카메라는 어린 신동의 삶을 떠올리는 여러 가지 기념품들과 가족 초상화와 모차르트 어머니의 그림을 비춘다. 레오폴드는 다음과 같은 모차르트의 편지를 읽는다.

> MOZART: (V.O.) Most beloved father, it is done. Do not blame me that I did not wait to see your dear face. … Your every word is precious to me. Remember how you have always told me Vienna is the City of Musicians. To conquer here is to conquer Europe! With my wife I can do it. I vow I will become regular in my habits and productive as never before. She is wonderful, Papa, and I know that you will love her. And one day soon when I am a wealthy man, you will come and live with us, and we will be so happy. (S64)

모차르트는 먼저 아버지 레오폴드를 기다리지 않고 결혼한 것을 나무라지 말라고 부탁하고, 비엔나를 지배하는 것은 곧 유럽을 지배하는 것이라는 말을 덧붙인다. 그러고는 아내가 된 콘스탄체에 대한 좋은 말과 함께, 언젠가 부자가 되어 비엔나에서 가족 모두 함께 살면 행복할 것이라는 말로 편지를 마무리한다. 이 편지를 본 레오폴드가 편지를 구기자 미사곡 소리는 점점 희미해진다. 이 장면에 삽입된 <미사곡 17번 C단조, K427>의 시작 부분 '키리에'는 "주여! 불쌍히 여기소서"라는 뜻을 지닌 애절한 음악으로 아버지의 명을 거역하고 타락의 길로 빠져드는 가련한 모차르트의 모습을 담아내는 데 적절한 음악이다.[31] 이후 모차르트는 경제적 궁핍과

---

31) 미사곡은 로마 가톨릭교회에서 미사의 각종 전례문에 붙여진 곡을 말한다. 이 전례문은 1년을 통해 변하지 않는 '통상문(通常文)'과 교회에 따라 변하는 '고유문(固有文: 변하는 부분)'이 있는데, 통상문은 대체로 다음 5부분으로 구분된다. 1) 키리에(kyrie: 자비송, "주여 우리를 불쌍히 여기소서!"), 2) 글로리아(gloria: 영광의 찬가, "높은 곳에 계시는 주님께 영광을"), 3) 크레도 (credo: 신앙선언, "오직 한 분의 주님만을 믿습니다"), 4) 상투스(sanctus: 감사의 찬가, "거룩하시다 주님"), 베네딕투스(benedictus: 축복송, "찬미를 받으소서, 주의 이름으로 오는 이여"), 5) 아뉴스 데이(Agnus Dei: 평화의 찬가, "죄를 사하시는 주의 어린양"). 통상문에 의한 미사곡 외

정신적 방황을 겪기 때문이다.

모차르트가 아버지의 명을 거역하고 결혼한 콘스탄체는 경박성을 드러내고 그의 음악 세계를 잘 이해하지 못한다. 콘스탄체는 모차르트가 공주를 가르칠 수 있는 기회를 잡게 하고 경제적 궁핍을 모면하기 위해 모차르트의 악보를 들고 살리에리를 찾아가 흥정을 벌인 장본인이다.

아버지의 뜻을 거스르는 모차르트는 이후에도 아버지의 구속으로부터 벗어나기 위해 계속 반항한다. 그러나 그의 반항은 단순히 그의 아버지에 대한 반항만은 아니다. 그가 거부하고 있는 것은 잘츠부르크 대주교의 궁정과 당대의 오스트리아 궁정에 만연한 보수성이다.

에 죽은 사람을 위한 미사곡은 흔히 레퀴엠(鎭魂曲)으로 불린다.

10. 절대적인 미의 극치!

1780년대 낮, 비엔나 황실 정원에서 살리에리, 요제프 황제, 엘리자베스 공주가 보인다. 황제와 공주는 말을 타고 있다. 황제의 질녀인 16세의 합스부르크 왕실의 공주는 뚱한 표정을 짓고 있다 (S65). 요제프 황제는 살리에리에게 엘리자베스 공주를 소개하고, 공주에게 음악을 지도할 사람으로 모차르트를 염두에 두고 있다고 하면서 살리에리의 생각을 묻는다. 그러나 살리에리는 머뭇거리면서 모차르트를 공주의 선생으로 임명하다면 "그를 지나치게 편애하고 있다는 의혹"을 받게 될 것이라고 말한다. 모차르트가 공주의 선생으로 임명되는 것을 바라지 않기 때문이다. 황제는 계속 모차르트를 원한다고 하자, 살리에리는 편애한다는 오해를 피하기 위해 소규모 위원회를 구성하여 고르는 것처럼 하자고 제안한다(S65). 그리하여 이 제안은 채택된다.

장면이 바뀌어 카메라는 스트랙 시종장의 서재에서 스트랙을 만나고 있는 모차르트를 비춘다. 모차르트는 화가 나서 어쩔 줄을 몰라 하면서 시종장에게 항의한다. "16세 소녀 하나를 가르치기 위해, 내가 왜 우스꽝스러운 위원회에 작품의 샘플을 제출해야 하나요?" 시종장이 그것은 황제의 뜻이라고 하자 모차르트는 황제가 자신을 못마땅하게 생각하고 있는 것은 아닌지를 묻는다. 둘의 대사는 다음과 같이 계속된다.

> MOZART: Then why doesn't he simply appoint me to the post?
> VON STRACK: Mozart, you are not the only composer in Vienna.
> MOZART: No, but I'm the best.
> VON STRACK: A little modesty would suit you better.
> MOZART: Who is on this committee?
> VON STRACK: Kapellmeister Bonno, Count Orsini-Rosenberg
> and Court Composer Salieri.
> MOZART: Naturally, the Italians! Of course! (S66)

모차르트의 오만한 성격이 잘 드러나는 부분이다. "당신이 비엔나의 유일한 작곡가는 아니라"는 시종장의 말에 모차르트는 "하지만 내가 최고 아니냐?"라고 되묻는다. 시종장은 좀 더 겸손하게 처신하라고 충고하고, 본노 악장, 로젠베르크 백작, 궁정 작곡가 살리에리가 공부의 선생을 선정할 위원회의 위원들임을 밝힌다. 모차르트가 이탈리아인들 일색으로 구성된 이 위원회를 좋아할 리 없다. 그들 모두가 자신에게 적대적이라고 판단하기 때문이다.

모차르트는 이탈리아인들이 자신의 음악을 싫어하는 것을 잘 알고 있다. 그들이 이해하는 것은 진부한 음악이고 선호하는 것은 음울한 음조라서 자신의 음악을 좋아하지 않는다고 생각한다. 모차르트는 자신이 혐오하는 이탈리아인들이 자신의 음악을 판단하는 것을 도저히 참을 수가 없다. "이탈리아인들은 음악엔 백치인데, 당신은 그들이 내 음악을 판단하길 원하고 있어요"(S66). 그리하여 모차르트는 위원회에 작품을 제출하지 않기로 결심한다.

장면은 1780년대, 모차르트 집의 침실로 바뀌고, 카메라는 화가 난 콘스탄체와 침대에 누워 있는 모차르트를 비춘다(S67). 콘스탄체는 위원회에 작품을 제출하지 않으려는 모차르트를 미쳤다고 하면서 학생들을 가르쳐 살 수 있는 방도를 강구하지 않는 그를 질책한다. 그들의 대사는 다음과 같이 이어진다.

> CONSTANZE: How are we going to live, Wolfi? Do you want
>   me to go into the streets and beg?
> MOZART: Don't be stupid.
> CONSTANZE: All they want to see is your work. What's wrong
>   with that?
> MOZART: Shut up! Just shut up! I don't need them.
> CONSTANZE: This isn't pride. It's sheer stupidity! (S67)

지금까지 콘스탄체는 어머니께 돈을 빌려 생활했고 모차르트는 이를 알아차리지 못했다. 콘스탄체는 작품의 제출 여부가 자존심 문제가 아니라고 하면서 모차르트를 질책한다. 그리하여 콘스탄체는 모차르트를 공주의 선생으로 선정해달라고 부탁하기 위해 모차르트 몰래 살리에리를 방문한다.

장면이 전환되어 카메라는 살리에리의 응접실에 있는 살리에리와 콘스탄체를 비춘다(S68). 콘스탄체가 악보로 가득 찬 포트폴리

오를 들고 서 있다. 그녀의 방문을 의아하게 생각하는 살리에리에게 콘스탄체는 다음과 같이 말한다. "각하, 제 남편 대신 왔습니다. 제가, 제가 제 남편의 작품 샘플을 가져왔습니다. 폐하의 지명에 제 남편이 고려될 수 있도록 하기 위해." 왜 모차르트가 직접 오지 않았느냐고 묻는 살리에리에게 콘스탄체는 그가 바빠서 대신 왔다고 하면서 모차르트의 작품들을 봐달라고 부탁한다. 지금은 바로 볼 시간이 없다는 살리에리에게 콘스탄체는 다음과 같이 계속 그 자리에서 바로 봐달라고 종용한다.

> CONSTANZE: Sir, we really need this job. We're desperate. My husband spends far more than he can ever earn. I don't mean he's lazy—he's not at all—he works all day long. It's just! he's not practical. Money simply slips through his fingers, it's really ridiculous, Your Excellency. I know you help musicians. You're famous for it. Give him just this one post. We'd be forever indebted! (S68)

콘스탄체는 자신이 살리에리에게 부탁하러 온 걸 알면 자존심이 센 모차르트가 화를 낼 것이라는 것을 잘 알고 있다. 그러나 현재의 곤궁한 처지를 극복할 만한 다른 방도가 없다고 생각하여 공주의 선생 자리에 남편을 천거해달라고 애원한다. 잠시 생각하던 살리에리는 브랜디로 향기를 낸 설탕에 절인 '비너스의 젖꼭지'(Nipples of Venus)라는 과자를 콘스탄체에게 권한다. 여기서도 달콤한 과자에 사족을 못 쓰는 살리에리의 모습이 드러나고 있다. 이 과자 하나를 집어서 입에 넣는 콘스탄체의 모습은 대단히 육감적이다.

살리에리는 다음과 같이 말하면서 다소 우호적인 분위기를 연출한다. "각하라고 부르시니 거리가 있는 것 같아요. 아시다시피 내가 궁정 작곡가로 태어난 건 아니오. 나는 당신 남편처럼 작은 도시 출신이오." 살리에리가 악보를 두고 갔다가 다시 오라고 하자 콘스탄체는 자신이 가져온 악보들이 모두 진본이니 바로 그 자리에서 검토해달라고 종용하고, 악보를 본 살리에리는 매우 당황한다. 악보에서 상상하기 힘든 천재성을 보았기 때문이다.

장면은 1823년 밤, 살리에리의 병실로 전환되고 카메라는 신부를 쳐다보면서 말하는 늙은 살리에리를 비춘다(S69). 살리에리가 첫 번째로 본 모차르트의 자필 원고는 <플루트와 하프를 위한 협주곡 C장조, K299>인데 이 악보를 볼 때 제2악장이 배경음악으로 깔린다. 이 곡은 중요한 가락 거의 대부분이 밝은 장조로 처리되고 있는 아름다운 선율이다. 콘스탄체가 가져온 모차르트의 악보 중 살리에리가 두 번째로 본 것은 <교향곡 29번 A장조, K201> 제1악장으로, 이 작품에 대해 살리에리는 다음과 같이 논평한다.

> OLD SALIERI: Astounding! It was actually beyond belief. These were first and only drafts of music yet they showed no corrections of any kind. Not one. Do you realize what that meant? […] He'd simply put down music already finished in his head. Page after page of it, as if he was just taking dictation. And music finished as no music is ever finished. (S69)

살리에리는 초고였음에도 불구하고 수정을 한 표시가 없는 악보를 두고 경악한다. "놀라워! 그건 정말 도저히 믿기지 않는 일이었소. 이것들은 초고였음에도 불구하고 그 어떤 수정을 한 표시도 없

없소. 고친 표시가 하나도 없었단 말이오. 그것이 무엇을 의미하는지 아시오?" 또한 머릿속에서 이미 완성된 음악을 단지 악보에 옮겨 적은 모차르트의 천재성에 감탄하면서 "여태까지 그 어떤 음악도 흉내 낼 수 없는 음악이 완성된 것"이라고 절규하는 살리에리의 모습과 함께 <두 대의 피아노를 위한 협주곡, K365> 3악장과 <심포니 콘체르탄테, K364> 1악장이 연이어 흘러나온다.

카메라는 1780년대 살리에리의 응접실을 다시 비추고 모차르트의 필체로 쓰인 대본을 클로즈업하고, 이어서 음악 소리가 들린다 (S70). <미사곡 17번 C단조, K427> 중 '키리에'(Kyrie)가 흘러나오는 가운데 살리에리의 반응은 다음과 같이 이어진다.

> OLD SALIERI: (V.O.) Displace one note and there would be diminishment. Displace one phrase, and the structure would fall. It was clear to me. That sound I had heard in the Archbishop's palace had been no accident. Here again was the very voice of God! I was staring through the cage of those meticulous ink-strokes at an absolute, inimitable beauty. (S70)

늙은 살리에리의 이 대사에는 "누구도 모방할 수 없는 절대적인 미의 극치"를 보고 절망하는 살리에리의 모습이 잘 드러나 있다. "음표 하나만 바꾸어도 감동이 줄어들고, 작은악절 하나만 바꾸어도 전체의 구조가 무너져버리는 그런 음악이었어. 그것은 분명해. 내가 대주교 궁에서 들은 것은 우연이 아니었어. 그건 바로 신의 음성이었어! 난 그 세심한 잉크 한 획, 한 획으로 격자를 두른 음표 창구를 통해 그 어느 누구도 모방할 수 없는 절대적인 미의 극치를 보게 되었소."

모차르트의 음악에서 신의 음성을 듣고 "그 어느 누구도 모방할 수 없는 절대적인 미의 극치"를 보게 된 살리에리는 고통스럽고 놀란 얼굴을 한 채 전율을 느낀다. 놀라움과 크나큰 고통이 합쳐지는 순간을 경험했기 때문이다. 여기서 놀라움은 모차르트의 아름다운 음악에 드러난 천재성을 다시 한번 간파했기 때문에 주어진 것이고 고통은 자신은 그처럼 '신의 음성'을 담은 천상의 음악을 창조할 수 없다는 좌절감에서 비롯된 것이다.

모든 이들이 모차르트를 신동으로 간주하고 그의 음악이 별 노력 없이 주어지는 것처럼 생각했지만 모차르트 자신은 "그 어느 누구도 작곡하기 위해 나만큼 많은 시간과 생각을 바친 사람은 없다"라고 말한 적이 있다. 그의 천재성이 그냥 주어지는 것이 아니라는 것을 시사하는 말이다.[32] 사실 모차르트만큼 자신의 음악을 창조하기 위해 집중력을 발휘한 경우도 드물다.

음악이 흐르는 가운데 살리에리는 악보의 페이지를 계속 읽고, 다 읽은 악보를 마룻바닥에 떨어뜨린다. 그의 고통스럽고 놀란 얼굴이 보인다. 살리에리는 전율을 느끼면서도 다른 한편으로는 고통스럽다. 악보가 흰 폭포처럼 바닥에 흩어지고 살리에리는 방을 빙빙 돌아다닌다(S70, D1:2:15). 이때 들려오던 미사곡의 1악장 '키리에' 가운데 한 곡인 '우리 죄를 사하심'이란 가락이 갑자기 멈춘다. 모차르트 음악에 대한 경탄으로 더 이상 견딜 수 없는 살리에리에게 미사곡의 가락은 마치 파도처럼 덮친다.

---

32) Michael Deakin, *The Children on the Hill* (Indianapolis: Bobbs-Herill, 1972), p.63 & p.68.

모차르트에 대한 복수심을 불태우고 있는 살리에리와 콘스탄체가 거래하는 이 장면에 삽입된 미사곡 '키리에'를 살리에리는 완벽한 미의 극치를 드러내는 음악으로, 그리고 그 누구도 모방할 수 없는 절대 음악으로 받아들인다. 이 곡을 통해 살리에리는 신의 음성을 듣는다. 그러나 이는 또한 살리에리를 다시 한번 좌절하게 하고 신에게 반항하도록 자극한다. 그는 모차르트의 아름다운 음악에 드러난 천재성을 다시 한번 확인하고 좌절감을 느끼면서 고통스러운 표정을 짓는다. 그러나 살리에리는 당대의 그 어느 누구보다도 모차르트의 음악을 가장 잘 이해했던 사람이다. 살리에리는 '신의 음성'을 창조할 수는 없어도 '신의 음성'을 진정으로 들을 수 있는 귀를 가진 음악가였다.[33]

모차르트의 악보를 보고 놀란 살리에리는 정신을 차리기 위해 노력하고, 정신을 차린 살리에리는 모차르트가 공주의 가정교사가 되도록 도와주겠느냐는 말에 아무런 답을 주지 않고 퇴장한다(S70).[34]

---

33) Larry D. Bouchard, *Tragic Method and Tragic Theology: Evil in Contemporary Drama and Religious Thought* (University Park, PA: Pennsylvania State UP, 1989), p.207.

34) 극장판에서는 이 지점(57:20) 이후 "지금부터 우리는 적"(From now on, we are enemies. S75)이라는 대사로 연결되면서 콘스탄체가 다시 오는 장면(S74)을 보여주지 않는다. S76으로 연결되었다가, 슈럼베르크라는 상인을 찾아가는 장면(S83-85)을 보여주지 않고 모차르트가 집으로 가는 거리를 활보하는 S86으로 연결된다. 20분이 추가된 감독판에서는 이런 내용들을 모두 보여준다. 모차르트의 악보를 보고 놀란 살리에리는 정신을 차리기 위해 노력하고, 정신을 차린 살리에리는 콘스탄체에게 황제에게 모차르트를 천거하겠다고 답한다(S70, D1:2:50). 그러나 살리에리는 공주의 선생 자리가 모두가 원하는 자리이니, 그 자리가 모차르트 것이 되길 원한다면 밤에 다시 와서 모차르트를 천거하는 대가를 지불하라고 종용한다. 평소의 살리에리답지 않은 행동이고 뭔가 석연치 않은 계획이 있다는 것을 짐작하게 한다. 놀란 콘스탄체는 마룻바닥에 흩어진 악보를 주워 퇴장한다.

11. 당신과 나는 적이오!

장면이 1823년, 늙은 살리에리의 병실로 전환되고 카메라는 더 이상 자비의 신은 없다고 선언하면서 신을 자신의 적으로 삼은 살리에리의 불경스러운 모습을 담아낸다. 살리에리는 다음과 같이 단호하게 말한다. "더 이상 자비의 신은 존재하지 않소, 신부. 고통의 신만이 존재할 뿐이오"(There is no God of Mercy, Father. Just a God of torture)(S71, D1:3:55). 모차르트만을 사랑한다고 생각하는 살리에리에게 신은 더 이상 자비의 신이 아니다. 여기서 살리에리는 한때 신을 사랑했고 그에게 헌신했지만 질투심과 불만으로 인해 신을 원망하기에 이른 '타락한 천사'처럼 보인다.[35]

장면은 1780년대 밤으로 전환되고 카메라는 자신의 침실에서 십

---

35) M. K. MacMurraugh-Kavanagh, *Peter Shaffer: Theatre and Drama* (London: Macmillan, 1998), p.96.

자가를 쳐다보면서 책상에 앉아 있는 살리에리를 비춘다(S72). 콘스탄체가 다시 올지 아닐지를 알지 못한 채 살리에리는 이제까지와는 전혀 다른 기도를 올린다(D1:4:20-50).

Dear God, enter me now. Fill me with one piece of true music. One piece with your breath in it, so I know that you love me. Please. Just one. Show me one sign of your favour, and I will show mine to Mozart and his wife. I will get him the royal position, and if she comes, I'll receive her with all respect and send her home in joy. Enter me! Enter me! Please! (S72)

살리에리는 신이 자신을 진정한 음악으로 채워주어 신이 자신을 사랑하고 있다는 걸 깨닫게 해달라고 간절히 기도한다. 그러면 모차르트의 아내를 정중하게 대하고 모차르트가 공주를 가르칠 수 있는 자리를 가질 수 있도록 애쓰겠다고 맹세한다. 이 맹세와 기도는 살리에리가 어린 소년이던 시절 성당에 걸린 십자가를 두고 조건부 헌신을 맹세하면서 신과 흥정하고 거래하려고 했던 것과 그리 다르지 않다. "맹세합니다. 그럼 보답으로 제 순결하고 근면하고 가장 겸손한 마음을, 그리고 저의 전 생애를 당신께 바치겠다고"(S19). 살리에리는 여전히 신과의 화해를 바란다. 그러나 이어지는 장면에서 음악적 재능을 두고 메울 수 없는 그와 모차르트의 간격은 그와 신의 간격을 더욱 벌려놓고 마침내 신과의 결별을 선언하기에 이른다.[36] 긴 침묵이 흐르고 살리에리는 십자가를 응시한다. 신은 태연하게 그를 쳐다본다. 이 침묵 가운데 갑자기 하인이

---

36) Michael Hinden, "When Playwrights Talk to God: Peter Shaffer and the Legacy of O'Neill", *Comparative Drama* 16.1 (1982): 57.

나타나 콘스탄체가 왔음을 알린다.

1780년대 밤, 살리에리의 응접실에 베일로 얼굴을 가린 채 의자에 앉아 있는 콘스탄체가 보인다(S74, D1:5:50). 그녀의 무릎 위에는 악보의 포트폴리오가 있다. 벽난로 선반 위의 시계가 똑딱거리고 낡은 마차가 거리를 지나가는 소리가 들린다. 갑자기 창백하고 긴장한 살리에리가 나타난다. 긴장한 그들은 서로를 주시한다. 어색한 분위기가 계속된다. 콘스탄체는 전에 어리석은 여자처럼 행동했다고 하면서 살리에리에게 어디 다른 곳으로 가자고 말한다. 살리에리가 청탁의 대가로 자신을 원한다고 생각하기 때문이다. 콘스탄체는 촛대에서 양초를 뽑아 방 안을 어둡게 하고 돌아서서 숄을 벗는다. 그녀는 본론으로 들어가자고 하면서 악보가 든 가방을 집어 들지만, 악보를 다시 볼 필요가 없다는 생각에 살리에리를 쳐다보고는 서류가방을 바닥에 떨어뜨린다.

이에 관한 지문은 다음과 같다. "서류가방에서 악보들이 흘러나온다. 이내 웅장한 합창 소리가 들리고, <미사곡 17번 C단조>의 '우리 죄를 사하심'이란 웅장한 가락이 방 안을 가득 채운다. 웅장하고 무거운 음악을 배경으로 콘스탄체는 옷을 벗기 시작하고, 겁에 질린 살리에리가 이를 바라본다. 그와 그녀 사이에서 울려 퍼지는 음악 소리는 살리에리를 불쾌하고 당황스럽게 만든다. 그는 번민에 차서 입을 벌린다"(S74). 이 지점에서 미사곡의 '우리 죄를 사하심'이란 가락은 아이러니컬한 반향을 불러일으킨다. 살리에리가 돌이킬 수 없는 죄의 나락으로 빠져들 수 있는 지점에 삽입되어 있기 때문이다. 종을 흔들면서 하인더러 콘스탄체를 데리고 나가라고 소리치는 살리에리와 놀라서 알몸을 감추려는 콘스탄체가 보인다. 살리에리는 급히 방을 빠져나가고 콘스탄체는 촛대를 던지면서 분노한다. 이 장면은 집에 가서 모차르트와 울면서 대화하는 장면 (S78, D1:8:1)으로 이어진다.

콘스탄체는 겁먹은 표정으로 침대에 누워 있다. 콘스탄체는 모차르트를 안고 절망적으로 울기 시작하고(S78), 이 장면에 이어 카메라는 곧바로 늙은 살리에리의 늙은 병실을 클로즈업한다. 늙은 살리에리는 비탄에 잠겨 맞은편 벽에서 자신을 응시하는 십자가를 바라보면서 다음과 같이 뇌까린다. "지금부터 우리는 적이오. 당신과 나는 적이오!"(From now on, we are enemies, You and I!)(S75, D1:8:41) 이로써 살리에리는 모차르트에게 해를 끼쳐 신에게 복수하기로 결심을 굳히고 신과의 전쟁을 시작한다. '타락 천사'의 이미지가 신의 피조물에게 해를 가하려는 사탄적인 속성과 이어지는 순간이다.[37]

늙은 살리에리는 십자가를 불태우면서 신에 대한 적개심을 드러냈던 자신의 과거 경험을 다음과 같이 회상한다.

> Because You will not enter me, with all my need for you; because You scorn my attempts at virtue; because You choose for Your instrument a boastful, lustful, smutty infantile boy and give me for reward only the ability to recognize the Incarnation; because You are unjust, unfair, unkind, I will block You! I swear it! I will hinder and harm Your creature on earth as far as I am able. I will ruin Your Incarnation. (S76, D1:8:43)

살리에리가 모차르트에게 해를 끼쳐 신에게 복수하기로 결심하

---

37) Greg Garrett, "God's Frail Flute: Amadeus and *Amadeus*", *Proteus* 8.2 (1991): 58.

는 결정적인 지점이다. 카메라는 1780년대 밤, 살리에리 침실의 난로 속에서 불타고 있는 십자가를 클로즈업한다(S76A).

신에 대한 살리에리의 복수 의지가 단적으로 드러난 지점이고, 신과의 전쟁을 선포하는 상징적인 장면이다. 신의 '음악적 종복'으로 욕망을 자제하고 덕스러운 생활을 하면서 신에게 헌신하려 했던 살리에리는 신을 부당하고 편파적인 존재로 받아들이면서 복수 의지를 불태운다.[38] "당신이 임하시길 간절히 바라는 나를 무시하고 나에게 임하지 않았기에, 덕스럽게 살려는 나의 시도를 조소했기에 오만하고, 음탕하고, 지저분하고, 유치한 녀석을 선택하고, 나에겐 보상으로 단지 당신의 화신을 인지할 수 있는 능력밖에 주지 않았기에 당신은 부당하고, 편파적일 뿐 아니라, 매정하기에 난 당신 일을 방해하겠소. 맹세하겠소! 내가 할 수 있는 한 온 힘을 다해 당신을 방해하고 당신의 피조물에 해를 끼칠 것이오." 모차르트를

---

38) Martin Bidney, "Thinking about God and Mozart: The Salieris of Puskin and Peter Shaffer", *Slavic-and-East-European-Journal* 30.2 (1986): 186~187.

자신의 도구로 선택한 신에게 분노를 느끼고 온 힘을 다해 신의 일을 방해하고 신의 도구인 모차르트에게 해를 끼칠 것이라고 결심하는 살리에리의 살기 어린 독기가 명시적으로 느껴지는 순간이다.

영화는 모차르트의 천재성과 살리에리의 평범함을 병치시키고 "신의 택함을 받은 자와 받지 못한 자를 병치"시킨다. 또한 영화는 살리에리와 모차르트라는 인물의 삶을 통해 물질적인 성공과 예술적인 실패, 그리고 예술적인 성공과 재정적 파탄을 병치시킨다.39) 지금까지의 내용이 살리에리가 주장하는 모차르트의 살해 동기와 모차르트를 파멸시킴으로써 신에 대한 복수를 결심하는 과정에 초점이 주어졌다면, 지금부터의 내용은 복수하기 위한 살리에리의 구체적 방법에 초점이 맞추어진다.

극적 관점에서 이 영화는 먼저 자살을 택해 자신의 죄를 사죄하려는 늙은 살리에리를 제시하고, 자살미수에 그친 늙은 살리에리가 고백과 회상의 형식을 통해 모차르트 살해 동기를 밝히는 것으로 진행하여, 모차르트를 파멸시킬 결심을 하고 파멸의 구체적 방법을 제시하는 방식으로 서사를 구성한다. 살리에리가 모차르트를 망치는 첫 번째 방법은 모차르트를 헐뜯어 황제가 그에게 호의를 보이지 않도록 하는 일이며, 그가 공주의 가정교사가 되지 못하도록 하여 경제적 궁핍에 빠지게 하는 일이다. 두 번째 방법은 오페라 극장 감독이 <피가로의 결혼>에서 발레가 삽입된 부분의 악보를 뜯어내게 하여 공연을 망치게 하는 일이다. 세 번째는 모차르트가 두려워하는 모습, 즉 잿빛 가면을 쓴 아버지의 모습으로 나타나 <레

---

39) Katherine Arens, "Mozart: A Case Study in Logo-centric Repression", *Comparative Literature Studies* 23.2 (1986): 163~164.

퀴엠> 작곡을 의뢰하고 두려움에 빠진 그를 미치게 하는 일이고, 마지막으로는 <레퀴엠> 완성을 재촉하여 병든 모차르트를 사지로 몰아넣는 일이다. 살리에리가 모차르트를 죽이기 위해 구체적으로 독을 사용한 것은 아니지만 그가 사용한 여러 방법들은 모차르트의 영혼과 육신을 병들게 하고 마침내 사지로 몰아넣는다.[40] 이제 다음 장면에서 모차르트를 망치는 첫 번째 방법이 실행되기에 이른다. 살리에리는 모차르트의 간청에도 불구하고 그를 헐뜯어 공주의 가정교사가 되지 못하도록 한다.

---

40) Dennis A. Klein, *Peter Shaffer, Revised edition* (New York: Twayne Pub., 1993), pp.132~133.

12. 여기 견본이 있어요

　장면이 전환되어 카메라는 1780년대 낮, 왕궁의 식당을 비춘다 (S80, D1:9:15). 요제프 황제는 앉아서 음식을 먹고 있고 그 곁에 서 있는 살리에리가 보인다. 황제가 모차르트를 공주의 선생으로 천거하지 않은 것을 두고 섭섭함을 드러내자 살리에리는 다음과 같이 말한다. "몇 가지 일상적인 궁금증이 있습니다. 왜 그렇게 모차르트에게 제자가 없는지 대단히 궁금합니다. 이 일은 다소 놀라운 일입니다. … 어린 숙녀와 단둘이 두기엔 모차르트는 전적으로 믿을 수 없는 사람입니다." 모차르트가 레슨 시간 중에 자신의 제자에게 두 번이나 치근댔던 사람이라는 살리에리의 말에, 황제도 더 이상 모차르트를 거론하지 않는다(S81). 모차르트가 공주의 선생이 될 기회를 박탈하고 그를 궁핍하게 만들어 신에 대한 1차적인 복수가 성공한 셈이다.

살리에리의 진의를 모르는 모차르트는 아직도 선생 자리가 결정되지 않은 줄 알고 살리에리의 도움을 구하기 위해 그를 방문한다(S82). 모차르트는 심사용 견본을 들고 겸손한 자세로 살리에리에게 접근한다. "각하께선 제 작품의 견본을 요청하셨지요. 여기 견본이 있습니다. 얼마나 당신의 도움이 필요한지 말씀드리지는 않겠습니다. 이 견본을 한번 봐주신다면 정말 감사하겠습니다. 전 재정적인 압박에 시달리고 있습니다"(S82). 평소의 모차르트에게서는 보기 드문 저자세이다. 그만큼 곤궁에 시달리고 있다는 말이다. 살리에리도 미안한 마음이 들고 고통스럽다. 이미 결정이 되었기 때문이다.

살리에리는 조금만 더 일찍 찾아왔으면 모차르트를 도와줄 수도 있었다고 말한다. 그러나 이는 위선적인 말이다. 도리어 그는 모차르트의 선생 임용을 방해한 장본인이다. 좀머(Sommer)가 공주의 선생으로 결정되었다고 하자 잠시 겸손한 자세를 취했던 모차르트는 다시 오만한 근성을 드러낸다. "그 사람은 바보요! 그는 정말 평범한 사람이오." 모차르트는 학생 없이는 생활을 꾸려갈 수가 없다고 애원하면서 좀머를 선택한 것이 부적절하다고 주장한다. "음악적인 관점에서 보면 그는 사실 공주에게 해로운 사람이오"(S82). 모차르트는 계속해서 가르칠 학생이 있어야 한다고 애원한다.

모차르트는 사람들이 자신에게 딸들을 맡기지 않으려는 이유를 알지 못한다. "문제는 다만 나를 고용하려는 사람이 없다는 겁니다. 모두 내가 연주하는 걸 들으려고 할 뿐, 딸들을 가르치려고 하지 않아요. 마치 무슨 악마나 되는 것처럼"(The only problem is none will hire me. They all want to play, but they won't let me teach their daughters. As if I was some kind of fiend, S82). 궁지에 처한 모차르트는 살리에리에게 딸을 낳으면 무료로 가르쳐줄 테니 돈을 빌려달라고 요구한다. 그러자 살리에리는 딸이 있는 유명한 신사 한 사람을 소개한다.

살리에리가 모차르트에게 소개한 사람은 다름 아닌 개들을 마치 자식처럼 키우고 있는 부유한 상인 마이클 슈럼베르크(Michael Schlumberg)이다. 모차르트가 그의 딸을 가르치기 위해서 집을 방문하자, 홀을 가득 채운 많은 개들이 흥분하여 짖어댄다(S84). 슈럼베르크는 솔직하고 친절하지만 세련되지 못하고 음악적 무지를 드러내는 사람이다. 그는 딸 거트루드(Gertrude)를 가르치기 위해 모차르트를 불렀다. 슈럼베르크와 그의 부인, 그리고 많은 개들이 자리를 잡은 가운데 모차르트는 거트루드를 가르치기 시작한다 (S85). 개들은 여전히 소란스럽다. 15세의 거트루드는 몹시 소심한 소녀이다. 모차르트가 그녀에게 뭐든 아는 것을 연주해 보라고 하지만, 그녀는 아무것도 연주하지 않고 건반만을 내려다본다. 어색한 침묵이 흐른다. 모차르트는 자신이 먼저 피아노를 연주하면 거트루드가 긴장을 풀 수 있으리라는 생각에 피아노를 연주한다. <피아노 협주곡 15번, K450>의 매우 빠른 피날레 부분이다. 개들의 소리로 계속 소란스럽다. 슈럼베르크도 계속 떠들고 그의 부인은 부산하게 돌아다닌다. 도저히 참지 못한 모차르트는 "저는 좋은 선생이죠. 다음에 다른 개를 가르치기를 원하시면 알려주세요. 안녕히 계세요"라고 말하고는 방을 나간다(S85).

카메라는 비엔나의 복잡한 거리를 쾌활하게 활보하는 모차르트를 비춘다(S86).[41] 모차르트의 기분은 배경음악으로 깔린 <피아노 협주곡 15번, K450>의 경쾌한 선율에 잘 드러나 있다. 가정교사 노릇을 포기했지만 모차르트의 기분은 그리 나쁘지 않다.

---

41) 극장판은 S76(D1:9:15)에서 S80-85를 생략하고 S86(D1:16:40)으로 바로 연결됨.

13. 늘 이렇게 사느냐?

　S87 이후 일련의 시퀀스에는 모차르트의 아버지인 레오폴드가 등장한다. 그는 모차르트의 방탕한 생활을 꾸짖는 무서운 아버지이다. 모차르트가 집으로 들어와 현관에서 계단을 올려다볼 때 <돈 조반니>(*Don Giovanni*, K527) 서곡의 무시무시한 시작 음이 울린다. 이때 모차르트가 계단 위에서 본 것은 모차르트를 사로잡으려고 불안한 몸짓을 하면서 서 있는 위협적인 형체이다. 그는 다름 아닌 모차르트의 아버지 레오폴드이다(S87, D1:17).

　레오폴드는 잿빛 망토를 걸치고, 짙은 잿빛 모자를 쓰고, 계단 층계에 서 있다. 카메라는 로우 앵글 쇼트를 통해 아버지를 올려다보는 모차르트의 표정을 잡아낸다. 그의 표정에는 두려움과 반가움이 교차되어 있다.[42] 벗어나고 싶으면서도 의지하고 싶은 아버지의

---

42) 계단의 제일 위에 서 있는 "아버지를 올려다보는 로우 앵글 쇼트에서 아버지의 권력과 힘은

이미지가 그에게 자리 잡고 있기 때문이다. 팔을 벌려 모차르트를 포옹하는 피난처로써의 아버지와 안고 있는 모차르트를 거세하고 질식시킬 수 있는 위협적인 아버지라는 상반된 이미지는 이후 레오폴드가 등장할 때마다 거듭 나타난다.[43]

　심판자의 목소리처럼 두려운 음조를 띤 <돈 조반니> 서곡의 음울한 선율은 레오폴드가 등장할 때 자주 반복되어 나타나는 곡이며, 영화 전편에 걸쳐 반복되고 있는 이 선율은 모차르트를 두렵게 만드는 힘으로 작용한다. <돈 조반니> 서곡은 이 영화에서 반복적으로 사용됨으로써 극적 효과 창출에 기여하고 있을 뿐만 아니라 영화 전체의 흐름에 통일성을 부여하고 있다. 그뿐만 아니라 모차르트와 그의 아버지 레오폴드와의 관계 또한 효과적으로 암시하고 있다. 레오폴드는 방탕한 돈 조반니에게 회개하라고 종용했던 기사장처럼 방탕한 모차르트를 질책한다. 그러므로 모차르트와 레오폴드와의 관계를 드러내는 데 <돈 조반니>보다 효과적인 음악은 없을 것이다.[44] 그만큼 기사장의 형상과 이미지가 레오폴드와 닮았다는 말이고 그 음울하고 어둡고 위압적인 선율이 모차르트가 느끼는 심리적 위압감과 맞대어 있다는 말이다. 모차르트에게 아버지

극대화"되어 나타난다. 모차르트를 내려다보는 아버지에 비해 아버지를 올려다보는 모차르트의 모습은 대단히 위축되어 있다. 영화는 피사체를 촬영하는 앵글을 통해 인물의 내면을 효과적으로 제시하고 있는 것이다. 조희경, "영화 <아마데우스>에 나타난 문학적 상상력의 조화", 『문명연지』 제6권 제1호 (2005): 83.

43) William J. Sullivan, "Peter Shaffer's *Amadeus*: The Making and Un-Making of the Fathers", *American Imago* 45.1 (1988): 46.

44) 잿빛 모자를 쓰고 잿빛 망토를 걸치고 이 장면에 등장한 레오폴드는 그 모습과 역할이 <돈 조반니>의 기사장과 닮았고, 오페라의 돈 조반니와 기사장과의 관계는 영화에서 모차르트가 그의 아버지의 관계와 유사하다. 레오폴드는 죽은 후에도 모차르트의 삶에서 사라지지 않고 모차르트를 끝없이 질책하는 두려운 존재로 남아 있다. 이를 간파한 살리에리는 후에 모차르트의 아버지처럼 잿빛 가면을 쓰고 잿빛 망토를 걸치고 모차르트를 찾아가 <레퀴엠> 작곡을 의뢰한다.

레오폴드는 늘 두려움의 대상인데, 이는 <돈 조반니> 서곡의 음산한 선율을 통해 강조되고 있다.

모차르트의 삶을 조명하는 영화 <아마데우스>에서 모차르트의 음악은 대단히 중요한 극적 장치이다. 음악은 "에피소드적 구성으로부터 오는 불연속성"을 메워주고 있을 뿐만 아니라 스토리를 효과적으로 구성하는 데 기여하고 있다. 내면적 갈등을 보여주는 살리에리의 연기만큼이나 모차르트의 음악을 중요하게 생각하는 포먼 감독은 이 영화에서 모차르트의 음악을 단순히 "에피소드적인 단절을 메워주는 수단으로써가 아니라 영상 미학의 중심을 이루는" 핵심적인 요소로 간주하고 있다.45)

모차르트와 레오폴드가 서로를 껴안자, 음악 소리는 서서히 사라지고 카메라는 모차르트의 거실을 비춘다(S88). 악보가 흩어져 있으며, 빈 술병이 보이고, 버려진 음식 쟁반이 보인다. 정리되지 않은 방은 온통 어지럽다. 방탕하고 정돈되지 않은 모차르트의 삶을 직감한 레오폴드의 얼굴이 일그러진다. 레오폴드는 난장판이 된 방을 보면서 모차르트에게 "네 아내는 여기 없느냐"고 묻고, "늘 이렇게 사느냐"고 묻는다. 침대에 누워 있던 콘스탄체가 나와 레오폴드를 만난다. 레오폴드와의 처음 만남에서 콘스탄체는 대단히 좋지 않은 인상을 풍긴다. 모차르트는 그녀를 변호하려고 하지만 레오폴드는 일그러진 인상을 펴지 않는다. 모든 것이 못마땅하다. 형편이 어떤지를 묻는 아버지에게 모차르트는 "이보다 더 좋을 수가 없다"(S88)고 거짓말을 한다. 물론 레오폴드는 이 말을 믿지 않는다.

---

45) 강석진, "<아마데우스>의 영상화", 『영미어문학』 64호 (2002): 83.

그가 모차르트에게 가르치는 학생들은 몇 명이나 되느냐고 묻자 모차르트는 작곡을 하는 데 방해가 될까 봐 학생을 가르치고 싶지 않다고 말한다. 그러나 레오폴드는 그가 얼버무리고 있다는 것을 알고 있다. 콘스탄체는 임신 3개월째이지만, 레오폴드는 이곳에 와서 처음으로 알게 되었다. 모차르트는 허락 없이 결혼한 것도 모자라 아내의 임신 사실도 아버지께 전하지 않았던 것이다. 모차르트는 이 또한 얼버무린다. "언급하지 않았나요? 언급했다고 생각했는데 분명히 언급했어요." 당황한 모차르트는 낄낄대며 웃는다.

모차르트는 나가서 외식을 하고 파티를 하자고 제안한다. 레오폴드는 외출하는 것이 내키지 않지만 아들의 성화에 못 이겨 외출하기로 한다. 모차르트가 1788년 작곡한 '나는 황제가 될 거야(Ich Mochte Wohl Der Kaiser sein, K539)'의 유쾌한 음악 소리가 계속 뒤따라 흘러나온다(S89). 레오폴드와 모차르트와 콘스탄체는 비엔나의 거리를 지나 옷가게에 들어간다(S90). 가면무도회에 필요한 의상을 파는 가게이다.

콘스탄체는 작은 하얀색 벨벳 가면을 쓰고, 레오폴드는 어두운 잿빛 외투를 걸치고 짙은 잿빛 가면이 부착된 배 모양의 삼각 모자를 쓴다. 가면의 입은 위로 향해 고정된 미소를 짓도록 조각되어 있다. 장면은 바로 가면무도회가 열리고 있는 큰 연회장으로 전환된다(S91). 사람들이 가면무도회장을 빙글빙글 돈다. 멋진 옷을 입은 커플들이 춤을 춘다. 모차르트의 곡, '나는 황제가 될 거야, K359'가 크게 울려 퍼지고 음악이 계속된다. 복잡한 무리들 속에서 바커스의 모습을 한 쉬카네더가 보인다. 어릿광대 아내의 모습을 한 콘스탄체와 어릿광대 모습을 한 모차르트, 그리고 거무스름한 망토를 입고 가면을 쓴 레오폴드가 보인다. 구석에 홀로 서서 그들을 바라보던 살리에리는 작은 검은색 가면을 집어 쓴다.

장면이 전환되어 카메라는 연회장 문 옆의 작은 동굴 방을 비춘다(S92). 멋진 방은 돌투성이 동굴 모양으로 꾸며졌고, 촛불이 켜져 있다. '나는 황제가 될 거야'의 곡조가 사라지자, 쉬카네더는 오페라 <후궁탈출> 2막 듀엣 곡인 '바커스 만세'를 연주한다. 이 음악은 벌칙놀이를 할 때 사용되는 음악이다. 레오폴드와 콘스탄체는 게임에서 져서 벌칙을 감수해야 한다. 쉬카네더가 벌칙으로 가발을 교환하도록 하는데, 레오폴드는 가발을 놓지 않으려고 안간힘을 쓰고 콘스탄체는 웃으면서 가발을 넘겨준다. 이런 놀이를 두고 레오폴드가 어찌 생각할지는 자명하다. "이건 터무니없는 짓이야! 제발 그만!"

레오폴드의 저항에도 불구하고 여배우가 웃는 형상의 가면이 부착된 모자를 벗기자 화가 난 레오폴드의 얼굴이 드러나고, 다른 여배우는 콘스탄체의 가발을 뺏어 그것을 레오폴드의 머리에 씌우려고 한다. 레오폴드는 이 우스꽝스러운 장난에 당혹스럽다. 화가 난 레오폴드가 모차르트를 쳐다보는 동안, 여배우는 콘스탄체의 가발을 레오폴드의 머리에 씌우는 데 성공한다. 콘스탄체는 즐겁게 레오폴드의 가발과 모자와 가면을 덮어쓴다. "웃고 있는 잿빛 가면을 쓴 콘스탄체는 레오폴드에 대한 기괴한 패러디처럼 보이고, 우스꽝스러운 여자 가발을 쓴 레오폴드는 콘스탄체에 대한 기괴한 패러디처럼 보인다"(S92).

화가 난 레오폴드는 콘스탄체의 가발을 벗고 춤추는 자리를 떠난다. 다시 춤을 추고 이번에는 모차르트가 게임에 실패한다. 그리하여 그에게 거꾸로 앉아서 피아노를 연주하라는 벌칙이 주어진다.

모차르트는 건반을 등지고 앉아 세바스찬 바흐식으로 푸가를 연주한다. 사람들이 놀라서 바라보는 가운데 모차르트는 오른손으로 저음 부분을 연주하고 왼손으로는 고음 부분을 능숙하게 연주한다. 사람들이 모차르트 주위로 모여들고, 사람들은 글룩이나 하이든의 작품을 연주하라고 요청하고 콘스탄체는 살리에리 흉내를 내보라고 요청한다.46) 이때 갑자기 카메라가 가면을 쓴 살리에리의 얼굴을 비춘다.

모차르트는 낄낄거리면서, 돌아서서 피아노 건반 앞에 앉아서 우스꽝스러운 모습으로 살리에리를 흉내 낸다. 구경꾼 모두 웃으면서 비틀거리고, 모차르트도 낄낄대며 웃는다. 이 장면에서 살리에리는 갑자기 고개를 돌려 뒤돌아보는 콘스탄체를 응시한다. 모차르트는 악장의 종지부 음조 대신 방귀 뀌는 소리를 내자 모두가 깔깔댄다. 모차르트의 낄낄대는 큰 웃음소리 뒤를 따라 순간적인 침묵이 흐르고, 카메라는 이 장면에 이어 비웃음거리가 되어 고통스러운 살리에리를 비춘다(S92). 모차르트의 행동이 그에 대한 살리에리의 적개심을 증폭시키는 역할을 하게 됨은 말할 여지가 없다.

---

46) 감독판에서는 가면을 쓴 살리에리가 모차르트에게 "살리에리의 흉내를 내보라"고 요청한다.

14. 날 비웃어요, 나도 비웃겠소!

장면은 1823년 밤, 늙은 살리에리의 병실로 바뀌고, 카메라는 클로즈업으로 자신이 받은 모욕을 회상하며 고개를 절래 흔들면서 다음과 같이 말하는 늙은 살리에리를 비춘다(S93). "조롱해라, 조롱해. 날 조롱해. 날 비웃어!" 이 말과 모차르트의 낄낄대는 웃음소리가 디졸브되면서 자신이 받은 모욕을 잊을 수가 없는 살리에리의 심경을 효과적으로 드러낸다. 이후의 시퀀스는 살리에리가 모차르트에게 받은 모욕을 기억하면서 모차르트의 조롱을 자신에 대한 신의 조롱으로 받아들이고 자신도 신을 비웃겠다는 선언으로 이어진다.

카메라는 다시 1780년대 밤, 가면무도회에서 콘스탄체의 가발을 쓰고 날카로운 웃음을 짓는 모차르트를 짧게 비추고(S94), 침실의 책상에 앉아 있는 살리에리를 비춘다(S95). 살리에리는 검은색 파티 가면을 손에 쥐고, 그리스도의 수난상이 걸려 있었던 벽의 자리를 증오에 찬 눈초리로 쳐다본다.

희미한 십자가 자국이 보인다. 자신을 마음껏 조롱하라고 소리쳤던 살리에리는 벽에 걸린 그리스도의 수난상을 증오에 찬 눈초리로 쳐다보면서 다음과 같이 말한다.

OLD SALIERI: (V.O.) That was not Mozart laughing, Father. That was God. That was God! God laughing at me through that obscene giggle. Go on, Signore. Laugh. Rub my nose in it. Show my mediocrity for all to see. You wait! I will laugh at You! Before I leave this earth, I will laugh at You! Amen! (S96)

살리에리가 다시 한번 신에 대한 복수를 다짐하는 부분이다. 살리에리는 모차르트의 낄낄대는 웃음소리를 통해 신이 자신을 비웃고 있다고 생각한다. 분노한 살리에리는 자신의 평범성을 보여주면서 이 세상을 떠나기 전에 신을 반드시 비웃어줄 것이라고 선포한다. 선전포고와 다름없는 말이다. 신에 대한 살리에리의 적개심은 촛불을 불어 끄는 상징적인 행위를 통해 잘 표출되고 있다.

신에 대한 살리에리의 복수 의지는 <피가로의 결혼> 상연을 둘러싼 그의 행동에 잘 드러난다. 장면은 1780년대, 모차르트의 작업실로 전환된다. 작업실 중간에 당구 테이블이 있고, 악보가 흩어져 있다. <피가로의 결혼> 제4악장의 아름다운 종료 앙상블 "아, 우린 지금 모두 행복할 수 있어"(Ah, tutti contenti)가 배경음악으로 흐른다. 모차르트는 당구공을 굴리면서 <피가로의 결혼>을 열심히 작곡한다(S97). 이때 문을 두드리는 소리가 들리고 로를이라는 처녀가 들어온다(S99).

살리에리는 복수를 하기 위해 로를이라는 소녀를 고용해서 모차르트의 시중을 들도록 하고 모차르트가 하는 일을 정탐하게 한다. 구체적인 복수를 준비하기 시작한 것이다. 모차르트는 지금 <피가로의 결혼>을 작곡 중이고 아직은 아무도 이를 모른다. 그러나 로를을 통해 이 사실이 살리에리에게 알려질 것이다. 로를은 모차르트를 존경하는 어떤 분이 보수를 지급하기로 하고 모차르트에게 시중들라고 했다고 말한다. 그것도 이름을 밝히지 않고. 이는 물론 살리에리이다. 이 사실을 모르는 콘스탄체와 모차르트는 이 제안에 솔깃하다. 그러나 레오폴드는 그녀를 의심한다. 레오폴드가 로를에게 "그런 제안을 받아들일 순 없소. 그분이 아무리 관대해도 누구인지를 모르고서는 받아들일 수 없다"고 하자, 콘스탄체는 레오폴드를 격렬하게 비난한다.

> CONSTANZE: Look, old man, you stay out of this. We spend a fortune on you, more than we can possibly afford, and all you do is criticize, morning to night. And then you think you can […] No, it's right he should hear. I'm sick to death of it. We can't do anything right for you, can we?
> LEOPOLD: Never mind. You won't have to do anything for me ever again. I'm leaving!
> MOZART: Papa!
> LEOPOLD: Don't worry, I'm not staying here to be a burden. (S99)

콘스탄체는 레오폴드에게 "아침부터 저녁까지 온종일 비판"만 한다고 달려들고, 잔소리가 지겨워 죽겠다고 비난하면서 나가라고 소리 지르고, 레오폴드는 짐스럽게 이 집에 더 머물지 않겠다고 소리치면서 콘스탄체가 집을 언제나 돼지우리같이 엉망진창으로 만들어놓는다고 비난한다. 두 사람은 격렬한 말싸움을 하고 이제 화해가 불가능한 것처럼 보인다.

콘스탄체는 로를에게 들어와 청소하라고 하면서 레오폴드의 방으로 데려가고, 모차르트는 슬그머니 작업실로 돌아가서 문을 살짝 닫는다. 레오폴드가 혼자 남아 있다. 아무리 생각해도 레오폴드는 알지도 못하는 사람을 하녀로 들이려고 하는 것을 이해할 수 없다. 그는 또한 매일 밤 파티를 벌이며 춤추고 마셔대는 모차르트를 이해할 수 없어 잔소리를 한다(S99).

장면이 바뀌어 카메라는 옆방에서 소리치는 아버지의 잔소리를 듣지 않기 위해 안간힘을 쓰고 있는 작업실의 모차르트를 비춘다(S101). 아버지의 잔소리는 계속된다. 이때 <피가로의 결혼> 4악장의 '아, 이제 우리 모두 행복할 수 있네'(Ah, tutti contenti)의 앙상블이 다시 시작되고, 모차르트는 작곡을 계속한다. 아버지와의 갈등의 순간에 삽입된 이 음악에 아버지와의 갈등을 해소하고 모두 행복하게 살기를 바라는 모차르트의 마음이 반영된 것은 아닐까? <피가로의 결혼>에 관한 논의는 이에 대한 음악가들의 논쟁이 진행되는 후의 장면에서 다시 다루기로 한다.

음악 소리가 희미해지고, 카메라는 살리에리의 응접실에서 로를이 책상 앞에서 살리에리와 비밀스러운 얘기를 나누고 있는 것을 비춘다(S102). 살리에리는 모차르트 신상에 대해 몇 가지를 묻고 모차르트 가족들이 집을 비우면 자신에게 알려달라고 하면서 그녀에게 동전을 준다. 모차르트가 무엇을 작곡하고 있는지 알기 위해 그의 작업실에 몰래 들어가 보려는 것이다.

15. 그건 단지 희극일 뿐입니다

1780년대 오후, 비엔나 식물원에서 야외 콘서트가 열리고, 모차르트는 <피아노 협주곡 22번 E장조, K482> 3악장을 연주한다(S104). 이 작품은 모차르트가 1785년에 작곡한 것으로 낭만파 음악을 예고하듯 목관악기와 현악기, 피아노 음색의 배열이 아름다운 작품이다. 영화에 삽입된 3악장 알레그로는 춤곡처럼 경쾌하고, 안단티노 칸타빌레[47]에서 곡이 느려진 다음, 다시 즐겁고 경쾌한 선율로 돌아온다. 피아노 협주곡의 선율이 배경음악으로 깔린 가운데 살리에리는 로를을 동반하고 모차르트의 작업실에 몰래 스며든다(S107-108).

카메라는 작업실의 악보를 클로즈업하고 <피가로의 결혼>이란

---

47) 알레그로(allegro)는 악곡의 빠르기를 지시하는 말로 '빠르게'란 뜻. 알레그레토(allegretto)는 알레그로보다 조금 느리게라는 뜻. 안단테(andante)는 '걸음걸이 빠르기로' 뜻의 '느리게'를 나타내는 말. 안단티노(andantino)는 '안단테보다 조금 빠르게', 칸타빌레(cantabile)는 '노래하듯이'의 뜻. 아다지오(adagio)는 '느리게'의 뜻.

타이틀을 비춘다. 카메라는 살리에리의 놀란 표정을 클로즈업한다 (S109). 살리에리는 모차르트가 <피가로의 결혼>을 작곡하고 있는 것을 알게 된 것이다. 이 지점에서 조용하고 경쾌한 <피아노 협주곡 22번>의 선율이 갑자기 사라지고 <피가로의 결혼> 악보의 단어들은 음악이 되어 흐른다. <피가로의 결혼> 4악장의 '아, 이제 우리 모두 행복할 수 있네'의 선율이 다시 들려오는데, 아름다운 이 선율은 모차르트를 음해하려는 살리에리의 살기와 대조를 이룬다 (S109). 장면이 전환되어 카메라는 비엔나의 식물원에서 모차르트가 <피아노 협주곡 22번>의 종결부를 연주하는 것을 비춘다. 커다란 박수갈채 소리가 들리고 황제는 모차르트를 칭찬한다. 모차르트는 황제에게 아버지를 소개한다. 레오폴드는 황제의 손에 키스하면서 인사한다. 레오폴드는 23년 전 황제가 어린 아들의 연주를 듣고 '브라보'를 연발했던 것을 기억한다(S110).[48] 레오폴드는 모차르트의 연주를 듣고 3번이나 '브라보'를 외친 것을 기억하고, 교황이 4번이나 '브라보'를 외친 것을 기억한다. 이는 레오폴드에게 남아 있는 너무나도 좋은 추억이다. 그러나 모차르트가 어린 신동으로 모든 이의 사랑을 한 몸에 받았던 시절은 이제 지나가 버렸다. 또한 모차르트는 더 이상 레오폴드의 기억 속에 남아 있는 순종적인 아들이 아니다.

장면이 전환되어, 이제 로젠베르크 백작의 서재에서 현재 모차르트가 작곡하고 있는 작품에 대한 논의가 본격적으로 전개된다 (S111). 그것은 다름 아닌 <피가로의 결혼> 작곡의 정당성이다. 이

---

48) 이 장면은 감독판에서 삭제된 부분이다.

후의 시퀀스에서 다루는 것은 <피가로의 결혼> 작곡과 리허설, 그리고 공연을 둘러싼 문제로 S126까지 이어진다. 살리에리는 로젠베르크 백작과 본노에게 모차르트가 새로운 오페라를 작곡하고 있다는 사실을 알린다. 살리에리는 모차르트가 피가로를 주제로 선택했다고 말하고, 로젠베르크는 모차르트가 미쳤다고 반응한다. 왜냐하면 프랑스 극 <피가로의 결혼>은 황제가 상연을 금지한 작품이기 때문이다(S111). 1780년대 낮, 스트랙 시종장의 서재에서 다시 <피가로의 결혼>에 대한 논의가 진행된다. 로젠베르크는 <피가로의 결혼> 상연을 왜 금지했는지를 묻는 스트랙 시종장에게 금지 사유를 다음과 같이 밝힌다. "그 작품은 귀족의 하인을 주인공으로 삼았소. 그는 귀족을 속이고 호색가로 표현되고 있소. 여기 함축된 뜻을 아시겠소? 시종장께서 이걸 폐하께 슬그머니 전한다면 멋진 상황이 벌어질 거요"(S112).

모차르트가 피가로를 주제로 오페라를 작곡하고 있다는 사실이 황제에게 보고되고, 황제는 모차르트를 불러 <피가로의 결혼>을 작곡하려는 이유를 추궁한다(S113). 황제는 모차르트에게 "그대는 내가 프랑스 극 <피가로의 결혼>이 오스트리아의 무대에 올리기에는 적절하지 않다고 공표한 것을 알고 있는가?"를 묻고 왜 그런 작품을 쓰고 있는지 추궁한다. 황제의 요점은 <피가로의 결혼>이 계급 간의 증오심을 조장하는 작품이라서 상연을 허락할 수 없다는 것이다. 그러나 모차르트는 그런 이야기는 전혀 없다고 맹세하고, 공격적인 내용은 모조리 삭제했다고 단언한다. 그러나 황제는 이 위험한 시기에 사람들을 자극할 수 있는 작품을 상연하게 할 수 없다고 단호하게 말한다.

MOZART: Sire, I swear to Your Majesty, there's nothing like
that in the story. I have taken out everything that could
give offense. I hate politics.
JOSEPH: I think you are rather innocent, my friend. In these
dangerous times I cannot afford to provoke our nobles or
our people simply over a theatre piece. (S113)

보마르셰(Beaumarchais, 1732~1799)의 극 <피가로의 결혼>이 1784년 파리에서 초연되었다는 것을 볼 때 이런 논쟁이 벌어진 좀 더 구체적 시점은 1785년쯤이었을 것이다. 보마르셰의 <피가로의 결혼>은 루소와 볼테르의 저술들과 마찬가지로 프랑스 혁명을 유도해낸 원인 중의 하나로 꼽힐 만큼 문제가 된 작품이었다. 요제프 황제가 계몽군주이긴 하지만 당시 유럽 전역에서는 지배층인 귀족계급에 대한 민중의 불만이 고조되던 시점이라서 이 작품의 상연을 경계했을 것이다.[49]

요제프 황제는 프랑스의 루이 16세의 왕비가 되어 1774년부터 베르사유 궁전에서 살았던 여동생 마리 앙투아네트로부터 종종 당시 프랑스에서 진행되고 있었던 계급 갈등이 위험한 수준에 이르렀다는 것을 들었다.[50] 그러므로 계급 간의 갈등을 조장할 수 있다고 보았던 <피가로의 결혼> 내용을 담은 오페라의 상연을 요제프

---

49) Derek Beales, "Court, government and Society in Mozart's Vienna", ed. Stanley Sadie. *Wolfgang Amade Mozart: essays on his life and his music* (Oxford: Clarendon P, 1996), p.19.

50) 1789년에는 마침내 프랑스 혁명이 일어나고 그 기운이 전 유럽을 강타한다. 요제프 황제의 여동생인 마리 앙투아네트는 프랑스의 루이 16세의 왕후가 되어 1774년부터 베르사유 궁전에서 살았다. 베르사유 궁전의 작은 요정(妖精)이라고 불렸지만 사치스럽고 국고를 낭비한다는 비난을 받기도 했다. 프랑스 혁명이 발발하여 왕과 그 일족은 1789년 10월 6일 파리의 왕궁으로 연행되어 1792년 8월 10일까지 시민의 감시 아래 생활했다. 그러나 1792년 8월 10일의 시민 봉기로 그녀는 탕플 탑에 유폐되고, 국고를 낭비한 죄와 오스트리아와 공모하여 반혁명을 시도하였다는 죄명으로 1793년 10월 16일 단두대의 이슬로 사라졌다.

2세가 불안한 마음으로 바라보았던 것도 무리가 아니다. 보마르셰의 극은 비엔나에서도 상연될 예정이었으나, 요제프 황제의 명령으로 상연이 금지되었다. 요제프 황제는 <피가로의 결혼>을 지배계급을 비판하는 작품으로 보았기 때문이다.51) 그 대신 극의 내용을 조금 바꾸어서 오페라로 만든다면 상연해도 좋다는 허가를 내렸다. 모차르트의 설득은 끈질기다. 그는 그 작품이 정치색을 배제한 사랑을 다룬 희극일 뿐이라고 하면서 계속 황제를 설득한다. 그에 따르면 <피가로의 결혼>은 남성과 여성의 갈등을 다룬 사랑 이야기이다. 2중창이 3중창으로, 3중창이 4중창, 5중창, 6중창, 7중창, 8중창으로 이어지면서 완벽한 화음을 만들어내는 흥미로운 작품이다. 장황하게 변호하는 모차르트에게 슈비텐 남작은 좀 더 고상한 주제를 택할 수 있을 것이라고 다음과 같이 말한다.

> VON SWIETEN: Mozart, music is not the issue here. No one doubts your talent. It is your judgment of literature that's in question. Even with the politics taken out, this thing would still remain a vulgar farce. Why waste your spirit on such rubbish? Surely you can choose more elevated themes?
> MOZART: Elevated? What does that mean? Elevated! The only thing a man should elevate is—oh, excuse me. I'm sorry. I'm stupid. But I am fed up to the teeth with elevated things! Old dead legends! How can we go on forever writing about gods and legends? (S113)

슈비텐 남작은 정치적인 면을 고려하지 않는다고 해도, 이 작품

---

51) A. A. Abert, "The Operas of Mozart", *The Age of Enlightenment: 1745~1790*, ed. Egon Wellesz (Oxford: Oxford UP, 1973), p.150.

이 여전히 시시하고 천박한 소극(笑劇)이라는 점이 문제라고 말하면서, "좀 더 고상한 주제"를 택하라고 말한다. 천박한 소극이라는 말에 모차르트는 발끈한다. "고상하다니? 무슨 말이오? 고상하다니!" 모차르트는 고상한 것이라면 신물이 난다고 하면서 그것은 이미 오래전에 사라진 전설이라고 말한다. 슈비텐 남작은 물론 이 견해에 동의하지 않는다. "그들은 영원하오. 적어도 그들이 표상하는 바는. 우리 안에 있는 영원성은 단명한 게 아니오. 오페라는 여기서 우릴 고상하게 만들 수 있소"(S113).

고상한 것에 대한 모차르트의 반감은 다음과 같이 이어진다. "자, 이제 정직합시다. 헤라클레스 말을 듣느니 차라리 이발사 말을 들어보는 게 낫지 않을까요? 호라티우스라? 오르페우스라? 모두 진부하고 지겹죠! 마치 대리석 똥이나 누는 사람들처럼 고상한 소리만 하죠!"(S113) 공격적이긴 하지만, 형식적이고 절제된 음악이 지배적이었던 당대의 보수적 관행을 거부하고 자유분방하고 진보적인 음악을 추구하는 모차르트의 모습이 잘 드러나는 대사이다. 주위의 비판에도 불구하고 모차르트는 자신이 천한 놈이지만 자신의 음악은 절대 천하지 않다고 말하면서 요제프 황제를 설득하려고 노력한다. 그리하여 마침내 황제는 조건을 붙여 상연을 허락한다.

<피가로의 결혼, K492>은 1786년 5월 비엔나에서 초연된 모차르트의 희가극 오페라(오페라부파)로 로렌초 다 폰테(Lorenzo da Ponte)의 대본을 바탕으로 하고 있다.[52] 이 오페라에 투사되는 귀족, 즉

---

52) 이 작품은 난봉꾼인 백작으로부터 약혼녀를 지키려는 피가로, 수잔나를 탐을 내서 '초야권'을 주장하는 알마비바 백작, 백작의 바람기를 고치려는 백작 부인 로지나, 어려운 상황을 지켜볼 수밖에 없는 수잔나, 어처구니없는 난봉꾼 케루비노와 피가로를 못 잡아먹어 안달인 악역 바르톨로 등의 인물들이 꾸며나가는 모차르트의 유쾌한 희가극이다. 백작의 모략을 눈치챈 피가

백작은 구시대의 유물인 초야권을 요구하는 부패한 인물이다. 피가로는 재치 있고 영리한 인물인데, 그가 보여주는 저항의 자세는 당대 계급제도에 대한 도전으로 받아들여질 수 있다. 백작에 대한 피가로의 승리는 귀족층에 대한 서민의 승리라는 정치적 관점에서 읽혀질 수 있는 여지가 없지 않기 때문이다. 모차르트의 아름다운 음악 속에 감춰진 봉건사회에 대한 날카로운 풍자와 사회의 부조리에 대한 비판은 자유, 박애를 강조하는 프랑스 혁명 정신과 맞대어 있다. 그러나 그 내용은 심각한 음조가 아니라 유쾌하고 희극적으로 처리되어 있고, 귀족 사회에 대한 날카로운 풍자를 재치와 해학 속에 담아내고 있다. 특히 서정적인 아리아의 아름다운 선율은 오페라 내용이 담고 있는 풍자와 비판의 강도를 완화시키고 이 오페라를 누구나 극찬하는 명작으로 남게 한다.

카메라는 오페라 하우스에서 가수들이 <피가로의 결혼> 제1악장 중 피가로와 수잔나가 노래하는 부분을 리허설하고 있는 것을 비춘다(S114). 장면이 전환되어 살리에리의 응접실에서 리허설을 두고 이야기하는 로젠베르크 백작, 본노 악장, 그리고 살리에리가 보인다. 이들은 황제가 <피가로의 결혼>의 조건부 상연을 허락했다는 것을 알고 있다. 무슨 이유인지는 알 수 없지만 황제는 오페라에 발레를 삽입하지 않는다는 조건으로 <피가로의 결혼> 상연을 허락했다. 그리하여 살리에리는 "이 경우 우리가 할 수 있는 건 모차르트를 돕는 일이고, 황제의 노여움을 사지 않도록 그를 보호하는 일에 최선을 다해야 한다"고 말한다. 물론 마음에도 없는 위선

로와 수잔나가 백작 부인을 자기들 편으로 끌어들여 술책을 써서 백작을 혼내주고 순조롭게 결혼식을 치른다는 내용이다.

적인 말이다. 그는 도리어 상연을 방해한다.

1780년대 낮, 오페라 하우스에서는 오케스트라 리허설이 한창이
다. 모차르트는 지휘를 하고 있다. 가수들은 3막으로 접어들어 행
진곡이 시작되기 바로 전의 서창을 주고받는다(S116). 로젠베르크
백작과 본노 악장이 보고 있다. 갑자기 행진곡이 멈추고 사람들은
춤을 추기 시작한다. 로젠베르크 백작이 일어나 모차르트에게 다가
가 황제께서 오페라에 발레를 넣지 말라고 명하신 것을 잊었느냐
고 추궁한다. 모차르트가 이건 발레가 아니라 피가로의 결혼식에서
추는 춤이고 황제께서 이야기 전개의 한 부분인 춤까지 금지하셨
던 건 아니라고 항변한다. 그러나 로젠베르크는 "폐하의 칙령을 마
음대로 해석하는 건 위험"하다고 하면서 악보 몇 페이지를 뜯어낸
다. 모차르트는 경악한다.

장면이 살리에리의 응접실로 전환되고 거의 히스테리 상태가 된
모차르트가 살리에리에게 다가간다(S117). 모차르트는 살리에리가
자신을 음해하기 위해 로젠베르크와 합세한 사람이라는 것도 모른
채 살리에리에게 도움을 청하고 있다.

> MOZART: It's unbelievable! The Director has actually ripped
>   out a huge section of my music. Pages of it.
> SALIERI: Really? Why?
> MOZART: I don't know. They say I've got to re-write the
>   opera, but it's perfect as it is. I can't rewrite what's perfect.
>   Can't you talk to him? (S117)

모차르트는 오페라를 다시 써야 한다는 로젠베르크의 주장을 이
해할 수 없다. 모차르트가 생각하기에 자신의 오페라는 그 자체로

완벽하며, "완벽한 걸 다시 쓸 수는 없기" 때문이다. 요제프 황제는 칙령으로 오페라에 발레를 삽입하는 것을 금지한 바 있다. 그리하여 로젠베르크와 살리에리는 그 칙령을 구실로 오페라 상연을 은밀하게 방해하고 있다.

발레 삽입을 금하는 칙령은 살리에리와 로젠베르크가 모차르트를 곤경에 빠뜨릴 수 있는 기회를 제공한다. 그럼에도 불구하고 모차르트는 이를 알아채지 못하고 살리에리에게 황제를 설득해달라고 요청하고 살리에리는 이를 받아들이는 척한다. 모차르트의 부탁에 살리에리는 이 문제를 두고 황제와 상의해 보겠다고 한다. 물론이 또한 거짓말이다. 살리에리는 그럴 생각이 전혀 없기 때문이다. 장면이 전환되어 카메라가 1823년 밤, 늙은 살리에리의 병실을 비추고, 살리에리는 다음과 같이 옛날 일을 회고한다.

I'm sure I don't need to tell you I said nothing whatever to the Emperor. I went to the theatre ready to tell Mozart that His Majesty had flown into a rage when I mentioned the ballet, when suddenly, to my astonishment, in the middle of the third act, the Emperor—who never attended rehearsals—suddenly appeared. (S118)

살리에리는 황제에게 아무 말도 하지 않았다. 그러나 살리에리는 발레에 관해 언급하자 황제가 화를 내더라는 말을 전하기 위해 오페라 하우스에 간다. 그런데 리허설에는 한 번도 참석한 적이 없었던 황제가 리허설 3막 중반에 갑자기 등장하는 이변이 일어난다. 그리하여 살리에리와 로젠베르크가 원하는 방향과는 전혀 다른 방향으로 사건이 전개된다. 우연히 리허설을 본 황제가 발레를 삽입하라고 명령했기 때문이다.

　장면이 전환되어 카메라는 1780년대, 오페라 하우스에서 진행되고 있는 리허설 장면을 비춘다(S119). 리허설이 진행되고 배경음악으로 행진곡 앞 서창 부분이 깔린다. 서창에 이어 행진곡이 나올 부분이지만, 연주자들은 악기를 내려놓는다. 반주가 없는 상태에서 사람들은 댄스 스텝만을 밟고 있고, 이 댄스 스텝은 곧 멈출 것만 같다. 황제의 등장에 곤욕스러운 3명의 공모자들은 서로 놀란 눈으로 쳐다본다. 모차르트는 극장의 관람석을 힐끗 뒤로 쳐다본다. 마침내 황제가 속삭이듯 말한다. "대체 이게 무엇이오? 이해할 수 없소. 현대식이오?" 이에 로젠베르크 백작은 황제가 오페라에서 발레를 상연하는 걸 금지한 규칙 때문에 발레 부분을 삭제했다고 말한다.

황제는 살리에리에게 "이게 마음에 드느냐"고 묻고 저 장면에 음악을 넣어 들어보자고 명령한다. 가수들은 그 장면을 다시 시작하기 위해 무대 뒤로 흩어진다. 황제는 로젠베르크 백작에게 다음과 같이 말한다. "감독, 그 칙령으로 내가 바라는 건 단지 프랑스 오페라처럼 춤추는 시간을 길게 하지 말라는 거요. 아시다시피 프랑스 오페라에선 춤이 끝도 없이 이어지니까"(S119).

　로젠베르크와 살리에리의 패배가 굳어지는 순간이다. 모차르트는 살리에리의 진의를 알지 못한 채 뒤를 돌아보며 그에게 감사를 표한다. 살리에리는 고개를 조금 끄덕이며 알아보는 체한다. 살리에리의 의도와는 전혀 다르게 사건이 전개되고 있는 것이다.

　이 장면을 통해 감독은 오페라 상연과 관련해 살리에리가 영향을 끼쳤음을 다시 한번 강조한다. 영화 초반부에서 살리에리의 행진곡을 자신의 변주로 변경했던 모차르트와 살리에리를 감독이 엮고 있음을 언급한 바 있다. 감독은 발레 삽입 여부에 대한 논란이 진행되는 이 장면을 통해 좀 더 구체적으로 살리에리와 모차르트를 엮으면서 이 둘의 대립구도를 구체적으로 설정한다. 이 장면에 드러난 살리에리의 방해는 영화에 드러난 최초의 구체적인 복수에 해당하기 때문이다. 어쨌든 우여곡절을 겪은 <피가로의 결혼>은 3악장이 완전하게 복원되어 원래 모차르트의 의도대로 상연되고 대성공을 거둔다.

1786년 5월 1일, <피가로의 결혼>의 초연을 앞두고 로젠베르크와 모차르트 사이의 불화가 극한으로 치달았던 것은 사실이다. 영화에서 로젠베르크가 발레에 대해 시비를 걸고 악보 일부를 찢어내는 행동으로 모차르트에게 압력을 넣고 방해 공작을 벌인 것은 이 오페라의 대본을 쓴 로렌초 다 폰테의 회고록에 상세히 묘사되어 있다. 살리에리는 자신의 오페라 '악수르'를 시즌 첫 공연 작품으로 올리기 위해서 모차르트를 음해하고 <피가로의 결혼>을 폄하했다.

16. 그런데 갑자기 기적이!

<피가로의 결혼> 첫 번째 공연은 대성공을 거둔다. 악단은 복원된 3악장의 행진곡(Ecco la marcia)을 힘차게 연주한다(S120). 이를 두고 늙은 살리에리는 다음과 같이 회고한다. "나의 방해에도 불구하고 경이로움이 드러났어요. 예술의 진정한 경이로움의 하나가 복원된 3악장은 정말 대담하고 대단했소."

> OLD SALIERI: (*to Vogler*) So Figaro was produced in spite of me. And in spite of me, a wonder was revealed. One of the true wonders of art. The restored third act was bold and brilliant. The fourth was a miracle. (S121)

복원된 3악장은 정말 대단했고 4악장은 기적과 같았다는 살리에리의 논평에 이어 <피가로의 결혼> 4악장의 마지막 앙상블('이제 우린 모두 행복해')이 들린다.

시점은 다시 1780년대 밤으로 이동하여, 카메라는 무대 위에서 백작부인에게 무릎을 꿇은 백작의 모습을 비추고 아름다운 합창이 이어진다(S122). 이에 대한 살리에리의 논평이 다음과 같이 보이스 오버로 처리되고 있다.

> I saw a woman disguised in her maid's clothes and hear her husband speak the first tender words he has offered her in years, only because he thinks she is someone else. I heard the music of true forgiveness filling the theatre, conferring on all who sat there a perfect absolution. God was singing through this little man to all the world—unstoppable—making my defeat more bitter with each passing bar. (S122)

살리에리는 "신은 이 작은 젊은이를 통해 세상에 쉬지 않고 부르는" 노래를 통해 그곳에 앉은 "모든 사람들에게 완벽하게 죄를 사해 주고, 극장을 가득 채우는 진정한 용서의 음악을 들었다"고 고백한다. 그리고 계속되는 멋진 음악 소절은 그의 "패배를 더욱 쓰라린 것으로 만들었다." 카메라는 관람석에 앉아 눈물을 흘리는 살리에리를 근접 촬영으로 비춘다.

살리에리는 <피가로의 결혼> 4악장의 마지막 앙상블에 대해 경탄을 금치 못한다. 여기 삽입된 앙상블은 겸허하게 자신의 죄를 용서해달라는 인간의 모습과 모든 인간의 죄를 용서하는 신의 사랑이 잘 드러난 곡이다. 살리에리가 제시했던 '흥정의 신'과는 사뭇 다른 사랑과 용서의 신이다(Jones 150). 그런데 이 부분에서 요제프 황제가 하품을 한다. 살리에리의 언급을 따르면 이는 '기적'이다(S123).

4시간에 걸친 공연에 지쳐버린 황제가 하품을 했던 것이다. 하품을 하던 황제를 생각하며 늙은 살리에리는 신부에게 다음과 같이 말한다.

> Father, did you know what that meant? With that yawn I saw my defeat turn into a victory. And Mozart was lucky the Emperor only yawned once. Three yawns and the opera would fail the same night; two yawns, within a week at most. With one yawn the composer could still get···. (S125)

살리에리는 황제의 하품으로 자신의 패배가 승리로 바뀌었다고 생각하고 웃음 짓는다. 황제의 하품과 이로 인한 단기 공연은 살리에리에게 자존심 회복의 기회를 제공했던 것이다. 로젠베르크도 모차르트의 실패를 축하하며 살리에리를 바라보고 웃음 짓는다.

모차르트가 아홉 번으로 그친 공연에 대해 신경질적으로 이야기하자, 살리에리는 동정적으로 듣고 있다(S126). 살리에리는 좋은 작품이라도 "대중들이 좋아하지 않으면 그걸 겸손하게 받아들여야 한다"고 충고한다. 이제까지 작곡된 오페라 가운데 최고의 오페라를 대중들이 좋아하지 않는 이유를 알 수 없다는 모차르트에게 살리에리는 다음과 같이 말한다. "폐하와 말씀을 나눠보았소. 그분 귀에 너무 많은 걸 들려줘서 피곤하신 거요. 가련한 관중들은 한 시간 이상은 집중할 수 없소. 그런데 네 시간씩이나 상연을 하다니…"(S126). 살리에리는 <피가로의 결혼>을 정말 멋진 작품으로 생각한다면서 모차르트에게 자신의 새 작품을 보러 와달라고 부탁한다.

장면이 전환되고 카메라는 1780년대 밤, 오페라 하우스를 비춘다(S127). 살리에리의 오페라 <오르무스의 왕 악수르>(*Axur: King of Ormus*)가 공연되고 있다. 페르시아 의상을 걸치고 아리아를 부르는 카발리에리가 보인다. 또한 황제를 위시한 관중들이 환호하는 것이 보인다. 카메라는 칸막이 관람석에서 열렬하게 박수를 치는 모차르트를 클로즈업하고, 이를 빤히 쳐다보는 살리에리를 비춘다. 늙은 살리에리의 보이스 오버를 통해 다음과 같은 말이 들린다. "이게 뭐지? 그 자신의 것 말고 어떤 음악을 두고도 그가 이렇게 흥분한 걸 본 적이 없어. 그가 뜻하는 게 뭘까?"(S127).

시점은 1823년 밤으로 바뀌고, 병실에서 보글러 신부에게 다음과 같이 말하는 늙은 살리에리를 비춘다(S128). "정말 그가 내 음악이 감동적이라고 말할까? 내가 정말 모차르트의 입에서 그 말을 들을 수 있을까? 난 사실 피날레 부분의 템포를 서둘렀다는 걸 발견했어"(S129). 이 말이 끝나자 카메라는 다시 1780년대 밤의 오페라 하우스를 비춘다.

살리에리가 <오르무스의 왕 악수르>의 마지막 장면을 지휘하는 것이 보인다. 전통적이고 완전히 진부한 음악이 흘러나온다. 하지만 막이 내리자 대단한 갈채가 터져 나온다. 모차르트도 브라보를 외친다. 오페라 하우스의 복도에서 모차르트는 쉬카네더에게 어떤가를 묻자, 그는 "감동적이야! 정말 감동적"이라고 조롱기 섞인 말을 내뱉는다. 모차르트의 말은 더 걸작이다. "그런 음악은 사형에 처해져야 마땅한 음악이야"(S130). 근엄한 살리에리의 음악과 열정적인 모차르트 음악의 차이는 곧 '아폴로적인 것'과 '디오니소스적인 것'의 차이이고, 시대에 안주하는 평범한 음악가와 시대를 앞서가는 천재 음악가의 차이이다.[53]

장면이 전환되어 다시 오페라 하우스의 무대로 돌아온다(S131). 사람들은 살리에리를 연호하고 황제는 "이제까지 상연된 오페라 가운데 가장 훌륭한 오페라"(S131)라고 칭찬하면서 살리에리의 목에 메달과 목걸이를 걸어준다. 살리에리는 감격하고 이때 받은 메달과 목걸이를 평생 걸고 다닌다. 병실에서조차도 늙은 살리에리는 이것들을 걸고 있다. 그만큼 살리에리가 이것들을 소중히 생각한다는 말이다. 관중들은 모두 살리에리를 칭찬하면서 그와 악수하기를 원한다. 누구보다도 모차르트의 반응이 궁금한 살리에리에게 모차르트는 "그런 음악이 가능하리라고는 상상하지도 못했다"(I never knew that music like that was possible, S131)고 살리에리의 음악을 칭찬한다. 그러나 이는 립 서비스일 뿐이다. 실제로는 그의 음악을 "사형에 처해져야 마땅한"(S130) 진부한 음악으로 평가한다. 자신의 <피가로의 결혼> 3악장을 복원하여 상연할 수 있게 도와준 사람이 살리에리라고 생각한 모차르트가 거짓으로 칭찬을 하며 우호적인 자세를 보인 것이다. 이도 모른 채 모차르트의 인정을 받은 살리에리는 행복하다. 서로가 서로를 기만하는 형국이다.

---

53) Werner Huber and Hubert Zapf, "On the Structure of Peter Shaffer's *Amadeus*", *Contemporary British Drama, 1970~1990*, eds. Hursh Zeifman and C. Zimmerman (Toronto: U of Toronto, 1993), p.64; Gene A. Plunka, *Peter Shaffer: Roles, Rites, and Rituals in the Theatre* (Rutherford, NJ: Fareigh Dickinson UP, 1988), p.182.

17. 신에 대해 승리하는 무서운 방법

장면은 1780년대 밤, 모차르트 집의 거실로 이동한다(S132). 모차르트의 아버지 레오폴드 사망 소식 이후 진행되는 일련의 시퀀스는 <돈 조반니>의 공연 장면을 비추면서 레오폴드와 기사장을 관련지우고, 여기서 아이디어를 얻어 모차르트를 죽일 '무서운 방법'을 찾아내는 살리에리를 등장시킨다. 살리에리의 공연을 본 모차르트는 쉬카네더와 배우들을 동반하고 술에 취한 채 즐겁게 들어온다. 그런데 거실에 낯선 사람들이 보인다. 레오폴드의 사망 소식을 전하러 잘츠부르크에서 온 사람들이다. 잘츠부르크는 생각하기 싫은 곳이라면서 농담하는 모차르트에게 콘스탄체는 아버지의 사망 소식을 전한다. "당신 아버지께서 돌아가셨다"(Your father is dead. S132)는 콘스탄체의 말에 이어 아버지 레오폴드의 근엄한 초상화가 비치고 <돈 조반니>에서 대리석 석상이 노래하는 장면의 첫 함성이 들린다.

이어 두 번째 화음이 울려 퍼지고, 무대 위에 망토와 헬멧을 쓴 거대한 기사장 형상을 한 인물이 그의 팔을 뻗고 비난을 하면서 손가락질을 하는 모습이 보인다(S133). 이 장면에 대한 지문은 다음과 같다. "두 번째 화음이 울려 퍼진다. 무대에서 우리는 색이 칠해진 식당 세트의 벽을 거대한 주먹으로 내려치는 것을 본다. 돈 조반니는 식탁 밑에서 두려움에 떨고 있는 그의 하인 레포렐로를 응시하면서 식탁에 앉아 있다. 갑옷을 입은 거인의 형상을 한 기사장이 식탁에 앉아 있는 돈 조반니를 향해 비난을 하면서 손가락질을 하는 모습이 보인다"(S133A).

모차르트의 <돈 조반니>는 스페인 귀족 돈 후앙(Don Juan)의 전설을 토대로 만들어진 여러 오페라 작품 중 가장 우수한 작품으로 평가받고 있다. 여성 편력이 심한 돈 조반니의 이야기가 <돈 조반니>의 줄거리이다. 여성을 농락하기를 일삼는 탕아이고 무신론자인 돈 조반니는 안나에게 치근거리다가 그녀의 아버지인 기사장(騎士長)의 질책을 받는다. 그러고는 결투 끝에 안나의 아버지를 찔러 죽인다. 순진한 여성들을 유혹하여 못된 짓을 계속하던 돈 조반니는 묘지에서 기사장의 대리석상(大理石像)을 보고 만찬에 초대한다. 마치 혼이 있는 생물의 모습으로 나타난 석상은 조반니의 죄를 책망하고, 공포에 사로잡힌 사람들은 달아난다. 하지만 겁 없이 웃으면서 뉘우치지 않는 돈 조반니 앞에 악귀가 나타난다. 순식간에 바닥이 갈라지고 돈 조반니는 지옥으로 납치된다. 영화의 장면들도 큰 변경 없이 이 줄거리를 따라간다.

모차르트가 창백한 안색을 하고 지휘한다. 음악은 점점 희미해진다. 여기서 난봉꾼인 돈 조반니는 바로 다름 아닌 모차르트 자신이다. 늙은 살리에리는 보이스 오버로 이 오페라에 대해 다음과 같이 해설한다. "그다음에는 그 암담한 오페라에 무서운 유령이 솟아올랐지. 회개하라고 외쳐대는 죽은 기사장의 형상을 한 인물이 무대 위에 서 있었고. 회개하라고!(Repent!)" 그러고는 다음과 같이 논평한다.

> And I knew—only I understood—that the horrifying apparition was Leopold, raised from the dead. Wolfgang had actually summoned up his own father to accuse his son before all the world. It was terrifying and wonderful to watch. (S133A)

사실 살리에리는 <돈 조반니>의 의미를 진정으로 이해한 유일한 사람이며, 모차르트의 내면세계와 천재성을 완전히 이해한 유일한 사람이다.[54] 또한 살리에리는 아버지에게 반항하고 그를 거부하는 존재라는 면에서 모차르트와 유사한 심리를 지닌 인물이다.[55] 그도 하느님 아버지를 거부하고 십자가를 불태우면서 복수 의지를 드러내는 인물이기 때문이다.

살리에리는 제4막의 피날레에서 방종한 젊은 귀족 돈 조반니를 지옥으로 떨어뜨리려고 무덤에서 부활한 기사장의 망령을 레오폴드, 즉 검은 가면이 달린 검은 모자를 쓰고 검은 망토를 입고 방탕한 아들을 힐책하러 무덤 속에서 나온 모차르트 아버지의 혼령으

---

54) Werner Huber and Hubert Zapf, "On the Structure of Peter Shaffer's *Amadeus*", *Contemporary British Drama, 1970~1990*, eds. Hursh Zeifman and C. Zimmerman (Toronto: U of Toronto, 1993), p.71.

55) Barbara Lounsberry, "Peter Shaffer's *Amadeus* and *Shrivings*: God-Hunting Continued", *Theatre Annual* 39 (1984): 18.

로 생각한다. "모차르트는 사실 자신의 아버지를 불러낸 거야. 온 세상 사람들 앞에 아들을 탄핵하도록." 여기서 방탕한 돈 조반니는 곧 방탕한 모차르트 자신이다.

이처럼 음악은 모차르트의 내면을 비추어내는 중요한 장치이다. 감독은 연극에서보다 좀 더 자세하게 모차르트의 결혼과 그와 아버지와의 관계를 제시하면서 모차르트에게 초점을 맞추고, 영화에서 한층 더 모차르트를 향한 연민의 강도가 높아지도록 구성하겠다고 밝힌 바 있다.56) 스토리의 전개가 주로 살리에리의 내러티브를 통해 진행되긴 해도, 사실 영화의 초점은 살리에리라기보다는 모차르트와 그의 음악에 주어져 있다.

음악 소리가 점점 커진다. 살리에리는 잘 보이지 않는 칸막이 관람석 뒤쪽에 혼자 서 있다. 극장은 오직 반밖에 채워져 있지 않다. 음악이 점점 희미해진다(S133A). 살리에리는 5회에 걸친 <돈 조반니> 공연 전부를 다 관람할 정도로 모차르트의 음악을 좋아했다. 시점은 1823년으로 바뀌어 병실에서 늙은 살리에리는 다음과 같이 말한다.

Now a madness began in me. The madness of a man splitting in half. Through my influence I saw to it Don Giovanni was played only five times in Vienna. But in secret I went to every one of those five—all alone—unable to help myself, worshipping sound I alone seemed to hear. (S134)

살리에리의 방해로 인해 돈 조반니 공연은 5회를 넘기지 못했지만, 그는 몰래 매 공연을 관람했다. 그만이 들을 수 있는 "숭고한

---

56) Henry Kamm, "Miloš Forman Takes His Camera and 'Amadeus' to Prague", *New York Times*, 29 May 1983, p.15.

음성을 듣고 숭배하기 위해." 그리고 그는 몇 시간이고 공연장에
있었다. 레오폴드가 죽었지만 무덤에서도 여전히 불쌍한 아들의 영
혼을 붙잡고 있다는 것을 이해하면서.

> OLD SALIERI: (V.O.) And hour after hour, as I stood there,
> understanding even more clearly how that bitter old man was
> still possessing his poor son from beyond the grave, I began
> to see a way—a terrible way—I could finally triumph over
> God, my torturer. (S135)

모차르트의 영혼이 여전히 아버지에게 사로잡혀 있다는 것을 알
고 있는 살리에리는 마침내 자신을 고문하는 "신에 대해 승리하는
무서운 방법"을 찾아낸다. 무서운 방법이란 레오폴드처럼 검은 망
토를 입고 모차르트에게 찾아가 <레퀴엠>(*Requiem in D Minor*,
K626) 작곡을 재촉하고 혹사시켜서 그를 죽음에 이르게 하는 일이
다. 아버지의 이름으로 모차르트의 욕망을 억압하는 레오폴드는 모
차르트가 제거하고 싶은 존재지만, 막상 그가 죽자 모차르트는 죄
책감을 느낀다. 연극과 영화 모두 <레퀴엠> 작곡을 살리에리가 "아
버지에 대한 죄의식을 안고 있는 모차르트를 죽음으로 몰아넣는
간접적인 살인 도구"로 제시하고 있지만, 영화에서 <레퀴엠>의 작
곡은 모차르트를 죽음으로 몰아넣는 보다 결정적인 원인으로 작용
한다.57)

공연은 돈 조반니가 기사장 석상의 차가운 손에 붙잡히고, 악마
가 난봉꾼인 돈 조반니를 지옥으로 끌고 들어가는 장면으로 끝이

---

57) 김성제, "사연의 고백과 각색: 살리에리와 모차르트의 Amadeus", 『문학과 영상』 2권 2호 (2001): 24.

난다. 카메라가 이를 보고 놀란 살리에리를 클로즈업으로 비춘다(S135).[58]

　살리에리는 전에 레오폴드가 가면무도회에 참석하기 위해 가면과 옷 등을 빌렸던 옷가게에 나타나 그가 빌렸던 가면과 옷을 빌린다. <피아노 협주곡 D단조>의 선율을 배경으로 살리에리는 빌려온 검은 가면이 부착된 모자와 검은 망토를 꺼내 입는다(S139A, D2:2:40). 아버지를 두려워하는 모차르트의 심리를 간파했기 때문이다. 1790년대 해 질 무렵, 눈이 오는 비엔나 거리에 위협적인 어두운 의상을 걸치고 거리를 내려가는 살리에리가 보인다(S140).

---

58) 감독판에서는 이 장면 이후 쉬카네더의 공연 장면(S135A)으로 이어지지 않고 진혼곡 작곡을 의뢰하기 위해 가면을 쓴 살리에리가 모차르트를 방문하는 장면(S140)으로 이어진다.

18. 진혼곡을 써주시겠소?

1790년대, 눈이 오는 비엔나 거리에 검은 의상과 모자를 걸치고 거리를 내려가는 살리에리가 보인다(S140). 창백한 모차르트는 자기 집의 테이블에 앉아 곡을 쓰고 있다. 그의 표정은 매우 고통스러워 보인다. 문을 두드리는 소리가 들린다. <돈 조반니>를 시작하는 D단조의 격렬한 화음이 들리는 가운데, 어둡고 찌푸린 가면을 쓴 살리에리가 문간에 서 있다(S141). <돈 조반니>의 2번째 음이 울리고 모차르트가 공포에 질려 쳐다본다.

> SALIERI: I have come to commission work from you.
> MOZART: What work?
> SALIERI: A Mass for the dead.
> MOZART: What dead? Who is dead?
> SALIERI: A man who deserved a Requiem Mass and never got one.

MOZART: Who are you?
SALIERI: I am only a messenger. Do you accept? You will be
    paid well. (S141)

검은 가면을 쓴 살리에리는 신분을 밝히지 않고 보수를 충분히 주겠다는 말과 함께 죽은 사람을 위한 미사곡 작곡을 의뢰한다. 살리에리는 선금으로 50더컷을 내놓으면서 작곡을 끝내면 50더컷을 더 주겠다고 제안하면서, 작곡을 서둘러달라고 요구한다. 모차르트를 파멸시키려는 살리에리의 최종적인 계획이 실행 단계에 이른 것이다.

그러나 모차르트의 천재성을 훼손하고 파멸시키려는 살리에리의 시도는 도리어 모차르트의 천재성을 확인하는 데 기여한다. <레퀴엠>의 작곡 과정에서 모차르트는 그 어떤 음악가도 엄두를 내지 못할 단기간에, 살리에리가 따라 적기도 바쁠 만큼 신속하게 악상을 불러주는 천재성을 보여주기 때문이다. 이 장면에서 계속 흘러나오는 '레퀴엠' 도입부에서 아다지오의 느리고 어두운 음조의 사이로 바셋혼과 파곳의 깊은 소리가 이어지고 선율이 서서히 상승하기 시작한다. 어둡고 낮은 음조는 살리에리가 사라지자 갑자기 무겁고 강렬한 음조로 바뀐다. "모차르트는 돌아서서 벽에 걸린 아버지 초상화를 올려다본다. 그 초상화도 그를 응시한다"(S141). 위압적인 아버지의 커다란 초상화는 그로부터 모차르트가 느끼는 심리적 압박감을 상징한다.

돈을 주는 모차르트에게 콘스탄체는 돈의 출처를 묻지만 모차르트는 말하지 않는다. 말하면 자신을 미쳤다고 생각할 것이라고 짐작했기 때문이다. 건강이 대단히 좋지 못한 모차르트가 지금 새로운 곡을 작곡한다는 것은 사실 '미친' 짓이다. 1823년 밤, 늙은 살리에리는 신부에게 다음과 같이 고백한다. "계획은 아주 간단했지만, 난 두려웠소. 먼저 레퀴엠을 내 손에 넣은 다음, 그를 죽게 만드는 거였소"(S142). 보글러 신부는 공포에 질려 그를 처다본다. 살리에리의 대사는 다음과 같이 이어진다.

His funeral—imagine it! The Cathedral, all Vienna sitting there. His coffin, Mozart's little coffin in the middle. And suddenly in that silence, music. A divine music bursts out over them all, a great Mass of Death: Requiem Mass for Wolfgang Mozart, composed by his devoted friend Antonio Salieri. What sublimity! What depth! What passion in the music! Salieri has been touched by God at last. And God, forced to listen. Powerless—powerless to stop it. I at the end, for once, laughing at Him. Do you understand? Do you? (S142)

살리에리는 모차르트의 장례식에서 안토니오 살리에리가 작곡한 진혼곡이 울려 퍼지는 것을 상상한다. "그 얼마나 장엄하고, 그 얼마나 심오한가! 얼마나 열정적인 음악인가! 마침내 신의 손길이 살리에리에게 닿고, 마침내 신은 그의 음악을 듣는다." 이를 통해 살리에리는 신을 비웃어줄 것이라고 상상한다.

모차르트의 죽음을 통해 신을 비웃겠다는 심경을 드러내고 있는 살리에리는 불경스럽지만 모차르트가 작곡한 작품을 자신의 것으로 위장하여서라도 음악적 명성을 갈구하는 심경은 안쓰럽기 그지없다. 살리에리는 이후에도 잿빛 망토를 걸치고 모차르트를 찾아가 <레퀴엠> 작곡을 서두르라고 종용하면서 그의 목숨을 서서히 조인다.

이 대사를 배경으로 '레퀴엠'의 중반 이후의 베이스에서 소프라

노에 이르기까지 다양한 화음이 울려 퍼지고 밝고 청아한 소프라
노 독창이 이어진다. 소프라노의 독창을 바순과 현이 받쳐주고, 우
렁찬 합창을 거쳐 서서히 종결부에 이른다. 늙은 살리에리의 말은
다음과 같이 이어진다.

> The only thing that worried me was the actual killing. How does
> one do that? How does one kill a man? It's one thing to dream
> about it. It's very different when you have to do it, with your
> own hands. (S142, D2:06:40)

살리에리가 걱정하는 것은 '죽이는 방법'이다. 그걸 상상하는 것
과 자신의 손으로 직접 행하는 것은 매우 다르기 때문이다. "내가
걱정하는 유일한 건 죽이는 방법이었소. 인간이 어떻게 살인을 하
겠소? 인간이 어떻게 사람을 죽일 수 있겠소? 그걸 상상하는 것과
당신 자신의 손으로 직접 해야 하는 건 매우 달라요." 이런 말을
하는 살리에리의 눈빛은 광기에 차 있고 이를 듣고 있는 보글러 신
부는 공포에 사로잡힌다. 그가 모차르트를 죽이는 방법은 <레퀴
엠> 작곡 의뢰를 통해 병이 든 그를 혹사시키는 것이다.

19. 공연 수입의 절반이라고?

    <돈 조반니> 공연 장면이 쉬카네더의 극장에서 <돈 조반니>를 위시한 모차르트의 여러 오페라들을 패러디하면서 공연하고 있는 장면으로 바뀐다(S135A).[59] 이후 시퀀스는 모차르트가 슈럼베르크를 다시 찾아가 돈을 빌려달라고 애걸하는 장면과 쉬카네더가 제안한 <마술피리>(*Die Zauberflöte, Magic Flute*)는 볼프강 작곡을 수락하는 내용으로 구성되어 있다. 작곡 의뢰도 받지 못하고 가정교사도 할 수 없어 곤경에 빠진 모차르트의 모습이 잘 드러나 있는 부분이다.

    쉬카네더의 극장에서 모차르트와 콘스탄체, 그리고 두 살쯤으로

---

[59] 감독판에서는 이 장면이 늙은 살리에리가 모차르트에게 <레퀴엠> 작곡을 의뢰하여 간접적으로 죽이고, 이를 통해 신에게 복수하겠다는 의지를 드러내는 S142 뒤에 배치되어 있다. S135A에서 S137(모차르트가 슈럼베르크를 다시 찾아가 돈을 빌려달라고 애걸하는 장면)은 감독판에서는 S143 뒤에 배치되어 있다.

보이는 아들 칼이 이리저리 짜 넣은 모티프로 여러 작품을 패러디하는 우스꽝스러운 장면들을 보고 있다(S136). 모차르트는 쉬카네더의 대중 극장에서 술을 마시면서 콘스탄체와 그의 아들과 함께 즐겁게 공연을 보고 있다. <돈 조반니> 공연의 실패 이후 모차르트가 의기소침한 상태에 있다는 것을 잘 알고 있는 쉬카네더는 국립 극장에서 그리 성공하지 못한 <돈 조반니>를 자신의 대중 극장 무대에 올리면, 반드시 큰 성공을 거둘 것이라고 장담한다. 대중들을 위해 멋진 작품을 써보고 싶지만 잘 될지 모르겠다는 모차르트를 쉬카네더는 계속 설득한다. 쉬카네더는 궁전에 대해 반감을 드러내면서 모차르트가 국립 극장이나 궁전이 아니라 대중 극장에서 자신의 뜻을 더 반영한 작품을 공연할 수 있을 것이라고 주장한다. "당신은 여기서 당신이 느끼는 그 어떤 것이라도 할 수 있소. 더 환상적일수록 더 좋소. 그게 사람들이 원하는 것이오. 아시겠소? 환상적인 작품이란 말이오." 쉬카네더는 아름다운 마술과 트릭, 그리고 불꽃놀이로 가득 채워진 환상적인 작품을 자신의 극장 무대에 올리고 싶다. 동물들로 하는 장난도 제공하고 싶다.

쉬카네더는 독일어로 쓴 매력적이고 재미있는 환상적인 작품을 써달라고 부탁한다. 독일어 작품이라는 것과 공연 수입의 절반을 자신에게 배당하겠다는 말에 모차르트도 솔깃하다.

SCHIKANEDER: What else do you think they speak here?
MOZART: No, no, I love that. I'd want it to be in German. I
            haven't done anything in German since *Seraglio*.
SCHIKANEDER: So there you are. What do you say?
CONSTANZE: How much will you pay him?

SCHIKANEDER: Ah. Well. Ah, (*to Mozart*) I see you've got
your manager with you. Well, Madame, how about half the
receipts?
MOZART: Half the receipts! Stanzi!
CONSTANZE: I'm talking about now. How much will you give
him now? Down payment? (S136)

모차르트는 <후궁탈출> 상연 후에는 독일어 가사로 된 오페라를
무대에 올리지 못했지만, 그는 항상 그런 오페라를 무대에 올리기
를 원했다. 쉬카네더가 공연 수입의 절반을 주겠다고 하지만, 콘스
탄체는 공연 후가 아니라 지금 당장 얼마를 줄 수 있는지 묻는다.
콘스탄체는 당장 선금을 받지 않으면 그만두라고 종용한다. "수입
의 절반을 준다고! 아니, 당신은 한 푼도 받지 못할 거야. 지금 당
장 내 손에 돈을 쥐길 원해"(S136). 콘스탄체의 반대에도 불구하고
모차르트는 쉬카네더의 극장에 올릴 오페라를 작곡하기 시작한다.
그것은 다름 아닌 불후의 명작 <마술피리>이다.
　장면이 전환되어 카메라는 1790년대, 황실 도서관에서 모차르트
의 비참한 상태를 이야기하는 슈비텐 남작과 살리에리를 비춘다.[60]

VON SWIETEN: Can't you think of anyone who might
commission some work from him? I've done my best. I got
him to arrange some Bach for my Sunday concerts. He got
a fee—what I could afford. Can't you think of anyone who
might do something for him?
SALIERI: No, Baron, no. I'm afraid Mozart is a lost cause. He
has managed to alienate practically the whole of Vienna.
He is constantly drunk. He never pays his debts. I can't

---

60) 감독판에서는 S138이 S136과 S137 사이에 배치되어 있다.

think of one person to whom I dare recommend him.
VON SWIETEN: How sad. It's tragic, isn't it? Such a talent.

(S138, D2:13:25)

모차르트에게 비교적 우호적인 슈비텐 남작은 그에게 일을 맡길 사람이나 뭔가를 해줄 수 있는 사람이 생각나지 않느냐고 묻지만, 살리에리는 감히 그를 추천해줄 사람이 아무도 없다고 답한다. "모차르트가 실패한 사람이 되지 않을까 걱정입니다. 실제로 비엔나 사회 전체가 그에게 등을 돌리고 있답니다. 그는 계속 술만 마시고 빚도 청산하지 못했죠." 살리에리는 모차르트를 추천해줄 사람이 없다고 걱정한다. 이는 물론 가식이다.

장면이 슈럼베르크 집의 복도로 전환되고 카메라는 슈럼베르크를 만나고 있는 술 취한 모차르트를 비춘다(S137). 모차르트의 상태가 썩 좋아 보이지 않는다. 그는 당혹스러운 표정으로 슈럼베르크에게 도와달라고 부탁한다. 자신에게 배울 사람이 없으면 돈이라도 좀 빌려달라고 애걸한다. "전 재능이 있고, 당신은 돈이 있어요. 제가 재능을 드린다면, 당신이 돈을 주실 수도 있지 않습니까?" 모차르트가 빌린 돈을 곧 돌려드리겠다고 하지만 슈럼베르크는 응하지 않는다. 모차르트가 얼마나 궁핍한 상황에 처해 있는가를 잘 보여주고 있는 이 장면은 모차르트가 아내의 반대를 무릅쓰고 쉬카네더의 극장에 올릴 <마술피리>를 작곡하리라는 것과 살리에리가 요구한 <레퀴엠>을 무리가 되는 것을 알면서도 동시에 작곡하리라는 것을 예감하게 하는 장면이다. 이런 무리는 사실 건강이 좋지 않은 모차르트를 죽음으로 몰아넣는 요인으로 작용한다.

장면이 전환되어 카메라는 클로즈업으로 열심히 진혼곡을 작곡하고 있는 모차르트를 비춘다(S143, D2:15:30). 모차르트가 작곡한 <레퀴엠>의 '진노의 날'(Dies Irae)이란 성가의 결렬한 음조가 갑자기 터져 나온다. 살리에리의 이 무시무시한 살해 계획에 신이 분노를 드러내는 것처럼….[61] 모차르트는 자신이 지금 작곡하고 있는 것이 자신의 장례식에 쓰일 미사곡이란 것을 까마득하게 모른다. 그의 주위에는 온통 대본뿐이다. 격렬한 노크 소리가 들린다. 강렬하고 빠른 템포를 바탕으로 격렬한 감정을 드러내는 '진노의 날' 합창 부분이 들린다. 분노한 신의 격렬한 음성처럼 들린다. 격렬한 노크 소리와 함께 들리는 합창은 모차르트의 불안과 두려움을 효과적으로 반영하고 있는 음악이다.

문에서 노크 소리가 들리지만 겁을 먹은 모차르트는 콘스탄체에게 문을 열지 말라고 한다. <레퀴엠> 작곡을 의뢰한 사람이 완성을 재촉하러 왔다고 생각하기 때문이다. 그만큼 미사곡 완성은 모차르트에게 큰 강박관념으로 작용한다. '진노의 날'이란 곡명에 함의된 것처럼 죄를 지은 인간에게 '진노'하는 신의 모습이 잘 드러나 있는 이 곡은 매우 빠른 템포 속에 격렬한 음조를 드러내면서 듣는 이에게 공포감을 심어주는 적절한 음악적 상징이다.

모차르트의 예상과는 달리 그의 집에 들어온 사람은 쉬카네더이다(D2:18:01). 테이블 위에 있는 악보 대본을 보고 그것이 진혼 미사곡이란 것을 알아차린 쉬카네더는 화를 내면서 자신이 의뢰한

---

61) 감독판에서는 살리에리의 말이 끝나자 <돈 조반니>를 위시한 모차르트의 여러 오페라들을 패러디하면서 공연하고 있는 쉬카네더의 극장으로 장면이 바뀌는 것으로 처리되어 있다(S135A). 물론 '진노의 날'이라는 배경음악이 배치된 장면도 달라진다.

곡을 완성했느냐고 추궁한다. 그것은 다름 아닌 <마술피리>이다. 모차르트는 작업을 끝냈다고 답하고 쉬카네더는 보여달라고 요청한다. 이때 모차르트는 다소 미친 것처럼 미소를 짓고 머리를 내밀면서 다음과 같이 말한다. "여기 있소. 여기 내 머릿속에 있소. 남은 일은 갈겨쓰기만 하면 돼. 갈겨쓰면서 술 마시고, 술 마시며 갈겨쓰면 돼. 술 한잔하겠소?"(Here. It's all right here, in my noodle. The rest is just scribbling. Scribbling and bibbling. Bibbling and scribbling. Would you like a drink?) 쉬카네더가 갑자기 모차르트에게 화를 내며 달려든다. "작은 어릿광대 양반아, 내가 얼마나 많은 사람들을 고용했는지 아시오? 당신 곡을 얼마나 많은 사람들이 기다리는지 아시오?"(S143). 그는 레퀴엠 따위 작곡은 집어치우고 당장 머릿속에 있는 악상을 종이 위에 옮겨 적으라고 요구하며 퇴장한다.

1790년대 낮, 살리에리의 응접실에 모차르트를 더 이상 정탐하지 못하겠다고 하면서 떨고 있는 로를이 앉아 있다(S144). 그녀를 통해 살리에리는 모차르트의 상태를 전해 듣는다. "정말 무서워요! 말할 때도 제정신이 아니에요. 모차르트 씨는 아버지를 봤다고 해요. 그의 아버지는 죽었는데 말입니다." 모차르트가 "우스꽝스러운 오페라를 쓰고 있다"고 로를이 보고하자 살리에리는 깜짝 놀린다. 이때 배경음악으로 <마술피리>의 서곡의 도입부가 들린다.

카메라는 1790년대 밤, 모차르트 집의 어지러운 거실을 비추고, 이를 내려다보고 있는 레오폴드의 초상화를 비춘다(S145). 종이는 테이블에 어지럽게 널려 있고, 피아노 위에는 프리메이슨 상징이

아로새겨진 앞치마가 보인다. <마술피리> 도입부가 끝나고 갑자기 경쾌하고 빠른 푸가가 시작된다(S147). 모차르트가 즐겁게 춤을 추면서, 아버지의 초상화를 올려다본다. 갑자기 문을 두드리는 소리가 들리고 음악소리는 점점 희미해진다.

모차르트는 문을 연다. 이때 갑자기 <돈 조반니>의 어두운 화음이 <마술피리>의 경쾌한 음조를 밀어낸다. 잿빛 가면을 쓴 살리에리가 나타나 빨리 끝낼수록 더 많은 보상이 있을 것이라고 하면서 모차르트에게 <레퀴엠> 완성을 재촉한다(D2:22:20). 두려워하는 모차르트에게 콘스탄체는 다음과 같이 말한다.

> Wolfi, I think you really are going mad. You work like a slave for that idiot actor who won't give you a penny and here. This is not a ghost! This is a real man who puts down real money. Why on earth don't you finish it? (S147)

콘스탄체는 돈을 준 사람이 요청한 곡을 끝내지 않고, <마술피리> 작곡에 매달리는 모차르트가 미쳤다고 생각한다. 하지만 모차르트는 <레퀴엠>을 쓰고 싶지도 쓸 수도 없다. 이 일이 자신을 죽이고 있다고 생각하기 때문이다. 진혼곡을 작곡하면서 모차르트가 스스로 자신에게 다가오는 죽음의 전조를 느낀 것일까?

생전의 기록에서 모차르트 자신은 죽음을 "존재의 진실한 목적지"이고 인간의 가장 진실한 친구로 간주하면서 "죽음의 이미지가 더 이상 그를 두렵게 하는 것이 아니라" 위안을 주는 것이라고 언급한 바 있다.62) 현실에 집착하고 현세의 영광에 집착하는 살리에

---

62) H. C. Robbins Landen, *Mozart's Last Year* (New York: Schirmer, 1988), p.116.

리와는 달리 내세를 믿고 현실에서 자유로운 자의 목소리이다. 그러나 지금 이 순간 모차르트는 죽음이 두렵다. 곤궁한 살림살이에 찌들고 이미 몸은 만신창이가 되었다. 어쨌든 <레퀴엠>은 모차르트 자신의 죽음과 관련을 맺으면서 등장하는 음악적 상징이다.

콘스탄체는 울면서 모차르트를 무기력하게 쳐다본다. 모차르트는 갑자기 들어가서 "잠이나 자"라고 소리 지른다(D2:23:30). 이때 <레퀴엠>의 너무나도 위압적인 '무서운 대왕'(Rex Tremendai Majestatis)의 곡조가 들리고, 내려다보는 레오포드의 초상화가 걸린 벽이 보인다. '무서운 대왕'에서 G단조 포르테로 시작하는 부분의 합창은 강렬하지만, "salva me"에서는 "나를 도와달라"는 의미처럼 애절한 분위기로 반전하게 된다. '무서운 대왕'의 곡조는 마치 죽음을 앞두고 모차르트를 정죄하러 나온 무서운 신의 모습을 떠올리게 한다. '무서운 대왕'의 어둡고 장중한 음조가 들리고, 모차르트를 내려다보는 무서운 레오폴드의 초상화가 보이는데, 초상화의 형태로 제시되는 아버지 레오폴드는 '무서운 대왕'처럼 방탕한 모차르트를 꾸짖는 두려운 존재이다. 카메라가 레오폴드의 초상화를 비추고 천천히 테이블을 비추면서 이동한다. 곡을 쓰고 있던 모차르트는 살금살금 집을 빠져나간다(S147, D2:24:30). 바로 이 순간 <마술피리>의 '파파파파'(PapaPapa)의 경쾌한 음이 다시 들리고, 모차르트는 쉬카네더를 찾아간다.

모차르트는 청탁받은 <레퀴엠>을 미완의 작품으로 남기고 1791년 12월 5일 숨을 거둔다. 오페라 <마술피리>와 진혼곡 <레퀴엠>이 사실 비슷한 시기에 작곡되었으므로, 이 장면에서 이 작품들을 삽입한 것은 적절한 선택이다. 영화에서 <레퀴엠> 작곡을 의뢰하는 인물이 살리에리로 처리되고 있지만 이는 사실과는 다른 부분이다.63) 그러나 감독이 모차르트에 대한 복수의 일환으로 살리에리가 <레퀴엠> 작곡을 의뢰한 것으로 처리한 것은 영화의 극적 전개에 대단히 효과적이다. 모차르트가 <레퀴엠>을 작곡하면서 기력이 쇠진하여 사망한 것으로 처리한 것도 대단히 극적인 효과를 높인다. 이도 물론 사실이 아니다.

---

63) <레퀴엠>은 영화에서와는 달리 발제그(Walsegg) 백작이 죽은 아내의 영혼을 달래기 위해 작곡을 의뢰했다. R. W. Gutman, *Mozart, A Cultural Biology* (New York: Harvest Book, 1999), pp.748~749.

20. 자신밖에 모르는 이기주의자!

장면이 전환되어 카메라는 1790년대 밤, <마술피리> 작곡을 의뢰했던 쉬카네더의 여름 별장을 비춘다(S148). 이후 시퀀스는 <마술피리> 공연 장면을 배경으로 진행된다. 술에 취한 쉬카네더와 모차르트가 보인다. 카메라는 술에 취해 눈 사이로 비틀거리면서 집으로 가는 모차르트를 비춘다(148A). 집에 돌아온 모차르트는 콘스탄체가 집을 나갔다는 것을 발견하고 놀란다(S150). 모차르트는 장모를 찾아가고, 장모인 웨버 부인은 날카로운 소리를 질러대면서 모차르트를 무섭게 질책한다(S151).

Oh, you monster! No one exists but you, do they? You and your music! Do you know how often she's sat in that very chair, weeping her eyes out of her head because of you? I warned her. Choose a man, not a baby, I said. But would she listen? Who

listens? He's just a silly boy, she says. Silly, my arse. Selfish—
that's all you are. Selfish! Selfish, selfish, selfish, selfish, selfish.
(S151)

웨버 부인은 모차르트를 괴물 같은 사람이고, 자신과 음악밖에
모르는 이기주의자라고 질책한다. 바로 이 순간 웨버 부인의 목소
리는 <마술피리> 2막에서 밤의 여왕이 부르는 아리아 '지옥의 복
수심이 내 마음에 끓어오르고'(Der Hölle Rache kocht in meinem
Herzen)[64]의 날카로운 음으로 변한다. 이때 장면이 디졸브되면서
<마술피리> 공연 장면으로 바뀐다(S152).

모차르트가 실제로 장모의 잔소리를 듣다가 이 음악을 떠올렸는
지는 알 수 없으나, 웨버 부인의 날카로운 목소리를 밤의 여왕이
부르는 아리아의 날카로운 선율과 중첩시켜 두 사람의 유사성을
부각시키는 감독의 발상은 기발하다. 복수심에 불타서 딸에게 자라
스트로를 죽이라고 명하는 밤의 여왕의 이미지는 자신의 딸을 불
행하게 만드는 모차르트를 질책하는 웨버 부인의 이미지와 잘 맞
아떨어지기 때문이다. 그 시점이 콘스탄체가 견디다 못해 모차르트
를 떠난 시점이다.

쉬카네더의 극장에서 밤의 여왕이 그녀의 딸인 파미나에게 단도
를 건네주면서 어머니를 사랑한다면 자라스트로를 죽이라고 격렬
하게 노래한다(S152). 파파게노 역을 맡아 알록달록한 깃털장식의

---

64) 콜로라투라(coloratura, 빠른 템포와 자잘하고 높은 음표 등에 의해 기교적으로 화려하게 장식
된 선율)의 전형적인 예인 이 곡의 가사는 다음과 같다. "지옥의 복수심이 내 마음에 끓어오르
고, 죽음과 절망이 내 주위에 불타오르네! 네가 자라스트로를 죽음의 고통을 느끼도록 하지
않는다면, 넌 더 이상 내 딸이 아니다. 영원히 의절하고, 영원히 저버리고, 영원히 박살낼 것이
다. 자연의 모든 인연을⋯. 네가 자라스트로를 죽게 만들지 않는다면! 들어라, 들어라, 들어라,
복수의 신들이여! 들어라, 어미의 맹세를!"

옷을 입고 노래하는 쉬카네더가 보인다(S154). 지휘를 하던 모차르트는 지휘봉을 다른 사람에게 넘기고 무대 뒤로 몰래 나간다. 카메라는 무대 윙으로 가는 모차르트를 따라간다. 모차르트는 건반 음계종을 치면서 연주를 계속하라고 손짓한다. 파파게노의 아리아('애인이나 마누라가 이 파파게노에게')가 시작된다.

매우 밝고 감미로운 음악이 연주되던 중 음계종을 치던 모차르트는 쓰러지고, 살리에리는 황급히 모차르트에게 달려간다(S154). 살리에리가 모차르트를 마차에 태워 집으로 가는 동안 공연은 계속되고, 파파게노와 파파게나의 이중창(Papagena Duet, pa-pa-pa)이 들린다(S155). 1막 2장에서 파파게노가 부르는 아리아 '나는 새잡이'(The birdcatcher am I)[65])는 노래는 모차르트가 병상에서 죽어갈 때조차 즐겨 부르던 노래였다. 그만큼 모차르트는 파파게노라는 등장인물에 애착을 갖고 있었다는 말이다. 파파게노와 파파게나의 이중창은 행복에 겨운 연인들이 부르는 노래로 대단히 유쾌하고 명랑한 곡이다. 이 음악은 모차르트가 쓰러져 마차에 실려 갈 때도 계속 이어지다가, 모차르트가 축 늘어져 옮겨지는 장면에 이르자 멈춘다. 이 이중창은 모차르트 특유의 명랑하고 천진난만한 성격이 잘 드러나는 곡으로 권력이나 지위에는 관심이 없는 소박한 서민의 즐거움을 표현하고 있다.

순진하고 낙천적이며 유쾌한 새잡이인 파파게노의 성격은 모차

---

65) 'Der Vogelfänger bin ich ja'라는 독일명의 곡으로 가사는 다음과 같다. "난 새잡이, 언제나 행복해요! 나, 새잡이는 유명해요. 노인들과 젊은이들에게 전국에서…. 미끼를 사용할 줄 알지요. 그리고 파이프를 잘 다룰 줄 알아요! 그래서 난 행복하고 재미있어요. 모든 새들이 내 것이니까. … 나는 소녀들에게 그물을 칠 수 있어요. 난 소녀들을 한 다스나 잡을 수 있어요! 그리고 그들을 내게 묶어놓을 수 있어요. 모든 소녀들, 이렇게 내 것이 되죠."

르트의 성격과 상당히 닮아 있다. 파파게노와 파파게나는 포옹을 하고 "파-파-파-파-파-게노"라는 경쾌한 이중창을 더듬거리며 부른다. 이 장면에서 우리가 주목해야 할 점은 모차르트가 더 이상 아버지 레오폴드를 두려워하지 않고 그가 아버지로부터 용서받아 둘이 화해한다는 점이다. 파파게노와 파파게나의 "파-파"(papa)의 반복은 아버지(papa)를 찾는 모차르트의 소리로 간주될 수 있기 때문이다.66) 그러나 이 밝아 보이는 음악에도 그리움과 향수가 깊이 스며들어 있다. <레퀴엠>에 이어 <마술피리>의 공연 장면을 삽입함으로써 감독은 죽음의 전조를 드리우는 어두운 음악과 밝고 명랑한 음악의 대조를 통하여 삶과 죽음의 명암을 강력하게 부각시킨다.

---

66) 조두영, "아마데우스의 정신분석적 이해", 『한국정신분석학』 8권 2호 (1997): 139.; Dennis A. Klein, *Peter Shaffer, Revised edition* (New York: Twayne Pub., 1993), p.143.

21. 내가 도와주면 안 되겠소?

쓰러진 모차르트를 집에 데려온 살리에리는 모차르트의 거실과 침실을 보고 깜짝 놀란다. 방은 말할 수 없이 어수선하고 너저분하다. 살리에리는 그의 아내가 집을 나갔다는 것을 직감한다(S158). 이후의 시퀀스는 모차르트가 <레퀴엠>의 '콘퓨타티스 말레딕티스'(Confutatis maledictis, 사악한 자들이 혼란스러울 때) 부분을 작곡하는 과정을 대단히 극적으로 보여준다. 살리에리가 말했던 신에게 복수하는 '무서운 방법'이 실행되고 있는 것도 이 시퀀스다. 살리에리가 진혼곡 작곡을 도와주겠다면서 병에 걸려 거의 다 죽어가는 모차르트를 혹사시켜 죽음으로 몰아넣기 때문이다.

아직까지 살리에리의 진의를 파악하지 못한 모차르트는 자신을 도와준 살리에리에게 감사의 뜻을 전한다. 다음의 대사에서 살리에리는 모차르트를 칭찬하고, 모차르트는 이를 진심으로 받아들인다.

그러자 살리에리는 진의를 감추고 모차르트를 칭찬한다. "정말 탁월한 작품이오. 정말 장엄한 오페라요. 감히 말하건대, 당신은 내가 알고 있는 가장 훌륭한 작곡가요." 이 대화를 보자면 둘의 사이가 대단히 좋은 것처럼 보인다. 문을 두드리는 노크 소리가 들리고, 겁먹은 표정의 모차르트는 살리에리에게 그 사람을 들어오지 못하게 하라고 했다가 다시 그에게 돈을 좀 더 줄 수 있다면 작품을 더 빨리 끝낼 수 있다는 말을 전해달라고 부탁한다. 그 사람이 진혼곡 작곡을 의뢰했던 사람이라고 생각했던 것이다. 그러나 그는 공연이 끝나고 모차르트에게 배당금을 주러 온 쉬카네더이다(S159). 모차르트는 아직까지 진혼곡 작곡을 의뢰했던 사람이 바로 자신의 곁에 있는 살리에리라는 것을 알지 못한다.

쉬카네더가 돌아간 뒤, 살리에리는 그에게서 받은 돈을 모차르트에게 주면서 다음과 같이 말한다. "그가 이걸 전해 주라고 했소. 내일 밤까지 작품을 끝내면 100더컷을 더 지불하겠다고 했소"(S160). 모차르트가 내일 밤까지 끝내기는 도저히 불가능하다고 하자, 살리에리는 작곡하는 것을 도와주겠다고 제안한다. 살리에리의 위선적인 면모가 잘 드러나는 장면이다.

SALIERI: My dear friend, it would be my greatest pleasure.
MOZART: But you'd have to swear not to tell a soul. I'm not allowed.
SALIERI: Of course.
MOZART: You know, it's all here in my head. It's just ready to be set down. But when I'm dizzy like this my eyes won't focus. I can't write.
SALIERI: Then, let us try together. I'd regard it as such an honour. Tell me, what is this work?
MOZART: A Mass. A Mass for the Dead. (S160)

모차르트는 같이 작업하는 것을 아무에게도 말하지 말 것을 부탁하고 살리에리의 도움으로 진혼곡을 완성하려고 한다. 아무도 모르게 공동 작업을 하는 것은 살리에리도 바라는 바다. 지친 모차르트는 작곡에 집중할 수가 없다. 그럼에도 불구하고 곡은 모두 자신의 머릿속에 있으니 살리에리더러 받아쓰기만 하면 된다고 말한다.

장면이 바뀌어 카메라는 1790년대 밤, 바덴의 작은 무도회장에서 춤을 추는 콘스탄체를 비춘다. 그녀는 갑자기 춤을 멈추고 비엔나로 돌아가고 싶다고 말한다(S161). 장면이 다시 모차르트의 침실로 이동한다. 그는 베개에 기댄 채 침대에 앉아 있고, 작업대에 앉아 아직 완성되지 않은 <레퀴엠> 악보들을 보면서 모차르트가 불러주는 대로 빨리 악보를 받아 적으려는 살리에리가 보인다(S162).

영화의 마지막 부분을 구성하는 시퀀스는 죽어가는 모차르트가 살리에리의 도움으로 레퀴엠을 작곡하는 부분으로 모차르트의 천재성이 유감없이 드러나 있다. 영화에서는 '콘퓨타티스 말레딕티스'의 악상을 모차르트가 불러주고 살리에리가 이를 받아 적는 것으로 처리하고 있다.[67] 물론 이는 사실이 아닐 뿐만 아니라 쉐퍼의 원작에는 없는 장면이다.

> MOZART: Where did I stop?
> SALIERI: (consulting the manuscript) The end of the Recordare[68]—
> Statuens in parte dextra.[69]

---

67) 살리에리가 모차르트의 곡을 대필해 주는 이 장면은 쉐퍼의 원작에는 없는 장면으로 감독이 임의로 삽입한 내용이다. 원작에서 살리에리는 끝에 가서 가면을 벗고 죽어가는 모차르트를 향해 저주의 말을 퍼붓는다.

68) Recordare, 문자적 의미는 '기억하라'는 뜻이다.

69) Statuens in parte dextra, "주의 오른손으로 나를 높이소서"(Guiding me to your right hand).

MOZART: So now the *Confutatis. Confutatis Maledictis.*[70] When
the wicked are confounded. *Flammis acribus addictis.* How
would you translate that?
SALIERI: Consigned to flames of woe.
MOZAR: Do you believe in it?
SALIERI: What?
MOZART: A fire which never dies. Burning one forever? (S162)

살리에리는 모차르트가 부르는 악상을 빨리 적어 나간다. 하지만
그는 모차르트의 조급한 성미를 따라갈 수가 없다. 모차르트는 조
급하게 음조를 읊고, 노래를 부르면서 악상을 불러준다. "보이스로
시작하고, 첫 음은 베이스. 첫 소절 두 번째 음계는 A. (음조를 읊
는다) '콘-퓨-타-티스.' (말한다) 두 번째 소절 두 번째 음계는
(노래한다) '마-레-딕-티스.' (말한다) 당연히 G-샤프." 악상을
따라 적던 살리에리는 베이스 라인의 처음 여섯 소절을 노래하고,
처음 두 소절 뒤에서 베이스 코러스는 영화의 배경음악으로 서서
히 사라진다. 모차르트는 계속 불러주고 살리에리는 계속 따라 적
는다. 살리에리는 열정적으로 받아 적으면서 모차르트가 불러주는
악상을 따라가기 위해 안간힘을 쓴다.

    <레퀴엠>의 창작과정을 보여주는 이 장면은 모차르트의 천재성
을 유감없이 드러낸다. 악곡 전체가 모차르트의 머릿속에서 끝없이
넘쳐 흘러나오는 것을 보여주기 때문이다. 1790년대 겨울 밤, 눈
덮인 시골 길에 마차가 쏜살같이 달리고 있다(S163). 마차에는 콘
스탄체와 어린 아들 칼이 보인다(S164). 카메라는 다시 1790년대

---

70) '레코르다레'의 끝인 "주의 오른손으로 나를 높이소서" 다음에 바로 이어지는 *Confutatis*의 첫
3행은 다음과 같다. *Confutatis maledictis,/ flammis acribus addictis,/ voca me cum benedictus.*
"악한 자들이 당황할 때/ 고뇌의 불길 속에 던져질 때/ 축복받은 자 가운데 절 부르소서."

밤, 작업을 하고 있는 살리에리와 몹시 아파 보이는 모차르트를 비춘다(S165). 시골 길을 달리고 있는 마차가 다시 보인다(S166). 카메라는 다시 모차르트와 쉬지 않고 받아 적고 있는 살리에리를 비춘다(S167). 살리에리는 모차르트가 부르는 악상을 대필하면서 평범한 자신이 아무리 노력해도 도달할 수 없는 모차르트의 천재성에 감탄한다.

1790년대 겨울 새벽, 마차가 비엔나에 도착하고 콘스탄체와 칼이 마차에서 내린다(S168). 이때 '콘퓨타티스'가 느리게 들리다가 멈춘다. '콘퓨타티스 말레딕티스'에는 오케스트라의 격렬한 반주와 더불어 저주받은 죄인을 두고 노래하는 격렬한 남성합창에 이어 단순한 반주와 함께 구원을 갈구하는 애절한 여성합창이 나타난다. 남성합창과 여성합창이 서로 상반된 분위기를 드러내고 있지만 조용한 혼성합창으로 이어지면서 '진심으로 엎드려 원합니다' 부분에 이르러 새로운 합일점을 찾는다.[71]

모차르트의 죽음과 관련된 영화 <아마데우스> 종반부에서 <레퀴엠>은 가장 중요한 음악적 상징으로 작용한다. <레퀴엠>은 전체가 7부분으로 구성되어 있는데 모차르트는 이를 완성하지 못하고 죽었고, 미완으로 남겨진 부분을 모차르트의 제자인 쥐스마이어(Suessmayer)가 채워 넣었다. 영화에 삽입된 <레퀴엠>의 부분은 '레퀴엠'(Requiem), '진노의 날'(Dies irae), '무서운 대왕'(Rex tremendae), '콘퓨타티스 말레딕티스', 그리고 '라크리모사'(Lacrimosa)이다.[72]

---

71) 조창현, "영화 <아마데우스> 연구: 작품 속 두 주인공의 관계에 대해", 『세계문학비교연구』 10
호 (2004): 220~221.

72) Requiem, "그들에게 영원한 안식을 주소서." Dies irae, "진노의 날." Rex tremendae, "무서운
대왕." Confutatis maledictis, "사악한 자들이 혼란스러울 때." Lacrimosa, "눈물과 탄식의 날."

22. 살리에리, 날 용서해요!

'콘퓨타티스 말레딕티스' 부분을 끝낸 모차르트는 잠시 쉬고 <레퀴엠>의 '라크리모사'를 끝내자고 한다. 그러나 살리에리는 계속 작업하자고 종용한다(S166A). 이후의 시퀀스는 모차르트가 살리에리에게 용서를 구하고, 다시 집에 돌아온 콘스탄체가 악보를 두고 살리에리와 언쟁을 벌이는 내용으로 구성되어 있다. 모차르트는 지금 기진맥진한 상태이다. 다음 대화는 모차르트가 죽기 전 그와 살리에리 사이의 마지막 대화이다.

> MOZART: Would you stay with me while I sleep a little?
> SALIERI: I'm not leaving you.
> MOZART: I am so ashamed.
> SALIERI: What for?
> MOZART: I was foolish. I thought you did not care for my
>   work—or me. Forgive me. Forgive me! (S166A)

모차르트는 부끄럽다고 하면서 살리에리에게 자신을 용서하라고 부탁한다. "내가 어리석었어요. 난 당신이 내 작품이나 나를 좋아하지 않는 줄 알았어요. 용서해요. 용서하세요!" 이것이 모차르트의 마지막 대사이다. 그의 진심이 담긴 말이다. 진심 어린 그의 사과를 듣고 있는 살리에리의 심정은 어땠을까? 양심의 가책을 느꼈을까? 용서를 구해야 할 사람은 모차르트가 아니라 살리에리 자신이다. 병이 들고 지친 모차르트가 무리하게 작업을 하느라 죽어버렸기 때문이다. 이것은 다름 아닌 '간접적인 살인'이다. 살리에리 자신이 신부에게 고백했던 것처럼…. 영화의 도입부에서 "모차르트, 날 용서하시오!"라는 늙은 살리에리의 절규를 염두에 둔다면 살리에리는 양심의 가책을 느끼고 있음이 분명하다.

도로를 따라 집으로 향하는 콘스탄체와 칼이 보인다(S168B). 1790년대 새벽, 모차르트는 자신의 손에 필사된 악보의 마지막 페이지들을 쥐고 누워 있고, 살리에리는 칼의 작은 침대에 조끼를 덮고 누워 있다(S168C). 콘스탄체와 칼이 문을 열고 들어온다(S169). 콘스탄체는 테이블을 보고 매우 놀라면서 모차르트의 침실에 들어선다(S170). 모차르트는 침대에 잠들어 있고, 살리에리는 졸고 있다(S171). 살리에리를 본 콘스탄체는 놀란 표정을 한 채 그와 언쟁을 벌이고, 그에게 집을 나가달라고 부탁한다. 콘스탄체는 다음과 같이 말하면서 모차르트를 필사적으로 껴안는다. "다시는 당신 곁을 떠나지 않겠어요. 내게 조금만 더 잘하려고 노력하면요. 나도 더 잘하도록 노력하겠어요. 우린 노력해야 해요. 이러는 건 정말 어리석고 바보 같은 짓이에요."

콘스탄체는 갑자기 모차르트의 손에 쥐어진 악보를 보고, 그것이 모차르트가 그렇게도 작곡하기를 싫어했던 <레퀴엠> 악보라는 것을 알아차린다. "오, 아니야. 이건 아니야, 볼피! 다신 이런 작품에 손대지 마!"(S171). 악보를 본 콘스탄체는 악보의 필체가 모차르트의 필체가 아니라는 것을 알아차리고 아연실색한다.

> CONSTANZE: (*to Salieri*) This is not his handwriting.
> SALIERI: No. I was assisting him. He asked me.
> CONSTANZE: He's not going to work on this anymore. It is making him ill. Please. (S171)

살리에리가 모차르트가 부탁해서 자신이 악보를 받아 적었다고 밝히자, 콘스탄체는 그 작업이 모차르트의 병을 악화시켰다고 생각한다. 그녀는 장식장을 열어 악보를 안에 던져 넣고 열쇠로 잠근다. 살리에리와 콘스탄체는 증오에 찬 눈초리로 서로를 쳐다본다. 콘스탄체가 침실에 들어가 모차르트를 부르지만 답하지 않는다. 이때 희미하게 레퀴엠의 '라크리모사'(Lacrimosa)의 선율이 들린다. 음악 소리가 점점 커지고, 죽은 모차르트가 보인다. 카메라는 불안하고 놀란 눈을 한 콘스탄체를 클로즈업으로 비춘다(S171).

23. 낡은 플루트를 버리는 것처럼!

<레퀴엠>의 '라크리모사'가 계속해서 흘러나오는 가운데 성당에서 모차르트의 장례식이 진행된다(S172). 스산하게 비가 내리는 가운데 검은 옷을 입은 사람들이 값싼 목관에 담긴 모차르트의 시신을 묘지로 운구한다(S173). '라크리모사'가 가늘게 이어진다. 보슬비가 장대 같은 비로 바뀐다. 모차르트의 관을 실은 마차가 공동묘지를 향하고 점점 멀어진다. 사람들은 애통해하며 손을 흔든다. 음악이 '그들에게 평화를 주소서' 부분에서 최고조에 달한다.

카메라는 1823년 아침, 늙은 살리에리의 병실을 비추고 늙은 살리에리는 격렬하게 눈물을 흘리면서 앉아 있다(S174). 보글러 신부는 살리에리가 모차르트를 죽이지 않았다고 하면서 달래지만, 늙은 살리에리는 계속 자신이 그를 죽였다고 주장한다. 살리에리가 그를 독살했다고 하지만, 신부는 살리에리가 그의 입에 독을 부은 게 아니라고 하면서 살리에리의 죄책감을 완화시켜 주려고 노력한다. 그러나 늙은 살리에리는 자신의 행위가 독을 부어 넣는 것과 무엇이 다르냐고 묻는다.

> OLD SALIERI: What difference does that make?
> VOGLER: My son, why should you want all Vienna to believe you a murderer? Is that your penance? Is it?
> OLD SALIERI: No, Father. From now on no one will be able to speak of Mozart without thinking of me. Whenever they say Mozart with love, they'll have to say Salieri with loathing. And that's my immortality—at last! Our names will be tied together for eternity—his in fame and mine in infamy. At least it's better than the total oblivion he'd planned for me, your merciful God! (S174)

늙은 살리에리는 지금부터 어느 누구도 자신을 생각하지 않고 모차르트에 대해 이야기할 수 없을 것이며, 사랑하는 마음으로 모차르트를 이야기할 때마다, 자신을 혐오하는 마음으로 얘기할 것이라고 생각한다. 하지만 그것이 자신의 불멸성이라고 주장한다. "모차르트와 나의 이름, 그의 명성과 내 오명은 영원히 함께 묶여 있소. 적어도 이것은 신께서 날 위해 예비하신 완전히 망각되는 일보다는 낫소. 그건 당신의 '자비로운 신'께서 정하신 것이오." 신부는 오명으로라도 기억되기를 원하는 살리에리를 연민의 눈으로 바라본다. 그러나 살리에리는 신부에게 모차르트와 신부 자신이나 불쌍하게 여기라고 충고한다.

Don't pity me. Pity yourself. You serve a wicked God. He killed
Mozart, not I. Took him, snatched him away, without pity. He
destroyed His beloved rather than let a mediocrity like me get
the smallest share in his glory. He doesn't care. Understand that.
God cares nothing for the man He denies and nothing either for
the man He uses. He broke Mozart in half when He'd finished
with him, and threw him away. Like an old, worn out flute.
(S174)

늙은 살리에리는 끝까지 죄를 뉘우치지 않고 신의 저주를 불러
들인다. 그는 신부가 섬기는 신이 '사악한 신'이며 모차르트를 죽
인 것은 자신이 아니라 신이라고 주장한다. "어떤 동정심도 없이,
그를 낚아채 가버렸소. 신은 나처럼 평범한 자들에게 조금씩이라도
신의 영광을 나누어주기보다는, 자신이 애지중지하는 자를 파괴해
버렸소." 여기서 신을 언급하는 살리에리의 모습은 불경스럽다. 비
극의 책임을 신에게 전가하고 있기 때문이다.

그는 "신은 자신이 부정하는 사람에게 아무런 관심도 없고, 자신
이 도구로 쓰는 사람에게도 아무런 관심이 없다"고 선언한다. 살리
에리의 주장을 따르면 신은 자신의 음성을 전하는 도구인 모차르
트를 이용하고 내팽개치는 무심한 신이다. "신은 모차르트를 실컷
이용하고는, 그를 반으로 쪼개어 마침내 그를 내팽개쳐버렸소. 마
치 오래된 낡은 플루트를 버리듯."

다시 카메라는 1790년대의 늦은 오후, 공동묘지를 비춘다(S175).
무덤 파는 이가 모차르트의 시신을 담은 자루를 다른 시신들 사이
로 던진다. 그리고는 조수가 시신 자루 더미 위로 생석회를 뿌리고,
신부의 조수들이 향로를 흔든다. 다음과 같은 교구 신부의 말로 장

례식이 종결된다. "주께서는 그를 이 땅에 보내시고, 이제 그의 육신을 데리고 가십니다. 주의 이름으로 축복이." 한 시대를 풍미했던 천재의 장례식치고는 초라하기 짝이 없다.

 '라크리모사'의 선율은 고음으로 처리되는 상승부에 이어 저음으로 서서히 낮아지고 다시 고음으로 높아지면서 마치 통곡하는 것 같은 인상을 던진다. 악기들 또한 함께 우는 것처럼 애절한 감정을 표현해낸다. 이는 마치 자식의 죽음을 서러워하는 아버지의 울음처럼 들린다. 석회가루가 뿌려지는 모차르트의 무덤을 비추면서 '아멘'으로 끝나는 종결부는 가슴을 저미는 애절한 아름다움이 돋보이는 부분이다. 모차르트를 향한 연민의 강도가 높아지도록 구성하겠다던 감독의 의도를 반영하듯, 그의 비통한 삶을 마무리하는 이 지점에 삽입된 '라크리모사'는 비장미(悲壯美)를 자아내게 하는 강력한 음악적 상징이다.[73]

---

73) Henry Kamm, "Miloš Forman Takes His Camera and 'Amadeus' to Prague", *New York Times*, 29 May 1983, p.15.

24. 난 평범한 이들의 수호성자!

모차르트의 허망한 장례식 장면 이후 카메라는 다시 1823년 아침, 병실에서 다음과 같이 말하는 늙은 살리에리를 비춘다(S176). "신이 왜 그리했단 말인가? 왜 나를 죽이지 않았나? 나는 몰라. 왜 나를 32년 동안이나 고통 속에 살게 했단 말인가?" 살리에리는 32년 동안 자신이 누린 명예와 부가 아무런 소용도 없다고 느낀다. 늘 자신과 모차르트를 비교하면서 고통스럽게 살았기 때문이다. 시간이 갈수록 자신의 음악은 점점 희미해져서 마침내 아무도 연주하지 않게 되었기 때문이다. 반면, 모차르트의 음악 소리는 시간이 흐르면 흐를수록 점점 더 커진다. 살리에리는 다음과 같이 말하면서 황제에게 받아 평생을 걸치고 다녔던 메달과 체인을 던져버린다.

Being bowed to and saluted, called distinguished—distinguished Salieri—by men incapable of distinguishing! Thirty-two years of meaningless fame to end up alone in my room, watching myself become extinct. My music growing fainter, all the time fainter, until no one plays it at all. And his growing louder, filling the world with wonder. And everyone who loves my sacred art crying, Mozart! Bless you, Mozart. (S176)

자신에 대한 혐오감과 자책이 잘 드러나는 살리에리의 대사이다. "32년간의 의미 없는 명성은, 점점 사그라지는 내 자신을 주시하면서, 내 방 안에서 홀로 끝나갔어." 세월이 흐르자 사람들은 아무도 살리에리의 음악을 기억하지 않는다. 그러나 세월이 흐를수록 사람들은 점점 더 모차르트의 음악을 사랑하게 된다. 살리에리의 언급처럼 모차르트의 음악은 사람들의 마음과 귀를 놀라움으로 채워주는 천상의 음악이 되었다. 살리에리는 이를 도저히 견딜 수가 없다. 마지막 순간까지 반성하지 않고, 여전히 신을 부인하고 불경스러운 말을 서슴지 않는 살리에리를 신부는 두렵게 쳐다본다. 모차르트의 <피아노 협주곡 20번 D단조, K466> 제2악장의 느릿느릿한 선율을 배경으로 늙은 살리에리는 병실을 떠나는 신부를 멀리서 보면서 다음과 같이 말한다.

Goodbye, Father. I'll speak for you. I speak for all mediocrities in the world. I am their champion. I am their patron saint. On their behalf I deny Him, your God of no mercy. Your God who tortures men with longings they can never fulfill. He may forgive me: I shall never forgive Him. (S176)

늙은 살리에리는 자신이 "모든 평범한 이들의 대변자"이고 챔피

언이고 수호성자라고 외치면서, 채울 수 없는 갈망으로 인간들을 고통받게 하는 "무자비한 신을 부인"한다. "신을 용서할 수 없다"는 살리에리의 불경스러운 선언은 곧 다음 장면으로 이어져, 카메라는 환자들로 가득한 병원의 복도에서 다음과 같이 외치는 늙은 살리에리를 비춘다(S177). 병원의 환자들에게 다음과 같이 외치는 살리에리는 자신을 "모든 평범한 이들의 신"으로 간주하는 불경을 범한다. "모든 평범한 자들이여, 지금 그리고 앞으로도 너희 죄를 사하노라! 아멘! 아멘! 아멘!" 불경스럽기 그지없는 외침이다. 이 대사와 함께 카메라는 클로즈업으로 십자가 모양을 만들어 보이며 관객들을 축복하는 살리에리를 비춘다. "너희 죄를 사하노라!"라는 살리에리의 대사와 모차르트의 낄낄대는 웃음소리가 겹치면서 묘한 대조를 이룬다.

모차르트의 무시무시한 장례 음악 소리가 들린다. 음악 소리가 점점 더 커진다. 마지막 네 개의 화음이 울려 퍼지고 화면이 점점 희미해지는 가운데 영화가 종결된다. '신이 사랑하는 자'(Amadeus) 모차르트에 대한 '신을 사랑했던 자' 살리에리의 상반된 감정, 즉 그의 음악에 대한 찬탄과 모차르트라는 인물에 대한 경멸은 극적 갈등을 증폭시키고, "모든 평범한 자들의 죄를 사하노라"고 외치는 살리에리는 또 '하나의 미친 신'(A-mad-deus)의 모습을 보여준다. 영화는 신이 사랑하는 천재가 "보통 사람들을 위해서 음악을 창작하려는 모습과 신을 사랑하는 자가 신과 지배자들을 위해서 쓰는 음악"을 제시하면서 모차르트의 음악과 살리에리의 평범한 음악을 대조한다.74) 모차르트가 죽고 나서도 사람들은 그의 음악을 영원히 사랑하고, 신을 부인하고 모든 평범한 사람들의 대변자로 자처하는 살리에리의 음악은 시간이 갈수록 점점 더 희미해져서 마침내 아무도 기억하지 않게 되었다.

신과 살리에리의 관계는 영화가 진행됨에 따라 점점 더 나빠지고, 마침내 살리에리는 신을 부인하고 격렬하게 비난하기에 이른다. 자신을 평범한 사람들의 신이요, 수호자라고 생각하는 불경도 모자라, 살리에리는 모차르트의 죽음을 자신이 아니라 신의 탓으로 돌린다. 용서받을 수 없는 죄를 짓게 된 것이다. 영화의 첫머리에서 모차르트를 살해한 자가 자신이라고 고백하고 용서를 빌던 살리에리와는 사뭇 다른 모습이다. 십자가를 불태우고 죄를 뉘우치지 않는 살리에리의 모습은 <돈 조반니> 공연에서 기사장의 출현을 통해 자신을 꾸짖는 아버지의 혼을 불러냈던 모차르트와는 사뭇 다른 모습이다. 모차르트에게 아버지의 용서를 구하는 아들의 모습을 볼 수 있다면, 살리에리에게서는 하느님 아버지의 분노와 저주를 불러들이는 인간의 모습을 볼 수 있다. 그럼에도 불구하고 "모차르트의 명성과 자신의 오명이 영원히 함께 묶여" 기억되는 것이 영원히 잊힌 존재가 되는 것보다는 낫다는 살리에리의 절규는 씁쓸한 여운을 남긴다.

---

74) 김성제, "사연의 고백과 각색: 살리에리와 모차르트의 *Amadeus*", 『문학과 영상』 2권 2호 (2001): 27.

25. 오, 모차르트, 모차르트!

지금까지 살펴보았듯이 음악은 영화 <아마데우스>에서 모차르트의 삶을 효과적으로 재현하여 그와 살리에리의 관계를 조명하는 중요한 극적 장치이다. 영화가 주로 살리에리의 내러티브를 통해 진행되고 있어 내용의 사실성 여부가 문제가 되고는 있지만, 이 영화에 삽입된 모차르트의 음악은 영화 내용의 전개와 적절하게 조화를 이루어 모차르트의 삶을 효과적으로 재현한다. 영화 곳곳에 삽입된 음악은 배경음악으로서의 역할에 그치지 않는다. 음악은 모차르트의 삶을 효과적으로 재현하는 데 기여할 뿐만 아니라 그와 살리에리와의 대립을 깊이 있게 조망하는 데도 기여한다. 또한 음악은 이 영화의 주제인 천재와 범인, 그리고 신과 인간의 관계를 조망하는 데도 기여한다. 모차르트의 천재성을 질시하면서도 모차르트의 음악을 찬미하는 살리에리를 통해 이 영화는 천재와 범인의 관계를 조명하며, 천상의 음악을 작곡할 수 있는 능력을 부여받은 모차르트와 자신에게 주어지지 않는 능력을 두고 신을 원망하면서 신에게 반항하는 살리에리를 통해 신과 인간의 관계를 검증한다.

음악과 함께 잿빛 가면과 망토, 십자가 등의 시각적 상징 또한 모차르트와 그의 아버지의 관계, 그리고 인간과 신의 관계를 조명하는 중요한 상징이다. 반복적으로 제시되고 있는 시각적 상징, 즉 레오폴드가 가면무도회에서 썼던 잿빛 가면과 망토, 그리고 모차르트 집에 걸린 그의 위압적인 초상화는 <돈 조반니>의 기사장을 연상하게 하면서 방탕한 모차르트의 심리적 압박감과 두려움을 드러내는 상징이다. 또한 레오폴드가 걸친 가면과 망토의 잿빛 색조는 죽음을 상징하는 색조이다. 그리고 살리에리가 신을 언급할 때마다 자주 등장하는 십자가는 인간과 신의 관계를 드러내는 명시적 기표이다. 특히 살리에리가 불태우는 십자가는 살리에리의 분노, 그리고 불경과 신의 저주를 함의하는 시각적 상징이다.

자주 반복되고 있는 음악적 상징은 <돈 조반니> 서곡과 피날레의 기사장의 노래, 그리고 <레퀴엠>의 '무서운 대왕'과 '진노의 날', 그리고 '라크리모사'이다. 레오폴드가 등장할 때, 그리고 살리에리가 잿빛 가면과 망토를 입고 모차르트에게 작곡을 의뢰하러 나타날 때 배경음악으로 삽입된 음산하고 무거운 음조의 <돈 조반니> 서곡은 불길하고 스산한 분위기를 조성하면서 모차르트가 느끼는 두려움과 공포를 드러내는 청각적 상징이다. <레퀴엠>은 모차르트의 죽음과 관련된 음악적 장치이다. 모차르트가 작곡하는 <레퀴엠>은 다름 아닌 그 자신을 위한 진혼곡이 되기 때문이다. '무서운 대왕'

과 '진노의 날'은 그 곡명과 가사에 함의된 것처럼 진노의 날에 죄를 지은 자를 정죄하기 위해 나타난 무서운 하느님의 모습을 투사한다. 모차르트가 죽는 장면에 삽입된 '라크리모사'는 마치 자식의 죽음을 서러워하는 아버지 레오폴드의 애절한 울음처럼 들린다. 이처럼 영화 <아마데우스>는 시각적 상징과 청각적 상징을 이용하여 모차르트의 삶을 효과적으로 재현하고 영화의 주제와 인물들의 관계를 효과적으로 드러낸다.

러시아의 작가 푸시킨이 살리에리의 입을 통해 토해내는 다음 외침은 아마 살리에리의 좌절과 분노를 가장 잘 드러낸 대사 중의 하나일 것이다.

> 사람들은 지상에 정의가 없다고 한다.
> 그러나 하늘에도 정의는 없다. 나에게
> 그건 단순한 음계처럼 명확한 것이다.
> 난 예술을 사랑하며 태어났다. (…)
> 오로지 음악에만 열중했다. (…)
> 소리들을 죽이고
> 음악을 시체처럼 해부했다. (…)
> 내가 탄생시킨 생각과 소리들이 불타며
> 가벼운 연기와 함께 사라지는 것을 보았다. (…)
> 난 질투하고 있다.
> 심오할 정도로 고통스럽게 질투하고 있다.
> 오, 하늘이시여!
> 정의란 대체 어디 있는가.
> 신성한 재능이, 불사의 천재가
> 불타는 사랑과 자기희생과 노력과 열정과
> 간절한 기도의 보답으로 주어지는 대신
> 저 게으른 망나니,
> 미친놈의 머리통을 비추고 있다.
> 오, 모차르트, 모차르트!75)

살리에리의 생각으로는 지상에도 하늘에도 정의는 없다. 음악을 사랑하며 음악에만 열중했지만, 그의 음악은 사람들의 기억에서 가벼운 연기처럼 사라져버렸다. 그래서 그는 모차르트라는 불사의 천재를 고통스럽게 질투한다. 그러나 살리에리는 모차르트처럼 천재는 아니라도 천재의 음악이 담아내는 신의 음성을 제대로 음미할 수 있는 귀를 가진 자이다. 그런 재능도 아무에게나 쉽게 주어지는 재능은 아니다. 주시할 것은 모차르트가 음악을 진정으로 사랑하고 즐기는 인물인 반면, 살리에리는 명성에 집착할 뿐 음악을 즐기지 못하는 인물이라는 점이다. 영화 <아마데우스>의 초점이 모차르트라는 천재에게 주어지고 있음에도 불구하고 이 영화에서 살리에리의 비중 또한 만만치 않다. 모든 이야기가 그의 내러티브를 통해 전달되고 있기 때문이다. 우리는 또한 살리에리가 느끼는 좌절과 절망을 남의 일처럼 바라볼 수가 없다. 우리 모두는 살리에리처럼, 아니 그보다 못한 지극히 평범한 사람들이므로….

---

75) 알렉산드르 푸시킨, 『보리스 고두노프/모차르트와 살리에리』, 조주관 역 (서울: 지만지, 2009), pp.225~228.

WEST SIDE STORY

웨스트사이드 스토리

1. 배경과 각색

　1961년 제작되어 수많은 화제를 불러일으킨 뮤지컬 영화 <웨스트사이드 스토리>(*West Side Story*)는 1957년 9월 26일 브로드웨이의 윈터 가든(Winter Garden) 극장에서 초연된 뮤지컬 <웨스트사이드 스토리>를 영화로 만든 작품이다. 1950년대 미국 사회를 배경으로 하는 현대판 '로미오와 줄리엣'인 <웨스트사이드 스토리>는 뉴욕의 빈민가 웨스트사이드에 거주하는 이탈리아계 이민자들과 푸에르토리코(Puerto Rico) 이민자들 사이의 갈등을 다룬다. 1493년 콜럼버스가 카리브해 서인도제도에 위치한 푸에르토리코를 발견했고, 1508년 이후 약 400년간 푸에르토리코는 스페인의 식민지가 되었다. 1898년 푸에르토리코를 두고 벌어진 미국과 스페인 간의 전쟁에서 미국이 승리함에 따라 푸에르토리코는 미국령이 되었다. 수도는 산후안(San Juan)이며 인구는 약 330만 명이다. 주민의 대부분이 가톨릭교도(85%)이고, 에스파냐계 백인(80.5%), 원주민과의 혼혈, 영국계 백인 등으로 구성되어 있다. 공식 언어는 스페인어지만 영어 또한 광범위하게 통용되고 있다. 1952년 제정된 자치헌법을 통해 식민지와 주(州)의 중간 형태인 미국 자치령이란 지위를 부여받았다. 주민들에게 미국시민권이 주어졌지만 미국 대통령 선거나 상하원의원 선거에서 선거권을 행사하지는 못했다.[76]

미국은 시민권을 부여했지만 선거권을 제한하면서 푸에르토리코인들을 차별했다. 제1차 세계대전 이후 경기 침체 속에서 임금은 계속 하락하고 실업은 증가하였다. 또한 1929년의 경제공황으로 인해 어려움은 가중되었다. 그리하여 차별에도 불구하고 많은 푸에르토리코인들이 미국으로 이주했다. 1921년 미국은 유럽인들의 이민을 제한하는 법률을 제정했고, 이들을 대신할 저임금 노동자로 푸에르토리코인들을 대거 받아들였다. 미국으로 이주한 푸에르토리코인들은 주로 뉴욕의 이스트 할렘(East harlem) 근처에 거주했고, 수가 불어나 이스트사이드(East Side)와 웨스트사이드(West Side)까지 거주지역이 확장되기에 이르렀다.[77]

1950년대에 이르자 인구 증가와 청소년 범죄의 증가, 그리고 늘어나는 이민자들로 인해 사회 불안이 고조되었고 이는 인종차별로 이어졌다. 상대적으로 빈곤하고 교육받지 못한 푸에르토리코 이민자들은 문제 집단으로 간주되었고 인종차별의 대상이 되었다.[78]

---

76) http://terms.naver.com/entry.nhn?docId=73630&mobile&categoryId=3095

77) Elizabeth A. Wells, "What about doing it about the Chicano?" <http://www.echo.ucla.edu/Volume2-Issue1/wells/wells.pdf>

78) 이성훈, "1960년대 영화에 나타난 라티노에 대한 인종주의: <웨스트사이드 스토리>와 <알라모>를 중심으로", 『스페인어문학』 43 (2007): 367~368.

<웨스트사이드 스토리>는 이러한 시기의 미국 뉴욕을 배경으로 한다. 이 작품은 셰익스피어의 『로미오와 줄리엣』을 현대적으로 각색한 사랑에 관한 영화일 뿐, 인종적 함의는 없다는 제작진들의 주장에도 불구하고, 많은 평자들은 이 작품을 푸에르토리코인들의 정체성과 관련된 영화로 받아들인다. 푸에르토리코 출신 여배우 리타 모레노(Rita Moreno)가 맡은 아니타(Anita)는 다름 아닌 "라티노의 부정적인 전형"이다.[79] 아니타의 재현뿐만 아니라 샤크파(Sharks)라는 명칭과 그들을 갈색톤 얼굴과 피부를 가진 사람들로 재현하는 것도 "인종주의적 프레임을 효과적으로 재현하기 위한 수단"이라는 비난을 피하기 어렵다.[80]

<웨스트사이드 스토리>에서 웨딩숍 점원으로 일하는 마리아(Maria)는 셰익스피어 작품의 줄리엣(Juliet)에 해당하는 인물로, '아메리칸드림'을 꿈꾸고 미국으로 이주한 푸에르토리코 이민자의 딸이다. 반면, 로미오에 해당하는 토니(Tony)는 폴란드계 이주민의 아들로 리프(Riff)와 함께 제트파(Jets)를 만든 장본인이다. 제트파와 푸에르토리코 이민자들로 구성된 샤크파의 대립은 서로 다른 인종 집단의 갈등이지만, 또한 그 저변에 '사회경제적인 갈등'이 내포되어 있다. 서유럽 이주자들이 미국을 개척했고, 뒤이어 동유럽 사람들이 미국에 이주해 하층 계급을 형성했다. 이런 와중에 푸에르토리코인들이 '아메리칸드림'을 좇아 대량으로 미국으로 이주

79) Frances Negron-Muntaner, "Feeling Pretty: *West Side Story* and Puerto Rican Identity Discourse", *Social Text 63* 18.2 (2000): 83.

80) Salvador Vidal-Ortiz, "On being a White Person of Color: Using Autoethnography to understand Puerto Rican's Racialization", *Qualitative Sociology* 27.2 (2004): 181; 이성훈, p.369.

했고, 일자리를 놓고 미리 이주한 사람들과 경쟁했다. 그들의 대립과 반목은 이런 1940년대와 1950년대의 사회적 맥락에서 파생된 것이다. 미국 사회에서 어느 정도 자리를 잡은 서유럽 출신과 동유럽 출신 이민자들은 이미 미국 시민으로 기득권을 행사했다. 이런 시기를 배경으로 영화 <웨스트사이드 스토리>는 당시의 사회적 갈등을 작품에 끌어들여 셰익스피어의 『로미오와 줄리엣』을 현대적인 관점에서 재해석한다.[81]

『로미오와 줄리엣』을 현대적 관점으로 재현하려는 생각을 가지고 있던 제롬 로빈스(Jerome Robbins)가 <웨스트사이드 스토리>의 내용을 구상하고 안무 및 연출을 맡았다. 아서 로렌츠(Arthue Laurents)가 대본을, 뉴욕 필하모니의 지휘자 레너드 번스타인(L. Bernstein)이 작곡을, 손드하임(S. Sondheim)이 작사를 맡아 작업에 참여했다. 각각의 영역에서 최고인 인물들이 이 연극 제작에 참여한 것이다. 안무가이자 연출가인 제롬 로빈스는 작업에 착수하면서 스타의 기용을 배제하고 새로운 얼굴을 찾기 위해 6개월에 걸친 캐스팅 작업을 진행했다. 로빈스는 군무에서 기계적인 춤을 배제하고 독창적인 춤을 구성해 각각의 배역에 생명을 불어넣었다.[82] 이는 당시 뮤지컬에서 볼 수 없었던 획기적인 시험이었다. 실험적인 성격은 여기서 그치지 않는다.

연출과 안무를 맡은 제롬 로빈스는 당시의 뮤지컬 흐름과는 달리 내용을 이끌어가는 중요한 요소로 몸짓과 춤을 채택한다. 첫 장면에서 제트파와 샤크파의 단원들은 아무런 대사 없이 손가락만을

---

81) http://navercast.naver.com/contents.nhn?contents_id=7190

82) Keith Garebian, *The Making of West Side Story* (Oakville: Mosaic P, 1995), p.29.

튕기며 긴장감을 조성한다. 대립하는 두 집단의 갈등과 젊은이들의 쫓고 쫓기는 상황이 발레와 현대무용이 가미된 세련된 춤으로 표현되고 있는 첫 장면은 대단히 인상적이다. 젊은이들의 감정이 몸동작만으로도 효과적으로 표현될 수 있다는 점 또한 흥미롭다.

뮤지컬의 형식 또한 실험적이다. 그동안의 뮤지컬은 로맨스와 코미디가 어우러져 해피엔딩으로 마무리되는 뮤지컬 코미디가 대부분이었다. 그러나 <웨스트사이드 스토리>는 뮤지컬로서는 보기 드문 비극의 형식을 취했다. 각색의 저본으로 삼은 셰익스피어의 원작이 비극이긴 하지만, 비극적 뮤지컬을 제작한다는 것은 당시로서는 대단히 혁신적인 시험이었다. 손드하임이 맡은 가사 또한 그 이전의 뮤지컬과 차이를 드러내는 부분이다. 클래식 음악과 현대 발레로 구성된 작품인데도 손드하임은 뒷골목에서 젊은이들이 실제로 사용하는 현장 언어를 가사로 녹여냈다. 이는 <웨스트사이드 스토리>가 다루고 있는 사회적인 문제들을 이전의 그 어떤 뮤지컬보다도 실감나게 전달하는 데 공헌했다. 이러한 실험성으로 인해 당시 제작자들은 <웨스트사이드 스토리>의 제작에 우려를 표명했고, 흥행의 위험성이 높은 작품이라는 이유로 처음에는 선뜻 투자할 사람을 찾기 힘들었다. 뮤지컬에서 음악과 드라마가 강조되던 당시에 춤이 중심이 된 형식도 부담스러웠지만, 번스타인의 클래식한 음악도 부담스러웠기 때문이다. 최고의 전문가들로 구성된 제작팀과 수많은 무용수들로 인해 높은 제작비를 감당하기 힘들었고, 작품에 채택한 실험적인 형식 또한 성공 여부가 확실하지 않았다.[83]

---

83) http://navercast.naver.com/contents.nhn?contents_id=7190

우여곡절 끝에 제작된 이 작품은 1957년 브로드웨이에서 초연되었고, 734회 공연의 장기흥행 기록을 세운 성공작으로 군림했다. 로렌츠의 훌륭한 대본과 번스타인의 음악, 제롬 로빈스의 안무가 잘 어우러진 결과이다.

1961년, <웨스트사이드 스토리>는 로빈스와 로버트 와이즈(Robert Wise) 감독에 의해 영화로 제작되었다. 이 영화 또한 대사, 음악, 춤이 잘 어우러져 끝까지 긴박감과 생동감을 유지하고 있다. 특히 번스타인이 작곡한 음악은 뮤지컬로서의 존재감을 높였고, 제롬 로빈스가 구성한 안무는 재즈 발레의 기원이 되었다. 이런 이유로 인해 <웨스트사이드 스토리>는 단연 최고의 화제작이 되었고, 제34회 아카데미 영화 시상식에서 작품상과 더불어 감독상(제롬 로빈스, 로버트 와이즈), 남우조연상, 여우조연상, 음악상 등 11개 부문에 걸쳐 상을 수상했다.[84] 수상하지는 못했지만 마리아 역을 맡은 청순가련형의 대표적 여배우 나탈리 우드(Natalie Wood)의 연기와 토니 역을 맡은 리처드 베이머(Richard Beymer)의 연기 또한 인상적이다.

<웨스트사이드 스토리>는 사랑의 모티프가 지배적인 셰익스피어의 『로미오와 줄리엣』을 각색한 작품이지만, 사랑보다는 사회적 갈등을 더 중요한 모티프로 제시하고 있다. <웨스트사이드 스토리>의 주요 모티프는 청춘 남녀의 운명적 사랑, 이민자들의 인종적 갈등, 그리고 아메리칸드림의 허상이다. 아메리칸드림의 허상이 잘

---

84) 남우조연상, 조지 샤키리스(George Chakiris, 베르나르도Bernardo 역); 여우조연상, 리타 모레노(Rita Moreno, 아니타Anita 역); 음악상, 사울 채플린(Saul Chaplin); 음향상, 의상상, 촬영상, 미술상, 편집상, 녹음상, 특별상 등 11개 부문에 걸쳐 수상. 원작: 제롬 로빈스(Jerome Robbins), 아서 로렌츠(Arthur Laurents). 각본: 어니스트 레흐먼(Ernest Lehman). 제작: 로버트 와이즈(Robert Wise), 사울 채플린(Saul Chaplin).

드러나는 곳은 남성과 여성 파트로 구분되어 불려지는 '아메리카'(America)라는 노래이다. 이 노래에서 여성들은 대체로 푸에르토리코를 비하하고 미국을 찬양한다. 한 여인이 푸에르토리코에 대한 향수를 노래하면 나머지 여인들이 자신의 나라를 비난하는 식으로 노래가 전개된다. 이를테면 "열대의 산들바람이 부는 섬 푸에르토리코"라고 하면 나머지 여인들이 "열대 질병의 섬"이라고 응답하는 식이다. 또한 여성 파트가 미국을 찬양하면 남성 파트가 미국의 어두운 면모를 들춰내며 노래한다. 이 노래는 푸에르토리코 여인들의 아메리칸드림을 드러낸다. 그러나 이 멜로디는 아니타가 제트파에게 강간을 당할 위협에 처했을 때 날카로운 쇳소리로 변해 다시 등장한다.[85] 그들이 가진 아메리칸드림이 얼마나 허망한 것인지를 보여주는 장치이다. 뉴욕의 뒷골목에서 거친 삶을 살아가는 푸에르토리코인들에게 아메리칸드림은 요원하다.

<웨스트사이드 스토리>는 인종 간의 갈등과 '아메리칸드림'의 허상뿐만 아니라 1950년대 당시 미국 사회가 직면했던 사회적 약자에 대한 차별, 여성에 대한 차별 문제까지 포괄적으로 다루고 있다. <웨스트사이드 스토리>는 토니와 마리아의 비극적인 사랑과 인종 갈등을 다룬 현대판 『로미오와 줄리엣』이다. 두 작품 모두 비교적 비극적 결함이 없는 청춘 남녀의 비극적 사랑을 다룬다. 그러나 『로미오와 줄리엣』의 배경인 16세기 이탈리아의 베로나는 <웨스트사이드 스토리>에서 1950년대 뉴욕으로 바뀌고, 『로미오와 줄리엣』의 가문 간의 갈등이 인종 간의 갈등으로 변형되어 등장한다.

---

85) http://navercast.naver.com/contents.nhn?contents_id=7190. 김광선, "뮤지컬의 다층적 언어: <웨스트사이드 스토리>의 음악분석", 『한국연극학』 23 (2004): 253~254.

두 가문의 불화 배경이 분명하게 드러나지 않는 『로미오와 줄리엣』 과는 달리, <웨스트사이트 스토리>에는 그 원인과 배경이 분명히 밝혀져 있다.[86]

로미오에 해당하는 토니는 리프와 함께 제트파를 만든 불량배였으나, 지금은 그 집단에서 손을 떼고 닥(Doc) 아저씨 상점 일을 도우면서 살아가는 착한 청년이다. 줄리엣에 해당하는 마리아는 처음으로 댄스파티에 참가한다는 것에 들떠 있는 순진한 처녀이다. 이 두 사람은 로미오와 줄리엣처럼 첫눈에 사랑에 빠진다. 그러나 이들을 둘러싼 상황과 인종적 편견은 그들의 사랑을 가로막는다. 토니는 제트파에 속해 있던 인물이고 마리아는 푸에르토리코 이민자의 후손으로 샤크파의 두목인 베르나르도(Bernardo)의 여동생이다. 제트파와 샤크파가 뉴욕의 뒷골목을 장악하기 위해 서로 싸우는 상황에서 토니와 마리아의 사랑이 온전하게 진행되기는 어려울 것이다.

셰익스피어의 작품과 로렌츠의 작품에서 비교적 비극적 결함이 없는 두 청춘 남녀가 자신들의 의지와 상관없는 우발적인 사건으로 인해 비극적 파국에 이른다는 점은 유사하지만, 그 결말부는 차이가 있다. 원작에서는 로미오가 죽고 줄리엣이 그를 따라 죽는다. 그러나 <웨스트사이드 스토리>에서는 토니만 죽고 마리아는 살아남는다. 종결부에서 폭력 집단 양편을 향해 강한 어조로 갈등과 폭력의 종식을 촉구하는 마리아의 모습은 원작의 여주인공 모습과는 큰 차이가 있다. 마리아는 원전과 각색에 등장하는 그 어떤 남녀

---

86) 김광선, "뮤지컬의 다층적 언어", p.244.

등장인물들보다 비중이 큰 인물이다.

<웨스트사이드 스토리>는 잘 짜인 대본과 동시에 그 내용에 상응하는 음악과 춤을 통해 최대의 효과를 내고 있는 뮤지컬이다. 뮤지컬인 만큼 음악과 가사가 우연히 나오는 경우는 거의 없다. 음악이 내용의 전개에 필요한 대사 중의 일부라는 말이다. 이 노래들과 함께 사용된 몸동작과 춤 또한 플롯의 전개에 기여하고, 분위기를 조성하고, 인물들의 감정을 효과적으로 전달하는 데 기여하고 있다.[87] 사실 <웨스트사이드 스토리>에서 춤과 노래 가사 내용은 극적 전개에 대사만큼이나 중요한 역할을 한다. 이 작품의 극적 구조는 시간의 경과와 각 장면에 삽입된 노래의 진행과 거의 일치하기 때문이다.

---

87) 카슬란에 따르면 뮤지컬에 사용된 춤의 기능을 다음 일곱 가지로 분류할 수 있다. 1) 플롯의 전달, 2) 분위기 조성, 3) 주제나 아이디어의 구체화, 4) 대사의 대체, 5) 코미디 제공, 6) 극적 순간의 확장, 7) 스펙터클 제공. R. Kislan, The *Musical* (New Jersey: Prentice-Hall, 1980), pp.232~234. 여기서 "코미디의 제공"은 인물의 성격 묘사로 간주될 수 있으며, "극적 순간의 확장"은 분위기 조성에 포함될 수 있는 기능이나. [김신아, "뮤지컬 무용의 극적 기능에 관한 연구: <웨스트사이드 스토리>를 중심으로", 이화여자대학교대학원 석사학위논문 (1997), pp.52~53]. <웨스트사이드 스토리>의 춤은 "스펙터클 제공"이라는 장식적 기능을 제외한 이 모든 기능을 수행한다.

2. 구성과 음악

<웨스트사이드 스토리>의 1막은 오후 5시 뉴욕의 웨스트사이드에서 진행된 사건이 자리를 이동하여 한밤중까지 진행되며, 다음 날 오후 9시 고속도로 밑에서 제트파와 샤크파가 결투를 벌이는 장면으로 종결된다. 이 결투에서 샤크파의 두목 베르나르도가 제트파의 두목 리프(Riff)를 죽이자, 이에 격분한 토니는 우발적으로 베르나르도를 찔러 죽이고 부상당한다. 2막은 오후 9시 15분 마리아에게 베르나르도의 죽음을 알리는 치노의 등장과 마리아와 부상당한 토니의 만남에서 시작하여 한밤중 거리에서 토니의 죽음으로 종결된다. 뉴욕 웨스트사이드 뒷골목의 음산한 공터에서 시작해 서치라이트가 비치는 어두운 운동장에서 주인공의 죽음으로 종결되고 있는 것이다. 사건의 진행 시간은 다음과 같다.

ACT ONE
Scene 1)   5:00 P.M. The Street
Scene 2)   5:30 P.M. A Back Yard
Scene 3)   6:00 P.M. A Bridal Shop
Scene 4)   10:00 P.M. The Gym
Scene 5)   11:00 P.M. A Back Alley
Scene 6)   Midnight. The Drugstore
Scene 7)   5:30 P.M. (The Next Day). The Bridal Shop
Scene 8)   6:00 to 9:00 P.M. The Neighborhood
Scene 9)   9:00 P.M. Under the Highway

ACT TWO
Scene 1)   9:15 P.M. A Bedroom
Scene 2)   10:00 P.M. Another Alley
Scene 3)   11:30 P.M. The Bedroom
Scene 4)   11:40 P.M. The Drugstore
Scene 5)   11:50 P.M. The Cellar
Scene 6)   Midnight. The Street

프롤로그(Prologue)는 오케스트라가 휘파람 소리를 배경으로 긴박감을 자아내는 빠르고 거친 불협화음을 들려주면서 시작한다. 불협화음을 통해 작품에 드러날 반목과 대립을 미리 제시하고 있는 것이다. 맥밀런(S. McMillan)에 따르면 오케스트라는 뮤지컬에서 가장 권위 있는 존재이다. "앞으로 어떤 일이 일어날지"를 미리 알고 있기 때문이다.[88] 앞으로 일어날 일이란 제트파와 샤크파의 대립과 불화이고 이 불화 가운데 진행되는 토니와 마리아의 비극적 사랑이다.

덜컹거리는 지하철의 소음이 들리고 자동차의 경적 소리가 들린다. 카메라는 설정 숏으로 뉴욕의 고층빌딩들을 담아내고 차들이

---

88) Scott McMillan, *The Musical as Drama: A Study of the Principles and Conventions behind Musical Shows from Kern to Scndheim* (Princeton: Princeton UP, 2006), p.127.

왕래하는 고속도로를 비춘다. 뉴욕의 웨스트사이드 뒷골목에 젊은 이들의 모습이 보인다. 먼저 이 웨스트사이드의 토박이인 이탈리아계 이민자의 후손들로 구성된 제트파가 아무 말도 하지 않고 손가락만을 튕기며 등장하는데, 그들의 시선과 몸동작은 긴장감을 자아낸다. 푸에르토리코 이민자인 샤크파 단원들도 긴장된 모습으로 손가락을 튕기면서 등장한다. 아무 말 없이 동작으로만 진행되는 이 프롤로그는 대사 없이도 두 집단 간의 갈등과 긴장감을 대단히 효과적으로 드러낸다. 자신의 감정을 설득력 있는 언어로 표현할 능력을 갖지 못한 두 집단의 젊은이들은 에너지의 과잉을, 그리고 분노와 증오와 공포를 몸을 통해, 즉 '춤'을 통해 표출한다.[89]

안무가 제롬 로빈스는 단순한 볼거리로만 여겨졌던 '춤'을 극적 상황과 인물의 성격 및 심리상태를 표현하는 매체로 승화시켰다. 프롤로그에서 젊은이들의 춤에 적용된 재즈 댄스(Jazz Dance)는 극적 전개에 상응하는 속도감과 리듬감이 돋보이는 춤이다.[90] 제트파와 샤크파의 역동적인 군무, 대결 등 거의 모든 장면에서 춤은 극적 흐름을 대변하는 중요한 표현매체로 사용되고 있다. 이들 동작의 배경으로 깔리는 음악 또한 긴장감을 극명하게 고조시킨다. 프롤로그에서 사용된 거친 불협화음은 '음악적 긴장'으로 가득 차 있으며, 이는 불안한 상황의 긴박감과 잘 어울리는 음악이다.[91] 음

---

89) 김광선, "뮤지컬의 다층적 언어: <웨스트사이드 스토리>의 음악분석", 『한국연극학』 23 (2004): 241.

90) 자유롭고 유연한 움직임을 통해 감정을 표현하기 적절한 재즈 댄스는 뮤지컬 안무에서 '표현형식의 시조'로 간주되는 춤이다. Margot Sunderland & Ken Pickering, Choreographing the Stage Musical (New York: J. Garnet Miller, 1989), p.25 & p.11; Elaine A. Novak, Performing in Musical (New York: Macmillan, 1988), p.23.

91) J. P. Swain, The Broadway Musical: A Critical and Musical Survey, 2nd ed. (Lanham, Maryland: Scarecrow P, 2002), p.234.

악이라는 청각적 요소와 춤이라는 시각적 요소만으로도 긴장감을 고조시키는 데 성공하고 있는 것이다. <웨스트사이드 스토리>에는 춤과 노래가 또 다른 독립적인 언어로 등장한다. 사건의 전개에 음악과 노래의 가사가 대사 못지않은 큰 비중을 차지하고 있다는 말이다. 사실 노래의 가사만을 따라가도 사건의 전개를 파악하고 인물의 특성을 알 수 있을 만큼 음악은 이 작품에서 중요한 요소로 작용한다.[92] 각 장에 삽입된 음악은 다음과 같다.

ACT ONE
1) PROLOGUE: Danced By Jets and Sharks
2) I-1, Jet Song: Riff and Jets
3) I-2, Something's Coming: Tony
4) I-4, THE DANCE AT THE GYM: Jets and Sharks
5) I-4, Maria: Tony
6) I-5, America: Sharks, Anita, Rosalia, and Shark Girls
7) I-5, Tonight: Tony and Maria
8) I-6, Gee, Officer Krupke: Action, Snowboy, and Jets
9) I-7, I Feel Pretty: Maria, Rosalia, Teresita, and Francisca
10) I-7, One Hand, One Heart: Tony and Maria
11) I-8, Tonight (Quintet and Chorus): Company
12) I-9, THE RUMBLE: Riff, Bernardo, Jets and Sharks

ACT TWO
13) II-1, Somewhere: Tony and Maria
14) II-2, Cool: Ice and the Jets
15) II-3, A Boy Like That: Anita and Maria
16) II-3, I Have A Love: Maria and Anita
17) II-4, TAUNTING: Anita and the Jets
18) II-6, FINALE: Company. Somehow Somewhere[93]

---

92) 1막 3장과 2막 5장을 제외한 모든 장면에 음악이 삽입되어 있다. 1막 3장은 댄스파티에 가기 전 들뜬 마리아의 모습을 보여준다. 2막 5장은 가게의 지하실에서 닥 아저씨가 아니타의 거짓말을 듣고 토니에게 마리아의 죽음을 알리는 내용으로 구성된 짧은 장면이다.

이를 내용에 따라 1막 1장의 '프롤로그'와 '제트 송'을 첫 시퀀스로 1막 2장에서부터 5장까지를 두 번째 시퀀스로 구분할 수 있다. 첫 시퀀스에서 '제트 송'은 '프롤로그'의 악절을 반복하면서, 춤을 통해 전달한 갈등의 양상을 다시 가사를 통해 전달한다. 두 번째 시퀀스의 1막 2장에서 토니는 "뭔가 다가오고 있네!"라는 노래에서 오늘 밤 뭔가 좋은 일이 있을 것이라는 예감과 막연한 기대를 드러낸다. 1막 4장의 댄스파티에서 토니는 그 '뭔가'의 실체가 마리아라는 것을 알게 되고 '마리아'라는 노래를 부른다. 토니는 1막 5장의 '오늘 밤'이란 노래를 통해 자신의 막연한 기대의 실체가 무엇인지를 밝힌다. 즉, 각 장에 삽입된 노래를 통해 '사랑의 예감'에서 사랑의 확인까지를 '하나의 고리'처럼 엮어놓고 있는 것이다.94)

이 작품에 사용된 춤을 위한 음악 가운데, 플롯 전개와 관련된 곡은 8개(Jets Song, Maria, Tonight, One Hand, One Heart, The Rumble, Cool, A Boy Like That, I Have a Love), 분위기 조성과 관련된 곡은 3개(Prologue, Tonight-Quintet, Finale), 극 주제의 구체화에 관련된 곡은 3개(America, Gee, Officer Krupke, Somewhere), 성격묘사와 관련된 곡은 2개(Something's Coming, I Feel Pretty), 플롯 전개와 분위기 조성에 동시에 관련된 곡이 1개(The Dance at the Gym)이다.95) <웨스트사이드 스토리>에서 음악과 춤은 모두 용의주도한 계획에 따라 편성되고 배치되어 있다. 들려주고 보여주

---

93) Prologue, The Dance at The Gym, The Rumble, Taunting, Finale는 가사 없이 제시되는 배경 음악이다.

94) 김광선, "뮤지컬의 다층적 언어: <웨스트사이드 스토리>의 음악분석", pp.250~251.

95) 김선아, "뮤지컬 무용의 극적 기능에 관한 연구: <웨스트사이드 스토리>를 중심으로", 이화여자대학교대학원 석사학위논문 (1997), p.69 & p.75.

기만 하는 단순한 음악과 장식적인 춤이 아니다. 플롯의 전개와 분위기 형성, 그리고 인물 묘사와 주제의 제시에 작용하는 음악과 춤이라는 말이다. 각 장면에 삽입된 음악을 중심으로 원작과의 비교를 통해 <웨스트사이드 스토리>의 극적 구조를 따라가 보자.

3. 한번 제트 가족이 되면

1막 1장에서 손가락을 튕기면서 등장한 제트파와 샤크파는 서로를 향해 야유를 퍼붓는다. 곧 두 조직 간의 결투가 벌어질 것 같은 험악한 분위기이다. 그러나 경찰의 도착으로 싸움은 벌어지지 않는다. 이 거리가 자신들의 구역이라고 주장하는 제트파 단원들에게 쉬랭크(Schrank) 형사는 다음과 같이 말한다. "내 말 잘 들어! 너희들 다! 이 거리가 너희 불한당 놈들 건 줄 알아? 싸움질을 하려거든 해. 다 참아주겠다. 서로 죽일 테면 죽여. 하지만 내 구역에선 안 돼." 싸워도 상관없지만 자신의 구역에서는 안 된다는 그의 대사에는 자신만을 생각하는 이기적인 경찰의 모습이 투영되어 있다. 그는 또한 제트파의 기득권을 인정하면서 제트파를 거들고 샤크파를 이 거리에서 사라지라고 소리치는 인종 차별적인 모습을 드러낸다. 샤크파가 떠난 후 쉬랭크 형사는 제트파 단원들에게 다음과 같이 경고한다.

SCHRANK: Boy, oh, boy, as if this neighborhood wasn't crummy enough. Now, look, *fellas* (fellow). Fellas? Look, let's be reasonable. If I don't get a little law and order around here, I get busted down to a traffic corner, and your friend don't like traffic corners. So that means you're gonna start makin' nice with the P.R.s from now on. I said nice, get it?

(Act 1 Scene 1)[96]

쉬랭크 형사는 좋지 않은 동네에 배치된 것을 못마땅하게 생각하는 인물인데, 이 지역의 질서를 유지하지 못하면 "교통계로 좌천"되어 교통경찰이 되어야 할지도 모른다고 걱정한다. 그런 이유에서 제트파 단원들이 푸에르토리코(Puerto Rico, P.R.) 청년들과 사이좋게 지낼 것을 부탁한다. 그러고는 자신의 말을 무시하고, 자신의 구역에서 말썽을 피우는 놈들이 있다면 잡아서 감옥에 보낼 것이라고 경고한다. 자신의 영달만을 염두에 두는 이기적인 경찰의 모습이 또다시 드러나고 있는 장면이다.

이어 쉬랭크를 비꼬는 제트파 아이들의 대사가 진행되고, 리프(Riff)는 "에메랄드파도 실패했고, 호크파도 뺏으려다 빼앗지 못한" 웨스트사이드 지역을 지키기 위해 얼마나 노력했는지 상기시키자, 제트보이들은 함께 이렇게 말한다.

JET BOYS: Yeah, but these PRs are different. They multiply. They keep comin'. Like cockroaches. Close the windows. Shut the doors. They're eatin' our food. They're breathin' all the air. The end to free enterprise…. (Act 1 Scene 1)

---

96) 이하의 <웨스트사이드 스토리> 대본 인용은 다음을 따른다. Laurents, Arthur. *Romeo and Juliet/West Side Story.* New York: Dell Publishing, 1965. 그러나 연극대본과 영화대본이 상이할 경우 영화대본을 따른다.

그들은 점점 수가 불어나는 푸에르토리코 놈들을 에메랄드파나 호크파와는 달리 대단히 위협적인 존재로 생각한다. 푸에르토리코 놈들이 "음식도 다 먹어치우고, 공기도 다 마셔치운다"는 말은 과장된 말이지만 그만큼 그들에게 위협적이라는 말이다. 그런데 문제는 푸에르토리코 갱단에 붙여진 샤크(shark)파라는 명칭이다. 푸에르토리코인들의 '공격성과 야만성'을 함의하는 상징적인 조작으로 받아들일 수 있는 여지를 남겨두고 있기 때문이다. 샤크파에 대한 제트보이들의 언급은 백인들이 푸에르토리코인들을 자신들이 차지한 "일상의 공간을 위협"하고 일자리를 위협하는 이주자로 보고 있음을 시사하는 부분이다.[97]

제트파의 두목인 리프는 푸에르토리코 패거리들이 자신들의 것을 다 뺏게 그냥 두지는 않을 것이라고 하면서 "재빨리 번개처럼 움직여서 샤크파 놈들을 한꺼번에 쓸어버리고" 자신들의 구역에 다시는 얼씬대지 못하게 하자고 제안한다. 리프는 이날 밤에 열리는 댄스 파티장에서 샤크파와 결전을 벌이겠다고 선언하고 다음과 같이 말하면서 조직원들을 자극한다.

> RIFF: I say this turf is small, but it's all we got, huh? Now I want to hold it like we always held it, with skin. But if they say blades, I say blades. If they say guns, I say guns. I say I want that just to be the number one—to sail, to hold the sky. (⋯) Now, protocality calls for a war council between us and the Sharks, to set the whole thing up. So I would personally give the bad news to Bernardo. (Act 1

---

97) Alberto S. Sanchez, "*West Side Story*: A Puerto Rican Reading of 'America'", in Rodriquez, *Latin Looks: Images of Latinas and Latinos in the U.S. Media* (Colorado: Westview P, 1997), p.169. 이성훈, p.370.

Scene 1)

 리프는 뉴욕의 웨스트사이드 뒷골목이 좁은 장소이지만 이 지역이 자신들의 구역임을 선언한다. 영토 분쟁을 벌이는 국가의 원수가 어느 지역을 자신의 영토라고 선언하는 듯한 분위기이다. 제트파의 두목인 리프는 샤크파가 칼을 쓰면 자신들도 칼을 쓰고, 그들이 총을 쓰면 자신들도 총을 쓰겠다고 선언하면서 피에는 피로 맞서겠다는 강력한 의지를 드러낸다. 그러고는 "우리 제트파가 최고가 되길 바라고 이 세상이 자신들의 것"이라고 선언한다. 제트파의 구성원들은 모두 리프의 생각에 동의한다.

 외부인을 몰아내고 자신의 영역을 지키겠다고 다짐하는 배타적이고 공격적인 내용을 담고 있는 '제트송'(Jets Song)은 제트파의 성격을 단적으로 드러내는 노래이다. 리프는 이어 그들 간의 강력한 유대감과 결속을 다음 노래를 통해 드러낸다.

> RIFF: When you're a Jet you're a Jet all the way
> From your first cigarette to your last dying day
> When you're a Jet let them do what they can
> You've got brothers around. You're a family man
> You're never alone. You're never disconnected
> You're home with your own. When company's expected
> You're well protected. Then you are set with a capital J
> Which you'll never forget till they cart you away
> When you're a Jet, you stay a Jet. (Act 1 Scene 1)

 리프는 한번 제트파의 일원이 되면 죽는 날까지 걱정할 게 없다고 노래한다. 형제가 생기고 가족이 생기기 때문이다. 절대 혼자가 아니며 늘 함께할 이가 있음을 강조하는 이 노래에서 "한번 제트파가 되면 영원히 제트파의 가족"으로 남는다는 것을 강조한다. 이 노래에 이어 제트는 제트파와 손을 씻은 토니를 의심하는 단원들에게 "자신이 토니를 자신만큼이나 잘 알고 있으니 믿어도 된다"(I know Tony like I know me. I guarantee you can count him in)고 장담한다. 다른 단원들이 함께 다음과 같이 노래한다.

> JET BOYS: (Snowboy)
>   When you're a Jet, you're a top cat in town
>   You're a gold medal kid with the heavyweight crown!
>   (Ice)
>   When you're a Jet, you're the swingin'est thing
>   Little boy, you're a man, little man, you're a king.
>   (All Jets)
>   The Jets are in gear, our cylinders are clickin'
>   The Sharks'll steer clear, 'cause (because)
>   every Puerto Rican's a lousy chicken
>   Here come the Jets, like a bat out of hell
>   Someone gets in our way, someone don't feel so well
>   Here come the Jets, little world, step aside
>   Better go underground, better run, better hide
>   We're drawin' the line, so keep your noses hidden
>   We're hangin' a sign, says: 'Visitors Forbidden'
>   And we ain't kiddin'
>   Here come the Jets, Yeah, and we're gonna beat
>   Every last buggin' gang on the whole buggin' street
>   On the whole⋯Buggin'⋯Ever⋯Lovin'⋯Street!
>   (Act 1 Scene 1)

그들은 '위대한 제트파'가 이 도시 최고의 남자들로 구성된 집단임에 자부심을 느낀다. 자신들을 이 도시의 제왕으로 치켜세우고 푸에르토리코인들로 구성된 샤크파가 겁쟁이들이라고 비하한다. 그리고는 자신들의 앞을 막는 자는 무사하지 못할 것이라고 자신 감을 드러내면서, 주먹을 쥐고 몸을 낮춘 자세로 다른 집단이 자신들의 구역에 얼씬도 말라고 경고한다. 1막 1장을 종결하는 이 '제트송'은 제트파의 단원들이 자신들이 속한 집단에 대한 자부심을, 그리고 강한 소속감과 애착을 공유하고 있음을 잘 드러내는 노래이다. 그런데 이 노래에는 거칠고 빠른 리듬과 금관악기와 타악기의 사용이 두드러진다. 차갑고 날카로운 금관악기가 날카로운 젊은 이들의 분노를 효과적으로 표현할 수가 있고, 심장박동을 연상시키는 타악기의 소리가 10대들의 방황과 대립과 갈등을 잘 표현할 수 있기 때문이었을 것이다.[98] 싸움 장면인 '패싸움'(The Rumble)과 아이스(Ice)가 흥분한 패거리들을 달래는 '냉정하게'(Cool)에서도 금관악기와 타악기가 많이 사용된다.

---

98) 지정윤, "뮤지컬 <West Side Story>를 통한 음악의 극적 기능과 효과에 관한 연구", 숙명여자대학교대학원 석사학위논문 (2012), p.17.

4. 뭔가 다가오고 있네!

1막 2장에서 리프는 결전에 앞서 친구인 토니에게 제트파에 다시 합류하라고 종용한다. 리프와 함께 제트파를 창설했던 토니는 이제 갱단에서 손을 씻고 닥(Doc) 아저씨의 약국에서 일하고 있는 착한 청년이다. 그러나 리프는 토니가 제트파에 가담하지 않고 홀로 있으면 고아나 다름없다고 하면서 제트파에 합류해 결투장이 될 댄스파티에 함께 갈 것을 권유한다.

> RIFF: Oh, well now you're talkin'. Oh man, without a gang, you're an orphan. With a gang, you walk in twos, threes, fours. And when your crew is the best, when you're a Jet, you're out in the sun, buddy-boy. You're home free home. (…) I never asked nothin' from nobody. But I'm askin' you, come to the dance tonight. (Act 1 Scene 2)

토니가 제트파와 함께 파티에 가기를 망설이자, 리프는 토니에게 댄스파티에 오지 않으면 "요람에서 무덤까지"(Womb to tomb), 즉 "태어나 죽을 때까지"(Birth to earth) 후회하게 될지도 모른다고 말한다. 토니는 "네가 원하던 것을 오늘 밤 열리는 댄스파티에서 찾을지도 모른다"고 하면서 집요하게 설득하는 리프의 청에 못 이겨 댄스파티에 같이 갈 것을 약속한다. 토니는 오늘 밤 뭔가 좋은 일이 있을 것이라는 예감을 '뭔가 다가오고 있네!'(Something's Coming!)라는 노래에 담아낸다.

> TONY: Could be, who knows?
> There's something due any day.
> I will know right away soon as it shows.
> It may come cannonballin' down through the sky,
> Gleam in its eye, bright as a rose!
> Who knows? It's only just out of reach,
> Down the block, on a beach, under a tree.
> I got a feeling there's a miracle due,
> Gonna come true coming to me.
> Could it be? Yes it could,
> Something's coming, something good.
> If I can wait, something's coming,
> I don't know what it is,
> But it is gonna be great···. (Act 1 Scene 2)

토니는 리프와의 우정 때문에 마지못해 결투장이 될 댄스파티가 열리는 체육관에 갈 것을 약속하지만, 그의 마음은 이상하게 들떠 있다. 그리하여 토니는 어떤 놀라운 일이 자신에게 벌어질 것 같은 막연한 예감을 솔로 곡인 '뭔가 다가오고 있네'에 담아내고 있다.

토니는 설레는 마음으로 "하늘을 뚫고 오는 포탄처럼, 밝은 빛의 장미처럼" 기적이 올지도 모르겠다고 노래하는데, 이는 다름 아닌 사랑의 예감이다. 이 노래 속에는 아직 한 번도 보지 못한 마리아의 모티브가 숨겨져 있다. 즉, 이 노래는 토니와 마리아의 만남을 암시하는 복선의 역할을 하고 있는 것이다.

토니는 기적이 일어나 곧 '뭔가'가 실현될 것 같은 느낌이 든다. "지금 오고 있는 것은 좋은 것인지도 몰라. 만약 내가 기다릴 수 있다면 오고 있는 어떤 것이 뭔지는 모르겠지만 위대한 어떤 것일 거야." 하지만 토니는 "그것이 정말 가능할지"를 묻는다.

With a click, with a shock
Phone will jingle door will knock
Open the latch
Something's comin'
Don't know when, but it's soon
Catch the moon
One-handed catch around the corner
Or whistlin' down the river
Come on, deliver. To me
Will it be. Yes, it will
Maybe just by holdin' still
It'll be there. (Act 1 Scene 2)

토니는 "눈 깜짝할 사이의 놀라움"으로 뭔가 다가오고 있으니, 사랑이 문을 두드리면 빗장을 열고 "한 손으로 달을 잡으라"고 한다. 하지만 그 사랑이 정말 올 것인지 아닌지를 알 수 없다. 숨죽이고 기다리면 오리라고 생각하지만 여전히 불안한 마음을 금할 수 없다. 토니의 노래는 다음과 같이 마무리된다.

Come on, somethin'
Come on in, don't be shy
Meet a guy. Pull up a chair
The air is hummin'
And somethin' great is comin'
It's only just out of reach
Down the block, on a beach
Maybe tonight. (Act 1 Scene 2)

토니는 그 뭔가가 수줍어하지 말고 자신에게 오라고 말하며, 그 대단한 무엇이 "바로 문밖에 멀지 않은 곳에 있다"고 생각한다. 어쩌면 오늘 밤 그 어떤 일이 벌어질지도 모른다고 생각한다. 그런데 그의 노래는 그 무엇에 대한 기대만으로 가득 찬 것이 아니다. 아직 마리아의 존재를 모르는 그에게 알 수 없는 두려움이 남아 있다.

토니가 만나게 될 마리아와 그 사이에는 장벽이 가로놓여 있다. 로미오와 줄리엣의 경우처럼 그들이 속한 각각의 집단이 반목과 질시를 일삼기 때문이다. 토니는 폴란드계 이민자의 후손으로 리프와 함께 제트파를 만들었던 인물이고 마리아는 푸에르토리코 이민자 후손으로 샤크파의 두목인 베르나르도의 여동생이라는 점은 이들의 사랑이 순탄치 못할 것을 예감하게 한다.

샤크파의 두목 베르나르도의 연인인 아니타와 그의 여동생 마리아의 대화로 구성된 1막 3장에서 마리아는 처음으로 댄스파티에 간다는 생각으로 들떠 있다. 마리아는 아니타에게 댄스파티에서 입을 드레스의 목 부분을 조금 더 파달라고 부탁하지만 아니타는 거절한다. 어린 마리아가 사내들과 춤을 추다가 사고를 낼 수 있다고 생각하기 때문이다.

BERNARDO: You will keep both eyes on Maria tonight in case
I cannot. You too, Anita.
MARIA: My brother is a silly watchdog.
BERNARDO: My sister is a precious jewel.
ANITA: What am I, cut glass?
MARIA: 'Nardo, it is most important that I have a wonderful
time at the dancing tonight.
BERNARDO: [as Anita hooks up Maria] Why?
MARIA: Because tonight is the real beginning of my life as a
young lady of America! (Act 1 Scene 3)

아니타는 베르나르도가 마리아를 푸에르토리코 청년인 치노 (Chino)와 결혼시키려고 한다는 점을 상기시키지만, 마리아에게 치노 따위는 안중에 없다. 하지만 베르나르도는 치노에게 댄스파티에서 혹시 무슨 일이 일어날지도 모르니 마리아를 잘 보살피라고 부탁한다.

마리아는 "오늘 밤이 미국에서 숙녀로서 진짜 인생을 시작하는 날"이라고 하면서 들떠 있다. 미국에 와서 처음으로 남성들과 함께 춤을 출 수 있는 댄스파티에 가기 때문이다. 흰 드레스를 입고 마리아가 팔을 벌려 춤을 추는 장면이 디졸브되면서 댄스파티에서 사람들이 춤을 추는 다음 장면이 이어진다.

5. 가장 아름다운 그 이름, 마리아!

1막 4장의 댄스파티 장면에는 제트파와 샤크파의 갈등이 춤과 음악을 통해 효과적으로 드러나고 있다. 리프가 이끄는 제트파와 베르나르도와 그의 여자 친구인 아니타가 이끄는 샤크파가 댄스파티가 열리는 체육관에 나타난다. 배경음악이 흐르는 가운데 그들은 상대 조직에 대한 경쟁의식을 춤을 통해 드러낸다. 샤크파 단원과 제트파 단원은 각기 떨어져서 격정적인 춤을 춘다. 젊은이들의 "성적 욕망과 폭력성이 뒤섞여 뜨거운 에너지"가 넘치는 댄스파티 장면에는 곧 싸움이 벌어질 것 같은 긴장감이 흐른다. 그런데 주시할 점은 제트파와 샤크파의 젊은이들이 춤을 추는 장면에 서로 다른 성격을 드러내는 음악이 사용되었다는 것이다. 이는 다름 아닌 블루스(Blues)와 맘보(Mambo)이다. 블루스가 미국적이라면 맘보는 라틴적인데, 블루스는 제트파를 대변하는 음악으로 맘보는 샤크파를 대변하는 음악으로 쓰이고 있다. 또한 제트파는 '제트송'(Jet Song)과 '냉정하게'(Cool)란 노래로 자신들을 드러내며, 샤크파는 '아메리카'(America)란 노래로 자신들의 성격을 드러낸다.[99]

주로 이탈리아 이민의 후손으로 구성된 제트파에 미국적인 블루스를 적용하는 것은 그들이 푸에르토리코인들보다 먼저 미국에 이민 와서 어느 정도 자리를 잡았기 때문일 것이다. 제트파가 기득권을 가지고 있다는 말이다. <웨스트사이드 스토리>는 서로 다른 성격을 지닌 각각의 집단을 위해 달리 쓰인 음악을 통해 양 집단의 갈등과 메시지를 청각적으로 표현하고 춤을 통해 시각적으로 표현하고 있다. 댄스파티에 적용된 다양한 군무와 춤은 서로 성격이 다른 집단의 특징을 효과적으로 제시하는 극적 기능을 수행하고 있고, 춤이라는 신체언어가 경우에 따라서는 언어적 소통 수단보다 더 직접적으로 인물의 성격과 상황을 효과적으로 전달할 수 있음을 보여주는 예이다.[100]

푸에르토리코인들의 춤은 점점 거칠어지고, 절정의 순간 모두 '맘보'라고 외친다. 이때 파티장의 반대편에 서 있던 사람들이 서로를 바라보고 인사를 나누며 리듬에 맞추어 박수를 친다. 조명이 어두워지자 '차차차'가 연주되고 샤크파 단원들 사이에 있는 베르나르도의 여동생 마리아를 본 토니는 그녀를 향해 천천히 다가간다. 토니는 마리아를 보고 첫눈에 사랑에 빠진다. 마치 시간이 정지된 것 같은 분위기 가운데 조용한 음악이 흐른다. 마리아 역시

---

99) 김광선, "뮤지컬의 다층적 언어: <웨스트사이드 스토리>의 음악분석", p.253.

100) 장윤정, "뮤지컬 <웨스트사이드 스토리>에서 무용의 역할 분석", 조선대학교대학원 석사학위논문 (2001), p.11.

토니를 보고 첫눈에 사랑에 빠져 함께 춤을 춘다. 토니와 마리아의 춤은 들뜬 분위기와 집단적 흥분을 드러내는 군무와는 달리 조용한 춤이다.

토니와 마리아가 처음으로 만나 춤을 추고 사랑을 고백하는 장면은 셰익스피어의 『로미오와 줄리엣』과 유사하다. 이 둘은 로미오와 줄리엣처럼 첫눈에 사랑에 빠진다. 다음은 댄스파티에서 처음으로 만나 춤을 춘 후 토니와 마리아가 처음으로 나누는 대사이다.

> TONY: You're not thinking I'm someone else?
> MARIA: I know you are not.
> TONY: Or that we have met before?
> MARIA: I know we have not.
> TONY: I felt, I knew something-never-before was
> going to happen, had to happen. But this is⋯.
> MARIA: [*interrupting*] My hands are cold.
> [*He takes them in his.*] Yours, too.
> [*He moves her hand to his face.*] So warm.
> [*She moves his hands to her face.*]
> TONY: So beautiful.
> MARIA: Beautiful.
> TONY: It's so much to believe.
> You're not makin' a joke. (Act 1 Scene 4)

토니는 마리아가 딴 사람을 자신으로 착각하고 있는 것이 아닌지 걱정하면서 서로가 만난 적이 있느냐고 묻는다. 만난 적이 없다는 마리아에게 토니는 오늘 밤 "이전에 일어나지 않았던 일이 일어날 것"을, 즉 그 무엇인가 오리라(something's coming)는 기대를 갖고 있었다고 밝힌다. 하지만 마리아와의 만남은 기대 이상의 일이고, 이들은 만나자마자 첫눈에 사랑에 빠져 서로의 손을 잡는다. 첫눈에 반해 사랑을 하게 된 것이다.

토니와 마리아가 키스하려는 순간 갑자기 베르나르도가 이를 저지하고 그들 사이를 갈라놓는다. 그러고는 마리아에게 치노를 따라 집에 가라고 소리 지른다. 치노는 마리아를 짝사랑하는 까무잡잡한 푸에르토리코인이다.

> BERNADO: Get your hands off, American!
> MARIA: Bernado!
> BERNADO: Stay away from my sister.
> TONY: Sister?
> BERNADO: Couldn't you see he's one of them?
> MARIA: No, I saw only him.
> BERNADO: There's only one thing they want from
>   a Puerto Rican girl. (Act 1 Scene 4)

베르나르도는 토니를 '미국 놈'으로 부르고 "저놈들이 푸에르토리코 여자들에게 바라는 건 뻔하다"고 하면서 여동생인 마리아에게서 손을 떼고 넘보지 말라고 소리 지른다. 짧은 대사임에도 불구하고 미국인에 대한 베르나르도의 적대감이 잘 드러나 있다. 토니를 '미국 놈'이라고 하는 이유는 그의 선조와 제트파 집단의 선조들이 푸에르토리코인들보다 먼저 미국에 이민을 와서 이미 '미국인'이 되었고, 그 결과 이 지역에 대한 어느 정도의 기득권을 확보하고 있기 때문이다. 마리아의 신분을 몰랐던 토니는 이제 마리아가 제트파와 싸우려는 베르나르도의 여동생이라는 것을 알게 되고, 마리아는 토니가 제트파에 속해 있었다는 사실을 알게 된다.

베르나르도가 토니를 저지하는 순간 리프는 베르나르도에게 결투 신청한다. 그러나 베르나르도는 지금 여자들만 남겨두고 밖으로 나가 싸우기보다는 자정에 닥 아저씨 가게에서 다시 만나자고 제의하고 헤어진다. 리프는 아이스(Ice)를 통해 제트파 단원들을 닥 아저씨의 가게에 모이라고 한다. 한편 토니는 밤거리를 걸으며 방금 본 마리아의 얼굴을 떠올리고 '마리아'라는 이름을 부르면서 노래한다. 토니에게 마리아는 '이 세상에서 가장 아름다운 이름'이다.

> TONY: The most beautiful sound I ever heard
>   All the beautiful sounds of the world
>   in a single word—Maria
>   I've just met a girl named Maria,
>   And suddenly that name
>   Will never be the same to me. Maria!
>   I've just kissed a girl named Maria,
>   And suddenly I've found
>   How wonderful a sound
>   Can be! Maria!
>   Say it loud and there's music playing—
>   Say it soft and it's almost like praying—Maria⋯
>   I'll never stop saying Maria, Maria, Maria⋯. (Act 1 Scene 4)

마리아에게 첫눈에 반한 토니가 그녀의 이름을 부르며 노래하는 장면이다. 제트파와 샤크파 젊은이들은 댄스파티에서 4가지 형태의 음악에 맞추어 춤을 추는데, 앞서 언급한 것처럼 맘보와 블루스, 그리고 차차차와 행진곡이다. 토니와 마리아의 눈이 마주치는 순간 음악은 갑자기 맘보 가락에서 '차차차'로 바뀌고, 둘은 '차차차'에 맞춰 춤을 춘다. 그런데 이 '차차차' 가락은 '마리아'의 멜로디가

변주된 곡이다. 변주된 형태로 은밀하게 숨겨진 '마리아'의 멜로디
는 토니가 마리아와 첫눈에 보고 사랑에 빠지게 되자 선명하게 그
실체를 드러낸다. '그 무엇'에 대한 막연한 동경과 기대가 이제 실
체를 드러낸 것이다.[101]

　토니는 '마리아'를 세상에서 가장 아름다운 이름이라고 생각한
다. 아름다운 마리아를 만나 이제 그 이름이 의미 있는 이름이 되
었다고 노래한다. '마리아'를 큰 소리로 부르면 음악 소리 같고, 부
드럽게 부르면 기도 소리 같다고 하면서 그녀의 이름을 영원히 부
를 수 있기를 소망한다. 토니에게 마리아라는 이름은 가장 아름다
운 이름이고 가장 아름다운 소리이다. 마리아에 대한 토니의 감정
이 잘 드러나는 노래이다. 그런데 '마리아'(Maria)의 도입부는 토니
가 1막 2장에서 불렀던 '뭔가 다가오고 있네'(Something's
Coming)의 도입부 모티브와 유사하다. 두 노래 모두 불협화음 음
계로 시작되고 있기 때문이다.[102] '그 무엇'의 실체가 '마리아'임이
드러난 지점에 등장하는 이 불협화음이 순탄하지 않을 사랑을 예
시하는 것은 아닌지 모르겠다. 사실 토니와 마리아의 사랑은 불안
하다. 서로 대립하는 집단에 소속되어 있기 때문이다.

　토니는 노래를 부르면서 계속해서 '마리아'라는 이름을 반복한
다. 줄리엣이 로미오에게 이름을 버리라고 청하는 것과는 대조적이
다. 『로미오와 줄리엣』에서는 이름에 대해 언급하는 것은 로미오가
아닌 줄리엣이다. "오, 로미오, 로미오! 왜 당신의 이름이 로미오인
가요?(Wherefore art thou Romeo?) … 도대체 이름이 뭐죠? 장미꽃

---

101) 김광선, "뮤지컬의 다층적 언어: <웨스트사이드 스토리>의 음악분석", pp.251~252.
102) 김광선, p.258.

186　음악과 영화가 만난 길에서: <아마데우스>, <웨스트사이드 스토리>, <오페라의 유령>

을 다른 이름으로 불러도 그 향기는 그대로 남을 것이 아니겠어요? 그러니, 당신이 로미오란 이름으로 불리지 않아도, 당신의 본래 미덕은 그 이름과는 상관없이 그대로 남을 게 아닌가요?"(2.2.33-47)103) 줄리엣은 이렇게 자신과 로미오와의 결합에 장애로 작용하는 가문의 명칭을 버리라고 종용한다. 이와는 대조적으로 <웨스트사이드 스토리>에서 토니는 '마리아'의 이름을 계속 부르면서 그녀의 이름에 대해 집착한다.104)

---

103) 셰익스피어 원작의 원문 인용은 다음을 따른다. *The Riverside Shakespeare*, ed. G. B. Evans (Boston: Houghton Mifflin, 1974).

104) 강용식, "<웨스트사이드 스토리>: 사이렌의 탄생", 『음악이론연구』 12 (2007): 77~78.

6. 오, 아메리카!

　베르나르도는 집에 돌아와 토니와 춤을 춘 마리아를 꾸짖는다. 그러나 마리아는 어머니도 아버지도 아닌 오빠가 자신에게 잔소리하는 것을 이해할 수 없다. 베르나르도는 미국인들을 싫어한다. 그리고 마리아가 미국인들과 알고 지내거나 춤을 추는 것을 싫어한다. 더군다나 동생 마리아가 폴란드계 미국 놈인 토니하고 춤추고 노는 것을 참고 받아들일 수 없다. 로잘리아(Rosalia)는 미국에 이주한 것을 후회하며 고향인 푸에르토리코로 돌아가고 싶어 한다. 하지만 아니타를 위시한 다른 여성들은 미국에서의 자유롭고 풍요로운 삶을 동경한다. 아파트 옥상에서 베르나르도와 아니타, 그리고 동료들이 미국에 대한 생각을 '아메리카'(America)에 담아낸다.

MEN: I'm going back in a Cadillac. Air-conditioned.
    Built-in bar. Telephone. Television. Compatible color.
WOMAN: If you had all that here, why would you want to go
    back to Puerto Rico?
ANITA: Even if you didn't have all that here, why would you
    want to go back? (Act 1 Scene 5)

남성 파트가 성공하여 에어컨, 전화, 텔레비전을 캐딜락에 싣고
푸에르토리코에 돌아갈 거라고 노래하자, 여성 파트는 "그런 걸 모
두 갖게 되면 푸에르토리코엔 왜 돌아가느냐"고 반문한다. 그러나
아니타는 그런 게 없다 한들 왜 푸에르토리코에 돌아가느냐고 대
꾸한다. 미국이 그렇게 좋으냐는 베르나르도에게 아니타는 푸에르
토리코에서 빈털터리로 살아가는 것보다는 미국의 이민자 생활이
낫다고 반응한다. 이 노래에 앞서 베르나르도는 치노가 폴란드 놈
인 토니 월급의 반밖에 벌지 못한다는 것을 상기시키면서 미국에
서 겪은 불평등을 비난하고, 아니타는 자신들이 외국인으로 차별받
는 것을 비난한다. 베르나르도가 아니타를 두고 푸에르토리코인이
아니라 미국인으로 살기를 바란다고 비난하자, 아니타는 다음 노래
를 통해 자신의 심경을 드러낸다.

Oh, no. That's not true.
Puerto Rico, My heart's devotion,
Let it sink back in the ocean
Always the hurricanes blowing,
Always the population growing
And the money owing,
And the sunlight streaming
And the natives steaming

I like the island of Manhattan,
Smoke on your pipe and put that in! (Act 1 Scene 5)

아니타의 마음은 항상 푸에르토리코에 있다. 하지만 "항상 허리케인이 밀려오고, 인구는 자꾸 늘어나고, 빚도 늘어나고, 태양은 따갑고, 국민은 고통받는" 푸에르토리코에 가고 싶지 않다. 그래서 아니타는 미국이 좋고 미국에 살고 싶다. 활발한 군무와 더불어 빠른 템포로 미국 생활을 노래하는 이 '아메리카'는 그 경쾌한 리듬에도 불구하고 이민 생활의 어두운 현실 또한 부각시키고 있다. 미국을 찬양하는 아니타의 노래에 끼어드는 남성 파트의 노래는 아니타의 생각과는 대조되는 생각을 드러낸다.

(Girls) Everything free in America
(Bernardo) For a small fee in America
(Anita) Buying on credit is so nice
(Bernardo) One look at us and they charge twice
(Rosalia) I'll have my own washing machine.
(Indio) What will you have, though, to keep clean?
(Anita) Skyscrapers bloom in America
(Rosalia) Cadillacs zoom in America
(Girl) Industry boom in America
(Boys) Twelve in a room in America.
(Anita) Lots of new housing with more space
(Bernardo) Lots of doors slamming in our face. (Act 1 Scene 5)

아니타가 "자유의 나라, 미국"이라고 노래하자 베르나르도는 푸에르토리코인은 쥐꼬리만 한 월급밖에 받지 못한다고 비꼬고, "전부 외상으로 살 수 있다"고 하자 우리한텐 두 배로 받는다고 비난한다. 아니타를 위시한 여성 파트가 세탁기도 있다고 하지만 베르나르도를 위시한 남성 파트는 "빨 옷이나 있으면 몰라"라고 비꼬고, 새집들이 생기고 "하늘을 찌르는 고층빌딩, 거리를 뒤덮은 캐딜락"을 보라고 하지만, 푸에르토리코인들에게는 해당 사항이 없다고 절망을 드러내고 푸에르토리코인들이 사는 콩나물시루 같은 아파트들을 보라고 반문한다.

> (Anita) I'll get the terrace apartment
> (Bernardo) Better get rid of your accent
> (Anita) Life can be bright in America
> (Boys) If you can fight in America
> (Girls) Life is all right in America
> (Boys) If you're all white in America. (Act 1 Scene 5)

여성 파트가 "테라스 있는 아파트"에 살 것이라고 하자 남성 파트가 말투부터 고치라고 비꼰다. 여성들이 "미국에서 인생은 밝다"고 남성들은 온통 싸움판이라고 비꼬고, 미국에서 사는 일이 괜찮다고 하자 남성들은 "백인한테만 그렇다"고 불만을 드러낸다.

'아메리카' 전체에 걸쳐 아니타를 위시한 푸에르토리코 여성들은 미국 생활을 동경하는 마음을 드러내고, 베르나르도를 위시한 남성들은 미국 생활의 어두운 면과 불만을 드러낸다. 미국 생활의 명암이 잘 드러난 이 노래가 강조하는 것은 푸에르토리코 여성들의 동경에도 불구하고 나아지지 않는 푸에르토리코 이민자의 비참한 현실과 인종차별이다. 푸에르토리코 여성들이 기대하는 '아메리칸드림'의 성취는 요원하다.

La-la-la, la-la, America
(Girls) Here you are free and you have pride
(Boys) Long as you stay on your own side
(Girls) Free to be anything you choose
(Boys) Free to wait tables and shine shoes
(Bernardo) Everywhere grime in America,
    organized crime in America,
    terrible time in America
(Anita) You forget I'm in America
(Bernardo) I think I'll go back to San Juan
(Anita) I know what boat you can get on
(Bernardo) Everyone there will give big cheers
(Anita) Everyone there will have moved here. (Act 1 Scene 5)

자유로운 미국을 외치며 미국에서는 원하는 일을 뭐든 할 수 있다고 환호하는 여성 파트에 이어 남성 파트는 같은 '패거리와 어울릴 때'만 자유롭고, 미국에서 할 수 있는 일이란 고작 웨이터나 구두닦이뿐이라고 반문한다. 푸에르토리코 남성들은 범죄가 판을 치는 미국의 '우중충한 빈민가'에서 사는 일이 지긋지긋하다. 그리하여 자신들을 환영해줄 고향 산후안으로 돌아가고 싶다. 그러자 여성들은 타고 갈 배를 찾아주겠다고 한다. 하지만 여성들은 산후안에 가면 모두가 미국으로 이민 가고 아무도 없을 것이라고 빈정댄다. 남성들과 여성들의 시각이 극명한 대조를 이루고 있는 셈이다.

7. 오늘 밤!

    1막 5장의 후반부에서 토니는 마리아의 집을 알아낸 후, 그녀를 만나기 위해 비상계단을 몰래 올라간다. 오빠가 알까 봐 두려워하는 마리아에게 토니는 자신이 제트파 단원들과는 다르다고 말한다. "그렇다고 우리와 같진 않아. 나도 너와 달라"라고 말하는 마리아에게 자신에게 마리아는 그냥 아름다운 한 여인일 뿐이라고 말한다. 이에 마리아는 다음과 같이 노래로 답한다. "오직 그대만, 그대만 바라볼 거야. 영원히 내 눈 속에, 내 맘 속에. 내가 뭘 하든 영원히 그대만 생각하리."

    (Maria) Only you, you're the only thing
        I'll see forever in my eyes, in my words and
        in everything I do, nothing else but you, ever
    (Tony) And there's nothing for me

```
        but Maria, every sight that I see is Maria
(Maria) Tony, Tony
(Tony) Always you, every thought
        I'll ever know, everywhere I go you'll be. (Act 1 Scene 5)
```

마리아의 사랑 고백에 토니도 다음과 같이 화답한다. "나에겐 마리아밖에 없다네. 내 눈에 보이는 건 오직 마리아. ⋯ 나 오로지 그대만 생각하리. 어딜 가든, 함께하고." 노래를 통한 마리아와 토니의 사랑 고백은 다음과 같이 계속된다.

```
(Tony and Maria) All the world is only you and me
(Maria) Tonight, tonight, it all began tonight,
       I saw you and the world went away
       Tonight, tonight, there's only you tonight,
       What you are, what you do, what you say
(Tony) Today, all day I had the feeling
       A miracle would happen,
       I know now I was right. (Act 1 Scene 5)
```

마리아는 오늘 밤 모든 것이 새로 시작되었다고 노래하며, 토니를 본 순간 이 세상은 사라져버렸고, 토니의 신분이 어떠하든 무슨 일을 하는 사람이든 오늘 밤엔 오직 토니밖에 없다고 노래한다. 사랑의 무조건성이 드러나는 노래이다. 기적이 일어나리라는 예감이 이제 들어맞았다고 생각하는 토니에게도 마리아는 이 세상 그 무엇과도 바꿀 수 없는 대상이다. "여기 그대가 있으니 이 세상은 별이 되었네!" 그들에게는 서로 서로가 절대적 존재이다. 둘은 사랑의 환희를 다음과 같은 이중창에 담아낸다.

(Tony and Maria) For here you are and
             what was just a world is a star tonight
             Tonight, tonight, the world is full of light
             with suns and moons all over the place
             Tonight, tonight, the world is wild and bright,
             going mad shooting sparks into space
             Today, the world was just an address,
             a place for me to live in, no better than all right
             But here you are and what was
             just a world is a star tonight
             Good night, good night, sleep well and
             when you dream, dream of me tonight. (Act 1 Scene 5)

　　토니와 마리아는 사랑으로 인해 빛과 별로 가득 차게 된 세상의 모습을 서정적인 가락에 담아낸다. "오늘 밤, 오늘 밤, 세상은 빛으로 가득하네. 태양과 달이 온 세상을 비추네. 오늘 밤, 오늘 밤. 세상은 흥미롭고 눈부시네. 하늘로 폭죽을 쏘아 올리고, 오늘 세상은 그저 그런 곳이었는데. 그냥 내가 사는 곳, 별 볼 일 없는 그저 그런 곳. 그러나 여기 그대가 있으니, 세상은 별이 되었네. 오늘 밤." 두 사람의 이중창은 뉴욕의 웨스트사이드를 '별처럼 빛나는 세상'으로 만들며 울려 퍼진다.

　　토니가 1막 2장에서 불렀던 '그 무엇인가 다가오고 있네'라는 노래의 마지막 가사(And somethin' great is comin' … Maybe tonight)는 "어쩌면 오늘 밤"으로 끝나는데, 오늘 밤 그 어떤 일이 벌어질 것이라는 막연한 기대와 예감이 이루어진 것이다. 그러므로 '오늘 밤'이라는 노래는 사랑의 기대를 드러내는 1막 2장의 '뭔가 다가오고 있네' 그리고 마리아라는 사랑을 발견하고 1막 4장에서 토니가 부르는 '마리아'의 연장선상에 위치하고 있다.[105] 토니와 마리아가 부르는 첫 이중창 '오늘 밤'은 이들의 사랑이 오늘 밤 시작되었음을 알려주는 명시적인 지표이다.

토니가 사랑을 고백하는 뉴욕 뒷골목에 자리 잡은 아파트 비상 계단은 로미오가 줄리엣에게 사랑을 고백하는 발코니를 연상시킨 다. 토니는 다음 날 마리아가 일하는 웨딩숍에서 그녀를 다시 만날 것을 약속하며 떠난다. "꿈을 꾸게 되면 자신에 대해 꿈꾸라"고 하 면서…. 그러나 두 사람이 사랑을 나누는 이 화재도피 비상계단은 비극의 복선으로 작용한다. 서로 인종적 배경이 다른 두 사람 앞에 는 장애가 가로놓여 있다. 토니와 마리아가 제트파와 샤크파로 대 변되는 인종들 간의 불타오르는 증오와 반목의 불길을 피해가기는 대단히 어렵기 때문이다.

---

105) 김광선, "뮤지컬의 다층적 언어", p.252.

8. 여봐요, 크럽키 경관나리!

　토니와 마리아가 사랑을 고백하는 1막 5장의 서정적인 분위기와는 달리 1막 6장은 닥 아저씨의 가게에서 제트파가 샤크파와의 결투를 준비하는 상황을 제시하고 있다. 리프는 이 자리에 토니도 불러놓고 있다. 조만간 뒷골목 장악을 두고 조직 간의 혈투가 벌어질 순간이다.

　베르나르도가 리프를 찾아와 공정한 싸움을 하기로 합의한다. 토니의 중재 아래, 두 조직은 한 사람씩 연락책을 정하고 다음 날 결전을 벌이기로 합의하고, 싸울 장소와 무기를 정한다. 그런데 이 자리에 크럽키(Krepke) 경관이 들어와 제트파 단원들에게 자신의 관할 구역에서 문제를 일으키지 말라고 경고하고, 말썽을 피우면 모두 다 잡아들일 것이라고 협박한다. 하지만 단원들은 겁을 먹기는커녕 그를 조롱한다. 리프를 위시한 단원들은 자신들을 거리의 불량아로 만든 미국 사회를 다음과 같은 노래로 비난하면서 빈정댄다.

> (Riff) Dear kindly Sergeant Krupke, you gotta understand
> It's just our bringin' upke, that gets us out of hand
> Our mothers all are junkies, our fathers all are drunks
> Golly Moses, naturally we're punks
> (Jets) Gee, Officer Krupke, we're very upset
> We never had the love that every child oughta get
> We ain't no delinquents, we're misunderstood
> Deep down inside us there is good
> (Riff) There is good!
> (Jets) There is good, there is good, there is untapped good
> Like inside, the worst of us is good. (Act 1 Scene 6)

그들은 먼저 엄마는 마약 중독자이고 아버지가 알코올 중독자라서 자신들이 문제아가 될 수밖에 없었다고 호소하고, '타고난 환경'이 자신들을 이렇게 만들었다고 호소한다. '다른 애들이 받는 사랑'을 자신들은 받아보지 못했다는 그들의 항변은 일리가 있다. 그들은 나아가 자신들 마음 깊은 곳에 순수하고 선한 마음이 자리 잡고 있는데, 문제아로 오해받고 있다고 자신들을 변호한다. 모든 잘못을 환경 탓으로 돌리고 있는 것이다.

스노보이는 다음과 같이 노래하면서 판사를 흉내 낸다. "크립키 경사, 정말 답답하군. 이 아이는 판사가 아니라 의사가 필요하네. 치료를 받아야 하는 건 정신이야. 심리상태가 꼬였어."(Officer Krupke you're really a square. This boy don't need a judge, he needs an analyst's care. It's just his neurosis, that oughta be curbed. He's psychologically disturbed.)

계속되는 다음 노래에서 제트보이들은 자신들을 심리상태가 꼬인 정신병자 또는 부적응자로 몰아붙이는 판사와 의사, 그리고 경찰을 위시한 기성세대를 비난한다.

(Snowboy imitating Judge) Hear ye, hear ye,
in the opinion of this court, this child is depraved
on account he ain't had a normal home.
(Riff) Hey, I'm depraved on account I'm deprived.
(Snowboy imitating Judge) So take him to a Headshrinker. You!
(Action) Who me?
(Riff) My daddy beats my mommy, my mommy clobbers me.
My grandpa is a commie, my grandma pushes tea
My sister wears a mustache, my brother wears a dress.

(Act 1 Scene 6)

"법정의 의견으로는 이 아이가 정상적인 가정을 가지지 못해 이 지경이 된 것"이니 정신병원에 데려가는 것이 옳다는 판사의 말에 제트보이들은 다음과 같이 호소한다. "아빠는 엄마를 패고, 엄마는 날 패고, 할아버지는 빨갱이고, 할머니는 차를 팔고, 누나는 남장을 하고, 형은 여장을 하는" 이상한 집안에서 사는 자신들이 어찌 정상적으로 자랄 수 있겠느냐고 호소한다. 이런 비정상적인 환경으로 인해 사회의 부적응자가 되었으니, 자신들에게 필요한 것은 의사가 아니라 사회복지사라고 주장한다.

(Jets) We are sick, we are sick, we are sick, sick, sick
Like we're sociologically sick
(Action imitating Headshrinker) In my opinion,
this child does not need to have his head shrunk at all.
Juvenile delinquency is purely a social disease.

(Riff) Hey, I got a social disease!
(Action imitating Headshrinker) So take him to a Social Worker
(Riff) Dear kindly Social Worker, they tell me get a job
   Like be a soda jerker which means I'd be a slob
   It's not I'm antisocial, I'm only anti-work. (Act 1 Scene 6)

사람들은 "청소년 비행은 다 사회가 만드는 것"이라고 하면서 그들을 '사회 부적응아'(social disease)로 취급하고 직업을 가지라고 하지만, 그들은 거리에서 "음료수나 팔면서 인생을 낭비"하고 싶지 않다. 그리하여 재판정은 크럽키 경관에게 직업을 구해줄 것이 아니라 감옥에 보내라고 요구한다.

(A-Rab) That's why I'm a jerk,
   Officer Krupke, you've done it again
   This boy don't need a job, he needs a year in the pen
   It ain't just a question of misunderstood,
   deep down inside him he's no good
(Riff) I'm no good
(Jets) We're no good, we're no good, we're no earthly good
   Like the best of us is no damn good
   The trouble is he's lazy, the trouble is he drinks
   The trouble is he's crazy, the trouble is he stinks
   The trouble is he's growing, the trouble is he's grown
   Krupke, we've got troubles of our own
   Officer Krupke, we're down on our knees
(Riff) 'Cause no one wants a fella with a social disease.
(Act 1 Scene 6)

제트보이들은 이 노래 속에 미국 사회의 기성세대에게 반감을 드러낸다. 그들이 자신들을 게으르고, 술주정을 하며, 미쳤고, 냄새

나는 '속속들이 저질'인 인간들로 간주해 사회와 격리시키는 게 좋겠다고 생각하기 때문이다. 제트보이들이 함께 부르는 노래, '여봐요, 크럽키 경관나리'(Gee, Officer Krupke) 속에 재현된 미국 기성세대와 사회의 부정적인 모습이 다소 과장되긴 하기만, 이는 어느 정도 사실이다.

닥 아저씨는 "거리를 두고 싸우는 게 그렇게 중요하냐"고 질책하지만, 액션(Action)은 자신들에게는 중요한 일이라고 응수한다. 이 자리에 싸울 장소와 방법을 정하기 위해 베르나르도가 닥 아저씨의 가게에 도착한다. 그리하여 내일 해 진 후에 고속도로 밑에서 대결하기로 하고, 리프와 베르나르도가 돌로 싸울지, 병으로 싸울지, 파이프로 싸울지, 방망이로 싸울지, 곤봉과 체인과 총으로 싸울지를 논의하는 동안 토니가 나타나 다음과 같이 이야기한다. "병, 칼, 총! 겁쟁이들 같으니. … 너희들 다 겁쟁이야, 벽돌은 왜 던져? 맞서 싸우기 싫어서? 왜 맨손으론 못 싸우지?" 토니는 그들에게 각 팀의 최고끼리 "맨손으로 정정당당히 싸우라"고 권한다. 토니의 성격이 드러나는 부분이다. 리프와 베르나르도는 이에 동의한다. 그런데 쉬랭크 형사는 이 자리에 나타나 베르나르도에게 인종차별적인 언사를 내뱉는다.

> So what if they do turn this whole town into a stinkin' pigsty? Don't stop him. He wants to get home… Write letters to San Juan, tell 'em how he's got it made here. What I mean is, clear out! I said, clear out! Oh, yeah, sure, I know. It's a free country, and I ain't got the right. But I got a badge. What do you got? Things are tough all over. Beat it! (Act 1 Scene 6)

쉬랭크 형사는 푸에르토리코인들이 웨스트사이드 거리를 돼지우리로 만들까 봐 우려를 표명하면서 베르나르도에게 당장 꺼지라고 소리친다. 자신에게 경찰 배지가 있으니 그럴 권리가 있다고 생각하는 것이다. 그는 푸에르토리코인들을 경멸하고 있을 뿐만 아니라 이들의 싸움에서 제트파를 거드는 편파적인 경찰이다. 베르나르도가 떠난 후 제트파만이 남은 자리에서 그는 다음과 같이 말한다. "난 너희들 편이야. 나도 골칫거리 없애고 싶어. 너희들이 날 도울 수 있어. 상황이 안 좋으면 도와줄게. 어디서 싸울 거야?"(I'm for you. I want this beat cleaned up, and you can do it for me. I'll even lend a hand if things get rough. Now, where ya gonna rumble?) 그는 민중의 지팡이인 경찰의 모습과는 거리가 멀다. 자신의 승진에만 신경을 쓰는 이기적인 인물이며 편파적일 뿐만 아니라 거침없이 '쓰레기 같은 이민자'(the tinhorn immigrant)라는 용어를 구사하는 인종차별적인 경찰이다. 미국 경찰의 부정적인 모습이 증폭되어 나타나는 인물이다.

제트파의 노래인 '여봐요, 크럽키 경관나리'에는 미국 사회의 부정적인 모습에 대한 언급으로 가득 차 있지만, 경쾌한 가락과 유머로 구성된 희극적인 장면이다. 제트보이들은 자신들을 불량아로 만든 사회에 대해서 비판적이지만 이를 희극적으로 표현하고 있는 것이다. 치안을 유지한다는 면에서 쉬랭크 형사는 『로미오와 줄리엣』의 영주와 비슷한 역할을 수행하는 인물이다. 그러나 그의 태도는 여러 가지 면에서 영주와 차이가 있다. 영주는 로미오와 줄리엣 가문 사이의 문제가 발생할 때마다 나타나서 중재하고 갈등 해결을 모색한다. 반면, 쉬랭크 형사는 두 갱들 사이의 문제를 일시적으로 차단하긴 하지만, 이에 대한 근본적인 해결책을 모색하지는 않는다. 쉬랭크 형사는 갱들 사이의 문제를 해결해 주려고도 하지 않을 뿐만 아니라, 이들을 노골적으로 무시한다. 영주와 쉬랭크 형사가 '중재자' 역할을 하고 있다는 면에서 비슷하나 양 집단을 보는 그들의 시각과 태도는 완전히 다르다.

한편 닥의 가게에서 일하는 토니는 닥 아저씨에게 "사랑에 빠졌다"고 고백한다. 하지만 그는 토니와 마리아에게 불행한 일이 닥칠지 두렵다. 이 작품에서 닥 아저씨는 로미오와 줄리엣을 돕는 신부의 역할과 비슷한 역할을 수행한다. 로미오와 줄리엣을 결합시키는 신부처럼 토니와 마리아의 결합을 직접 주재하는 것은 아니지만, 닥 아저씨는 둘의 사랑이 이루어지길 기원하고 그들을 돕는 인물이다.

9. 나는 예뻐!

1막 7장은 다음 날 오후 웨딩숍에서 진행되는데, 여기서 마리아는 토니와 사랑에 빠진 사실을 즐거워하면서 아니타와 친구들에게 이를 고백한다. 마리아는 토니처럼 멋진 남자의 사랑을 받게 되었다는 사실을 믿기 어렵다. 토니와의 사랑으로 마음이 들떠 있는 마리아의 모습은 '나는 예뻐'(I Feel Petty)에 잘 나타나 있다.

(Maria) I feel pretty, oh so pretty,
       I feel pretty and witty and gay,
       And I pity, any girl who isn't me today
       I feel charming, oh so charming,
       It's alarming how charming I feel
       And so pretty, that I hardly can believe I'm real
       See the pretty girl in that mirror there?
       Who can that attractive girl be?
       Such a pretty face, such a pretty dress,

Such a pretty smile, such a pretty me!
I feel stunning and entrancing,
Feel like running and dancing for joy
For I'm loved by a pretty wonderful boy. (Act 1 Scene 7)

마리아는 자신을 너무나도 예쁘고 너무나 매력적인 사람으로 생각한다. 너무 예뻐서 거울 속의 비친 사람이 자신이라는 것을 믿을 수가 없다. 마리아는 자신의 심경을 다음과 같이 고백한다. "난 너무 예뻐. 난 즐겁고 황홀해. 너무 기뻐 뛰며 춤추고 싶어. 멋진 남자의 사랑을 받으니까." 마리아를 연기한 나탈리 우드의 청순미가 마음껏 드러나는 장면이다.

친구들은 들뜬 마음으로 노래를 하며 춤을 추는 마리아가 미쳤다고 생각하면서 다음과 같이 노래한다.

(Girls) Have you met my good friend Maria,
        the craziest girl on the block?
        You'll know her the minute you see her,
        she's the one who is in an advanced state of shock
        She thinks she's in love, she thinks she's in Spain
        She isn't in love, she's merely insane
        It must be the heat or some rare disease
        Or too much to eat or maybe it's fleas
        Keep away from her, send for Chino
        This is not the Maria we know
        Modest and pure, polite and refined
        Well-bred and mature and out of her mind. (Act 1 Scene 7)

마리아 자신은 사랑에 빠졌다고 믿고 있지만 친구들은 그녀가 "사랑에 빠진 게 아니라 완전히 미쳤다"고 생각한다. 그들은 더위나 병 때문에 미쳤다고 생각한다. 그러나 마리아가 앓고 있는 것은 사랑의 열병이다. 친구들은 "겸손하고 순수하고, 예의 바르고 세련된" 마리아가 이젠 제정신이 아니니 치노를 부르라고 노래한다. 친구들은 마리아의 오빠가 그녀와 치노를 맺어주려고 하는 것을 알고 있기 때문이다. 그러나 마리아에게 치노는 안중에 없다. 여전히 토니와의 사랑으로 들뜬 마음을 감출 수가 없다. 마리아는 토니와의 만남이 너무 기뻐 어지럽지만 너무나 즐겁고 행복하다. 그리고 자신이 너무나 예쁘다는 생각이 들어 미스 아메리카도 부럽지 않다.

웨딩숍의 주인이 이들의 춤과 노래를 저지하고, 아니타는 마리아에게 샤크파와 제트파가 결투할 것이라는 것을 알려준다. 이때 토니가 마리아를 찾아온다. 마리아가 토니와 사귀는 것을 못마땅하게 생각하는 아니타는 빈정거리기는 하지만 별 말 없이 나간다. 마리아는 토니에게 샤크파와 제트파의 싸움을 중단시켜 달라고 부탁한다.

> MARIA: You must go and stop it.
> TONY: I have stopped it. It's only gonna be
>   a fist fight now between two of 'em…
> MARIA: Any fight is no good for us.
> TONY: Maria, everything is good for us. We got magic.
> MARIA: Listen and hear me. You must go and stop it.
>
> (Act 1 Scene 7)

마리아가 부탁하기 전에 토니는 이미 제트파와 샤크파의 싸움을 중단시키려고 노력했다. 이들의 싸움을 원치 않기 때문이다. 토니는 싸우더라도 제트파의 두목인 리프와 샤크파의 베르나르도가 맨손으로 싸우기로 합의했으니 걱정하지 말라고 하면서 마리아를 안

심시킨다. 그러나 마리아는 계속 걱정하면서 토니에게 싸움을 중단시켜 달라고 부탁하고, 토니는 그러기로 약속한다. 토니는 싸우는 장소에 가려고 생각하지 않았지만, 마리아의 부탁으로 그 자리에 가게 되고, 마리아의 오빠인 베르나르도를 우발적으로 찔러 죽이는 비극적 사건에 연루될 것이다. 이제 토니와 마리아는 아무도 없는 가운데 다음과 같이 서약하면서 자신들만의 결혼식을 진행한다. 웨딩숍에 진열된 마네킹들만이 이 둘의 비밀 결혼을 축하하는 하객이다.

> TONY: I, Anton, take thee, Maria…
> MARIA: I, Maria, take thee, Anton…
> TONY: for richer, for poorer…
> MARIA: in sickness and in health…
> TONY: to love and to honor…
> MARIA: to hold and to keep…
> TONY: from each sun to each moon…
> MARIA: from tomorrow to tomorrow…
> TONY: from now to forever…
> MARIA: till death do us part.
> TONY: With this ring, I thee wed.
> MARIA: With this ring, I thee wed. (Act 1 Scene 7)

토니와 마리아는 서로를 아내와 남편으로 맞을 것을 서약한다. "부유할 때나 가난할 때나, 아플 때나 건강할 때나, 사랑하고 존경하며, 서로를 의지하고, 해가 뜨나 달이 뜨나, 내일이 지나고, 또 내일이 지나도, 지금부터 영원토록, 죽음이 갈라놓을 때까지, 이 반지로 결혼을 서약합니다!"

10. 우리는 한마음

토니와 마리아는 웨딩숍에서 그들만의 결혼식을 올리고 결혼서 약을 한 후, 1막 7장의 후반부에서 두 마음이 하나가 되는 바람을 '우리는 한마음'(One Hand, One Heart)이라는 노래로 담아낸다. 두 연인은 두 손을 마주 잡고 두 마음이 하나가 되고, 둘의 맹세가 하나로 되어, "죽음만이 우릴 나눌 수 있다"고 노래한다. 나아가 한 마음이 된 그들을 "죽음조차도 가를 수 없다"고 선언한다.

> TONY: Make of our hands. One hand
> Make of our hearts. One heart
> Make of our vows. One last vow
> Only death will part us now
> MARIA: Make of our lives. One life
> Day after day. One life
> TONY & MARIA: Now it begins

Now we start
One hand. One heart
Even death won't part us now. (Act 1 Scene 7)

두 마음이 하나가 된 토니와 마리아가 죽음조차도 자신들을 갈라놓을 수 없다고 선언하는 이 노래에서 주시할 점은 멜로디의 변화이다. 노래의 초반부에서 그들은 한마음이 되어 동일한 멜로디를 번갈아 부른다. 그러나 후반부에 이르면 그들은 서로 다른 멜로디를 부른다. 마리아는 이전의 멜로디를 다시 부르지만, 토니는 마리아의 멜로디 아래에서 따라 부르면서 마리아의 멜로디를 장식한다. 마지막 소절에서 토니는 계속 아래 음정에서 멜로디를 부르고, 마리아는 '새로 상행하는 멜로디'를 부른다. 토니의 하행 멜로디와 마리아의 상행 멜로디의 대조는 상징적이다. 전자는 토니가 나중에 맞게 될 '죽음을 암시'하며, 후자는 마리아가 수행하게 될 역할 증대를 의미하는 것처럼 보이기 때문이다.[106] 사실 자신의 목소리를 분명하게 지닌 마리아는 토니의 죽음 이후 피날레에서 강력한 목소리로 불화의 종식을 촉구하는 적극적인 인물로 부상한다.

토니와 마리아의 비밀 결혼이 진행되는 웨딩숍 뒤편의 창에는 십자가 격자가 있어 마치 성당과 같은 분위기를 연출한다. 로렌스 신부의 주례로 결혼하는 로미오와 줄리엣과는 달리 토니와 마리아는 주례도 없이 단 둘만의 결혼식을 올린다. 로미오와 줄리엣의 경우보다 더 비밀리에 그리고 더 빨리 결혼이 진행된 셈이다. <웨스트사이드 스토리>의 닥 아저씨는 『로미오와 줄리엣』의 로렌스 신

---

106) 강용식, "<웨스트사이드 스토리>: 사이렌의 탄생", 『음악이론연구』 12 (2007): 82~83.

부와 유사한 인물이다. 닥 아저씨도 로렌스 신부처럼 연인들의 든든한 지원자로 등장하기 때문이다. 그러나 그는 마리아를 알지 못하며, 로렌스 신부처럼 결혼식 주례도 서지 않는다. 토니와 마리아의 결혼은 주례도 없고 하객도 없는 외로운 결혼이지만, 그들 사랑의 강도는 로미오와 줄리엣에 못지않다. 죽음이 로미오와 줄리엣을 갈라놓지 못했듯이 토니와 마리아의 사이도 갈라놓지 못하기 때문이다.

11. 오늘 밤! 오늘 밤!

  1막 8장에서는 1막 7장의 마리아와 토니를 중심으로 한 밝은 분위기는 갑자기 어둡게 바뀐다. 토니와 마리아의 비밀 결혼 장면에 이어 바로 '오늘 밤' 결투를 앞둔 제트파와 샤크파의 노래가 들리고 베르나르도와 멋진 밤을 기대하는 아니타의 노래가 들려온다. 그리고 즐거운 '오늘 밤'을 기대하는 마리아와 토니의 노래가 이들의 노래와 엇갈린다. 각자 자신의 소망을 담아 부르는 오중창 '오늘 밤'(Tonight)의 가사는 다음과 같다.

> ANITA: Anita's gonna get her kicks. Tonight.
> We'll have our private little mix. Tonight.
> He'll walk in hot and tired. So what?
> Don't matter if he's tired,
> As long as he's hot. Tonight!
> TONY: Tonight, tonight,

Won't be just any night,
Tonight there will be no morning star.
Tonight, tonight, I'll see my love tonight
And for us, stars will stop where they are.
MARIA: Today
The minutes seem like hours,
The hours go so slowly.
And still the sky is light⋯
Oh moon, grow bright.
And make this endless day endless night! (Act 1 Scene 8)

제트파와 샤크파, 아니타, 그리고 마리아와 토니가 밤을 기다리는 것은 다른 이유 때문이다. 아니타는 오늘 밤 늦도록 즐거운 시간을 보내기를 기대한다. 토니는 오늘 밤 마리아를 만나 사랑을 나눌 것을 꿈꾸고, 마리아는 낮이 빨리 사라지고 밤이 와서 토니와의 사랑을 나눌 것을 기대한다. 제트파는 오늘 밤 베르나르도의 기를 꺾어 항복을 받고 주도권을 잡아 이 도시를 자신의 것으로 만들기를 기대하며, 샤크파는 제트파의 콧대를 납작하게 만들기를 기대한다. 이처럼 '오늘 밤'이란 노래에는 각자의 각기 다른 소망이 담겨 있다. 각자의 목소리가 엇갈리는 이 노래는 오늘 밤에 대한 서로 다른 기대를 가진 인물들의 욕망을 투사한다.

The Jets are comin' out on top tonight
We're gonna watch Bernardo drop tonight
The Puerto Rican punk'll go down. (⋯)
Tonight there will be no morning star
And then we'll have us a ball tonight (⋯)
Today the minutes seem like hours
The hours go so slowly

And still the sky is light (…)
We'll stop 'em once and for all
The Sharks are gonna have their way
The Jets are gonna have their day
We're gonna rock it tonight. (Act 1 Scene 8)

카메라가 서로 다른 인물들과 그룹들을 비추면서 각기 다른 욕망을 투사하고, 쉽게 조화되기 어려운 갈등을 음악을 통해 담아낸다. 서로 다른 욕망의 충돌이 극대화된 이 오중창에서 박자와 리듬이 서로 충돌하는데, 이는 불협화음과 더불어 긴장감을 유발하는 효과적인 음악으로 적절하게 사용되고 있다. 제트파와 샤크파의 리듬과 멜로디, 아니타의 멜로디, 토니와 마리아의 멜로디가 충돌하기도 하고 함께 겹쳐지기도 하는데, 이러한 '음악적 혼돈'은 해소되기 어려운 '갈등과 충돌'을 그리고 곧 다가올 사건의 긴박감을 효과적으로 담아낸다.[107]

---

107) 김광선, "뮤지컬의 다층적 언어", pp.259~260; 김선아, "뮤지컬 무용의 극적 기능에 관한 연구", p.73.

12. 싸울 이유가 없잖아?

1막 9장에서 카메라는 고속도로 아래 음산한 지역으로 이동한다. 제트파와 샤크파는 결전의 장소인 이곳으로 모여들어 싸우기 시작한다. 싸움이 벌어진 순간 거기 도착한 토니는 그곳에 용기 있는 놈은 아무도 없다고 하면서 싸움을 말린다. 토니는 거듭 "싸울 이유가 없지 않느냐"(There's nothin' to fight about)고 하면서 싸움을 말리지만, 아무도 그의 말을 듣지 않는다. 베르나르도는 싸움을 말리는 토니를 겁쟁이라고 모욕한다. 이때 리프가 갑자기 끼어들어 베르나르도를 공격한다. 둘은 칼을 빼들고 싸우고 베르나르도를 찌르려는 리프를 토니가 말리는 순간 리프는 베르나르도의 칼에 찔린다. 그러자 토니는 우발적으로 리프의 칼을 빼들어 마리아의 오빠인 베르나르도를 찔러 죽인다. 싸움을 말리러 갔던 토니지만 친구인 리프가 살해되자 이성을 잃게 된 것이다. 토니 또한 베르나르도의 칼에 맞고 부상당한다. 이 장면에 가사 없이 배경에 깔리는 것이 '패싸움'(The Rumble)인데, 싸움의 긴장감과 긴박감을 잘 드러내는 음악이다.

토니가 베르나르도를 우발적으로 찔러 죽이는 이 장면은 『로미오와 줄리엣』에서 머큐쇼와 티볼트가 싸우는 장면과 대비된다. 로미오도 싸움을 말리려고 갔지만 티볼트가 머큐쇼를 죽이자 우발적으로 티볼트를 죽이게 된다. 비슷한 구도이지만 <웨스트사이드 스토리>에서 베르나르도는 마리아의 친오빠로 설정된 반면, 『로미오와 줄리엣』에서는 티볼트가 줄리엣의 사촌오빠로 설정되어 있다. 토니나 로미오나 우발적으로 상대를 죽인다. 그러나 <웨스트사이드 스토리>에서는 토니가 연인의 오빠를 살해하게 함으로써 사건이 더 심각한 방향으로 진행되도록 처리한다. 로미오는 티볼트를 죽인 후 영주의 명에 따라 베로나에서 추방당한다. 그러나 토니는 베르나르도를 죽이자마자 도망을 친다. 경찰차의 사이렌 소리가 들리자 죽은 리프와 베르나르도를 남겨두고 모두가 도망을 친다. 리프와 베르나르도의 시신을 번갈아 보며 당혹스러워하던 토니는 마침내 마리아의 이름을 외치면서 도망친다. 감시등의 불빛과 들려오는 사이렌 소리가 긴장감과 긴박감을 조성한다.

1막 전체의 피날레에 해당하는 1막 9장은 극 진행상 가장 중요한 부분 중의 하나이다. 이전의 사건들을 정리하고 다음 2막의 내용을 견인할 수 있는 강력한 모티프를 드러내야 하기 때문이다. 김광선의 지적에 따르면 1막의 피날레에서 클라이맥스를 조성하면서 강한 인상을 던지기 위해 대규모 합창과 군무로 편성하는 당시 대부분의 뮤지컬과는 달리 <웨스트사이드 스토리>는 이런 장치들을 통해 '인위적인 클라이맥스'를 조성하지 않는다.[108] 그러지 않더라도 극의 내용만으로도 충분한 긴장감을 드러내는 클라이맥스가 형성되고 있기 때문이다.

108) 김광선, "뮤지컬의 다층적 언어", p.243.

13. 그 어딘가에

    2막 1장은 전 장면과는 대조적으로 아파트 옥상에서 춤을 추는 마리아를 비추면서 시작한다. 토니와의 만남으로 들뜬 마리아는 제트파와 샤크파의 결투에서 일어난 일을 모른 채 즐겁게 춤을 추고 있다. 그러나 치노를 통해 오빠의 죽음을 전해 들은 마리아는 충격에 빠진다. 충격을 받고 슬픔에 빠지지만 토니가 오빠를 살해했다는 치노의 말을 도저히 믿을 수가 없다. 마리아는 치노가 거짓말을 한다고 하면서 토니의 생사를 걱정하자, 이에 격분한 치노는 마리아의 아파트를 뛰쳐나간다. 마리아의 아파트를 찾아온 토니는 경찰에 자수할 생각이니 자신을 용서해달라고 마리아에게 애원한다.

> TONY: I tried to stop it; I did try. I don't know how it went
> wrong… I didn't mean to hurt him; I didn't want to; I

didn't know I had. But Riff··· Riff was like my brother. So
when Bernardo killed him—[*She lifts her head.*] 'Nardo
didn't mean it either. Oh, I don't know he didn't! Oh, no.
I didn't come to tell you just for you to forgive me so I
couldn't go to the police··· (Act 2 Scene 1)

토니는 싸움을 말리려고 했지만 자신에게 형제와 같은 리프를 베
르나르도가 죽여서 우발적으로 저지른 일이라고 변명한다. 토니는
경찰에 자수하려고 하지만, 마리아는 이를 저지하고 함께 있어 달
라고 애원한다. 이에 토니는 편견과 증오가 없는 곳에서 새로운 삶
을 살자고 약속하고 그 기대를 '그 어딘가'(Somewhere)에 담아낸
다.

(Tony) There's a place for us,
        Somewhere a place for us
        Peace and quiet and open air wait for us,
        Somewhere
(Maria) There's a time for us,
        Some day a time for us
        Time together with time to spare,
        time to look, time to care, Someday
(Tony) Somewhere we'll find a new way of living
(Maria) We'll find a way of forgiving,
        Somewhere
(Tony and Maria) There's a place for us,
        A time and place for us
        Hold my hand and we're halfway there
        Hold my hand and I'll take you there
        Somehow, Someday, Somewhere. (Act 2 Scene 1)

싸움이 없고 미움이 없는 곳으로 가기를 갈망하는 두 사람의 간

절한 마음이 잘 드러나는 노래로 이 작품의 주제가에 해당하는 음악이다. "우리를 위한 그곳, 어딘가 있겠지. 우리를 위한 그곳, 평화롭고 고요하고, 열린 그곳. 우릴 기다리는 그곳. 우리를 위한 시간, 우리를 위한 날들, 우리가 함께할 시간. 바라보며 아껴줄 시간. 언젠가 어딘가에서 우린 새 삶을 찾으리. 서로 용서하고. 어딘가 우리가 갈 곳이 있겠지. 우리를 위한 시간과 장소. 내 손을 잡아 이미 거기에 있어. 내 손을 잡아. 널 데려가 줄게. 어떻게든. 언젠가는. 그 어딘가에." 대립과 반목으로 점철된 세상에 외로이 던져진 두 사람의 운명이 안타깝다. 이들이 갈구하는 반목과 증오가 없는 세상은 여전히 요원하고, 그들이 새 삶을 시작할 수 있는 평화롭고 고요한 그 어딘가를 찾기가 어렵기 때문이다.

14. 냉정하게

리프가 죽은 후 제트파의 새로운 리더로 뽑힌 아이스가 2막 2장에서 뒷골목 창고에 모여 의견 대립으로 흥분하는 단원들을 진정시키고 침착하고 냉정하게 행동할 것을 당부한다. 이때 나오는 음악이 '냉정하게'(Cool)란 노래이다. 단원들이 "복수를 하고 싶다"고 하면서 샤크파 놈들과 한판 붙어 박살낼 것이라고 흥분하자, 아이스는 침착하라고 당부한다.

A-RAB: I wanna bust!
ICE: Bust cool!
ACTION: I wanna go!
ICE: Go cool!
    Boy, boy. Crazy boy. Get cool, boy
    Got a rocket in your pocket
    Keep cooly cool, boy

Don't get hot. 'Cause, man, you've got
Some high times ahead
Take it slow (…)
Just play it cool, boy
Real cool. Easy, Action.
Cool it, A-rab. Cool it! Cool it! (Act 2 Scene 2)

흥분하는 단원들더러 아이스는 계속 냉정하라고 타이른다. "주머니에 로켓이 들었어도 침착하게 행동하고, 흥분하지 말고 앞으로 다가올 일을 대비해야 한다"고 두목다운 말을 한다. 급하게 서둘다 간 다 망치는 수가 있다고 생각하기 때문이다. 긴장을 풀고 "흥분을 가라앉히라"고 충고하고, 복수는 하되, 침착하게 복수하라고 타이른다. 리프와 베르나르도가 죽은 상황에서 긴박감을 잘 드러내는 노래이다.

번스타인은 긴장감과 폭력과 갈등이 드러나는 이 장면의 음악으로 불협화음인 트리톤(triton)을 사용한다. "두 개의 음 사이에 반음이 포함되지 않은 증 4도, 즉 세 개의 온음"으로 구성된 트리톤은 중세 때 '음악의 악마'라고 이름 지어질 정도로 부르기 어려운 불협화음 형식이다.109) 불협화음이 두드러진 '냉정하게'(Cool)란 음악을 배경으로 펼쳐지는 제트파 단원들의 군무 또한 긴장감과 불안을 잘 드러낸다. 단원 중 한 명이 치노가 총을 들고 토니를 찾고 있다는 소식을 전하자, 그들은 망을 보며 토니를 보호하기로 결정하고 치노를 찾아 나선다. 패거리들이 도망치는 모습과 어두운 밤거리를 배경으로 순찰하는 경찰차의 불빛 또한 긴장감을 조성한다.

---

109) 김광선, pp.256~257; Wieland Ziegenruecker, *Allegemeine Musiklehre* (Muenchen: Goldmann-Verlag, 1977), p.66.

15. 그런 녀석은…

2막 3장에서 마리아의 아파트에 숨어 있던 토니는 아니타가 온 것을 눈치채고 도망치려고 한다. 토니와 마리아의 다음 대사는 긴 박감에 넘치는 상황을 잘 제시해 주고 있다.

> TONY: Together.
> MARIA: But where?
> TONY: The bus station. We'll go so far away they'll never find us.
> MARIA: How can we?
> TONY: Doc'll help us with money. You'll meet me at his store.
> MARIA: At Doc's, yes.
> TONY: I'll wait for you there. Hurry. (Act 2 Scene 3)

마리아와 함께 어딘가 멀리 떠날 결심을 한 토니는 닥 아저씨의 약국 근처 버스 정류장에서 기다리겠다는 말을 남기고 마리아의 아파트를 급히 나선다. 닥 아저씨의 도움을 받아 도망치자고 약속한 것이다. 그러나 갑자기 문을 연 아니타는 거리로 뛰쳐나가는 토니를 바라보며 마리아에게 토니와 헤어질 것을 종용한다. 아니타는 설득을 넘어 마리아에게 오빠를 죽인 적을 사랑해서는 아니 된다고 위협하면서 '그런 녀석은…'(A Boy Like That)이란 노래를 부른다.

> ANITA: A boy like that who'd kill your brother
> Forget that boy and find another
> One of your own kind, stick to your own kind
> A boy like that will give you sorrow
> You'll meet another boy tomorrow
> One of your own kind, stick to your own kind
> A boy who kills cannot love,
> A boy who kills has no heart
> And he's the boy who gets your love
> And gets your heart, very smart Maria, very smart
> A boy like that wants one thing only
> And when he's done he'll leave you lonely
> He'll murder your love, he murdered mine
> Just wait and see, just wait Maria, just wait and see.
>
> (Act 2 Scene 3)

아니타는 마리아에게 오빠를 죽인 토니 같은 놈은 슬픔만 줄 뿐이니 그를 잊고, 푸에르토리코인들 중에 비슷한 사람을 골라 만나라고 충고한다. 토니 같은 살인자는 사랑할 수 있는 따뜻한 마음이 없고, 마리아를 범하고 나면 곧 그녀를 버릴 것이라고 충고한다. 자신과 마리아가 사랑하는 베르나르도를 죽인 잔인한 토니 같은 놈을 잊으라고 요구한다. 아니타는 분노에 찬 목소리로 이야기하면서 마리아에게 다른 사람을 만날 것을 강력하게 요구한다. 하지만 마리아는 사랑의 힘을 강조하며 아니타를 설득하려고 한다.

  2막 2장의 '냉정하게'에서 음악적 불협화음을 통해 긴장과 갈등을 드러냈다면, '그런 녀석은…'에서는 박자가 시시때때로 변하면서 널뛰기를 하는 불규칙한 리듬을 통해 아니타의 분노와 격정, 그리고 폭발지경에 이른 '극도의 감정 변화'를 드러낸다.[110] 애인인 베르나르도를 죽인 토니를 염두에 두고 부르는 노래이니 격렬하고 거칠 수밖에 없었을 것이다.

---

110) 김광선, "뮤지컬의 다층적 언어", p.260.

16. 난 그를 사랑해

아니타는 '그런 녀석은…'(A Boy Like That)이란 노래를 통해 오빠를 죽인 잔인한 토니와 같은 놈을 잊어버리라고 하지만, 마리아는 2막 3장의 이어지는 노래, '난 그를 사랑해'(I Have A Love)라는 노래를 통해 자신이 토니를 얼마나 사랑하는지를 드러낸다.

Oh no Anita, no, Anita, no, it isn't true, not for me
It's true for you, not for me
I hear your words and in my head
I know they're smart
But my heart, Anita, but my heart knows they're wrong
You should know better, you were in love
Or so you said, you should know better
I have a love and it's all that I have
Right or wrong, what else can I do?
I love him, I'm his, and everything he is I am too

I have a love, and it's all that I need
Right or wrong, and he needs me too
I love him, we're one, there's nothing to be done
Not a thing I can do, but hold him, hold him forever
Be with him now, tomorrow and all of my life. (Act 2 Scene 3)

　자신의 오빠이며 아니타의 애인인 베르나르도가 토니의 손에 죽었지만 마리아에게 중요한 건 사랑이다. 마리아는 머리로는 아니타의 말이 맞는 걸 알지만, 자신의 마음은 아니라고 말하고 있다면서 다음과 같이 노래한다. "너도 사랑해봤으니 알 것 아냐. 진정한 사랑이었다면 너도 알 것 아냐. 난 사랑을 찾았어. 내가 가진 건 그것뿐. 옳건 그르건 내가 어쩌겠어? 난 그 사람을 사랑해. 난 그 사람 거야. 그의 모든 것이 내 것이기도 해." 마리아에게 중요한 것은 사랑하는 토니를 찾았다는 것이고 자신이 필요한 건 그것뿐이라고 말한다. "그 사람을 사랑해. 우린 하나야. 어쩔 수가 없어. … 지금 그와 함께하며 내일도 그리고 영원히, 생이 끝날 때까지." 마리아는 이렇게 토니와 함께하겠다는 결심을 밝힌다.

　'그런 녀석은…'이란 노래와 '난 그를 사랑해'를 통해 아니타와 마리아가 서로 논쟁을 벌이는 것처럼 진행되던 멜로디는 이제 두 사람의 합창으로 종결된다. 마리아에게 설득당한 아니타는 마침내 마리아와 함께 "사랑이 강하면 옳고 그름은 없지. 사랑이 곧 인생이니까!"(When love comes so strong, there is no right or wrong. Your love is your life!)라고 합창한다. 아니타는 마리아의 사랑을 이해하고 마침내 그녀를 돕게 된 것이다.

ANITA [*quietly*]: Chino has a gun…

He is sending the boys out to hunt for Tony—
MARIA [*tears off her bathrobe*]: He is at Doc's store, waiting for me.

If he hurts Tony—If he touches him—I swear to you, I'll—
ANITA [*sharply*]: You'll do what Tony did to Bernardo?
MARIA: I love Tony.
ANITA: I know. I loved Bernardo.

[*Shrank comes into the outer room.*] (Act 2 Scene 3)

아니타는 토니에 대한 마리아의 사랑을 이해하고 다음과 같이 말한다. "알아. 나도 베르나르도를 사랑했어." 한편 토니를 사랑하는 마리아에게 분노를 느낀 치노는 토니를 찾아 죽이려고 하는데, 아니타는 마리아에게 치노가 총을 가지고 토니를 찾고 있다는 것을 알려준다.

마리아는 토니에 대한 자신의 사랑을 적극적으로 표현할 뿐만 아니라 그것을 다른 사람에게도 전달하고자 한다. 아니타를 설득하는 장면에는 이런 적극적인 마리아의 성격이 드러나 있다. 이 점에 있어 마리아는 줄리엣과는 차이가 있는 인물이다. 줄리엣은 자신의 의사를 마리아처럼 적극적으로 표현하지 않을 뿐만 아니라 마리아처럼 누군가를 설득하려고 하지도 않는다. 줄리엣은 소극적이고 수동적인 인물이다. 로미오를 사랑하고 있음에도 불구하고 아버지 캐퓰럿과 어머니가 제안하는 페리스와의 결혼을 마지못해 받아들이기 때문이다. 마리아는 극 전체에서 셰익스피어의 줄리엣보다 훨씬 비중이 큰 인물이다. 이에 대해서는 토니가 죽은 후 드러내는 그녀의 모습을 논의하면서 좀 더 언급하겠다.

17. 베르나르도가 옳았어!

　형사가 마리아를 찾아가 베르나르도에 대해 묻자, 위험을 직감한 마리아는 아니타에게 쪽지를 건네주며 토니에게 급히 전해 주라고 부탁한다. 토니의 손에 연인을 잃은 아니타이지만 이제 토니를 구하기 위해 마리아가 준 쪽지를 들고 그를 찾아 나선다. 2막 4장에서 토니는 닥 아저씨의 가게 지하실에 숨어 있고 제트파가 그를 보호하고 있다. 아니타는 닥 아저씨 가게에서 제트보이들을 만나고, 마리아의 메시지를 토니에게 전해 주기 위해 제트보이들에게 길을 비켜줄 것을 부탁한다. 그러나 그들은 아니타의 앞을 가로막고 성추행을 하면서 그녀를 심하게 모욕한다. 이때 배경음악으로 깔리는 것이 '조롱'(Taunting)이다.

ANITA: Will you let me pass?
SNOWBOY: She's too dark to pass.
ANITA: Don't.
ACTION: Please don't.
SNOWBOY: *Por favor.*
DIESEL: *Non comprende.*
A-RAB: *Gracias.*
BABY JOHN: *Di nada.*
ANITA: Listen, you—[*She controls herself.*]
ACTION: We're listenin'.
ANITA: I've got to give a friend of yours a message.
I've got tell Tony. (Act 2 Scene 4)

아니타를 둘러싼 제트파 무리들에게 아니타가 지나가게 해달라고 애원하지만 스노보이(Snowboy)는 "피부가 검어서 지나갈 수 없다"(She's too dark to pass)고 그녀를 조롱하고 다른 패들은 스페인 말로 그녀를 조롱한다. 아니타가 토니에게 메시지를 전달하러 왔다고 하자, 그중 한 사람이 그녀를 "베르나르도의 돼지"(Bernardo's pig)라고 부르면서 조롱한다. 토니를 밀고하려는 것으로 오해했기 때문이다. 토니를 돕기 위해 온 아니타에게, 그들은 아니타가 "마늘냄새 나는" 더러운 년이라고 하면서 성추행하려고 집단으로 덤빈다. 제트파 패거리들은 대사뿐만 아니라 몸짓을 통해 아니타에 대한 조롱을 표현한다.

1막 4장과 1막 5장에서 사용된 음악이 이 장면의 배경음악으로 다시 등장한다. 아니타가 제트파들 앞에 나타나자 '맘보'가 배경음악으로 깔리고, 아니타가 성추행을 당하는 순간 '아메리카'로 바뀐다. 이는 제트파 패거리들의 조롱이 아니타 개인에게가 아니라 푸에르토리코인 전체를 향한 인종적 조롱이라는 것을 시사한다.[111]

조롱당한 아니타는 다음과 같이 분노를 드러낸다.

> ANITA [*trying not to cry*]: Bernardo was right⋯ If one of you
> was bleeding in the street, I'd walk by and spit on you. (⋯)
> Don't you touch me. I got a message for your American
> buddy. You tell that murderer⋯ that Maria's never going to
> meet him. You tell him that Chino found out about them
> and shot her! She's dead. (Act 2 Scene 4)

제트파 패거리들에게 분노한 아니타의 거짓말이다. "베르나르도
가 옳았어. 너희 놈 중 누가 길에서 피 흘리고 누워 있으면 침을 뱉
어줄 거야. (⋯) 건들기만 해 봐? 네 미국 친구를 위해 메시지를 가
져왔지. 그 살인자에게 마리아를 다신 못 본다고 전해. 치노가 둘
사이를 알아채고 총을 쏴서 마리아는 죽었다고." 사건이 급반전되
는 순간이다. 치노가 마리아를 죽였다는 아니타의 거짓말은 이 작
품의 흐름을 완전히 바꾸어놓기 때문이다.

『로미오와 줄리엣』에서는 줄리엣이 직접 로렌스 신부를 찾아가
자신의 사정과 모든 사실을 알려주고, 로렌스 신부는 그녀에게 마
시면 죽은 것처럼 보이지만 잠시 후 깨어나는 약을 주면서 줄리엣
을 돕는다. 그러나 예상과는 달리 줄리엣을 본 로미오는 그녀가 정
말 죽은 것으로 오인하여 자결한다. 약을 먹고 깨어나서 죽은 로미
오를 본 줄리엣 또한 자결한다. 지금까지 <웨스트사이드 스토리>
와 『로미오와 줄리엣』의 사건 진행은 크게 달라 보이지 않는다. 반
목하는 양 집단의 싸움, 연인들의 운명적인 만남, 발코니 장면, 연

---

111) 김광선, "뮤지컬의 다층적 언어", pp.253~254.

인들의 비밀결혼 등은 두 작품에서 유사하게 재현된다.112) 그러나 치노가 마리아를 죽였다는 아니타의 거짓말 이후, 사건은 걷잡을 수 없이 꼬이기 시작한다.

아니타는 『로미오와 줄리엣』에서 유모와 비교해볼 수 있는 인물이다. 유모와 아니타 둘 다 여주인공 곁에 있으면서 그녀를 돕고 보호하는 인물이다. 유모는 극에서 차지하는 비중이 그리 크지 않다. 그녀로 인해 사건의 전개가 급격하게 바뀌지 않는다는 말이다. 그러나 아니타는 유모보다 플롯의 전개에 훨씬 더 큰 영향력을 행사한다. 지금까지 별다른 차이가 없었던 두 작품 간의 사건 전개가 아니타의 거짓말로 인해 확연히 차이를 드러내기 시작하기 때문이다.

『로미오와 줄리엣』에서는 로미오에게 전달하려는 로렌스 신부의 편지가 로미오에게 제시간에 전달되지 못하면서 극이 비극으로 치닫는다. <웨스트사이드 스토리>의 플롯은 대체로 원작의 내용과 유사하다. 서로 사랑하는 청춘남녀가 자신들의 의지와 상관없는 갈등에 휘말려 비극적 파국에 이른다는 골격은 비슷하다. 그러나 가문 간의 갈등과 불화가 비극의 원인으로 작용하는 원작과는 달리 <웨스트사이드 스토리>에서는 인종 간의 증오와 대립이 비극의 주요한 원인으로 작용하고 있다. 주목할 점은 셰익스피어가 로미오와 줄리엣의 운명을 우연에 맡겨놓은 반면, 로렌츠는 인종에 대한 '사회적인 편견'이 중요한 역할을 하도록 구성했다는 점이다.113) 로렌츠는 인종문제와 갈등을 다루면서 필연성을 강조하고 있는 것이다.

---

112) J. P. Swain, *The Broadway Musical: A Critical and Musical Survey*, 2nd ed. (Lanham, Maryland: Scarecrow P, 2002), p.223.

113) 강용식, "<웨스트사이드 스토리>: 사이렌의 탄생", 『음악이론연구』 12 (2007): 72.

아니타의 거짓말 또한 토니와 마리아의 비극에 필연성을 부가한다.

　모욕감을 느낀 아니타가 한 거짓말이 사건이 비극으로 치닫는 데 결정적인 역할을 하도록 구성한 <웨스트사이드 스토리>는 양가의 불화와 시간의 우연한 꼬임이 비극적 전개에 관여하도록 구성한 『로미오와 줄리엣』과는 개연성의 관점에서 차이가 나는 작품이다. 플롯 구성과 개연성의 관점에서 보자면 사건의 비극적 전개에 필연성이 개입된 <웨스트사이드 스토리>가 시간의 우연한 꼬임이 비극적 전개에 작용하는 『로미오와 줄리엣』보다 더 우수한 작품이다.114) 토니와 마리아의 비극은 우연이 아니다. 그들의 비극은 인종 편견으로 가득 찬 사회에서 필연으로 작용한다. 이 작품의 주제로 작용하는 인종 편견의 문제가 명시적으로 드러난 노래는 '제트송'과 '아메리카', '여봐요, 크럽키 경관나리'와 '그런 녀석은…' 등이다.115)

---

114) Arthur Laurents, *Original Story By* (New York: A. Knopf, 2000), p.349; 강용식, p.72.

115) Elaine A. Novak, *Performing in Musical* (New York: Macmillan, 1988), p.18.

18. 어서 나도 죽여!

2막 5장에서 토니는 닥(Doc) 아저씨 상점의 지하실에 숨어 있다. 아니타의 거짓말 이후 닥 아저씨는 숨어 있는 토니에게 치노가 마리아를 죽였다는 것을 다음과 같이 전한다.

> DOC: Why do you kids live like there's a war on? Why do you kill?
> TONY: I told you how it happened.
> Maria understands. I thought you did too.
> DOC: Maria understands nothing⋯ ever again.
> There is no Maria, Tony.
> TONY: What?
> DOC: I can't.
> TONY: No, Doc! Now tell me! What is it?
> DOC: That was Anita upstairs.
> Chino found out about you and Maria⋯ and he killed her.
> TONY: Maria died? (Act 2 Scene 5)

닥 아저씨는 "너희들은 왜 이렇게 늘 싸우면서 살아야 하느냐"
고 질책하면서 이해할 수 없는 일이라고 하자, 토니는 마리아가 자
신을 이해한다고 말한다. 그러자 닥 아저씨는 "마리아가 알긴 뭘
알아. 절대로 몰라. 마리아는 이제 없다"고 하면서 치노가 둘 사이
를 알고 마리아를 죽였다는 아니타의 거짓을 전한다. 물론 이는 아
니타의 거짓말과 닥 아저씨의 오해에 기인한 잘못된 전갈이다. 하
지만 토니는 이를 곧이곧대로 믿는다. 잘못 전해진 전갈로 인해 이
제 사건은 전혀 다른 방향으로 진행된다. 아니타가 거짓말을 하기
전까지는 비슷한 전개를 보여왔던 『로미오와 줄리엣』과 <웨스트사
이드 스토리>의 플롯은 확연하게 달라지기 시작한다.

2막 6장에서 충격에 휩싸인 토니는 미친 듯이 거리로 나가 다급
한 목소리로 다음과 같이 소리친다. "어서 나와 나도 죽여, 치노!
어서 나와 나도 죽여!"(Come and get me too, Chino! Come and
get me too, Chino!) 마리아가 죽었다는 소식을 접한 토니의 반응
과 『로미오와 줄리엣』에서 줄리엣의 죽음을 전해들은 로미오의 반
응은 상당한 차이가 있다. 로미오는 줄리엣이 죽었다는 사실을 전
해 듣고, 자살하기 위해 독약을 사서 줄리엣에게 달려간다. 그리고
는 신부가 준 약을 먹고 잠든 줄리엣을 죽은 것으로 오해하여 스스
로 독약을 마시고 자살한다. 그러나 치노가 마리아를 죽인 것으로
오인한 토니는 치노를 찾아 나선다.

치노를 찾던 토니는 공터에서 마리아를 발견하고 두 사람은 반
가워서 얼싸안는다. 그러나 이 순간 한 발의 총소리가 나고 토니가
쓰러진다. 마리아를 짝사랑하는 치노가 갑자기 나타나 토니에게 총
을 쏜 것이다. 절정에 달한 인종 간의 갈등이 터진 순간이다. 치노

는 『로미오와 줄리엣』의 패리스경과 비교될 수 있는 인물이다. 패리스는 줄리엣의 연인이 되고자 했고 치노도 마리아의 연인이 되기를 원했다. 그러나 줄리엣에 대한 자신의 사랑을 계속 표현하는 패리스와는 달리 치노는 마리아에 대한 자신의 마음을 잘 표현하지 않는다. 다만 마리아의 주변을 떠돌 뿐이다. 치노에게 더 큰 인종적 차별이 주어졌을 것이라는 사실을 짐작하기 어렵지 않다. 치노는 다른 푸에르토리코인들보다 더 까무잡잡한 피부와 강한 스페인 발음을 구사하는 인물로 재현되고 있기 때문이다. 『로미오와 줄리엣』에서 패리스 역시 로미오의 죽음에 간접적으로 관여하는 인물이지만, 그를 직접 죽이지는 않았다. 그러나 치노는 연적인 토니를 직접 죽인다. 인종 간 갈등의 심각성을 보여주는 경우일 것이다.

19. 우리 모두가 죽었어!

2막 6장에서 마리아는 자신의 품에서 죽어가는 토니에게 그들의 꿈을 담은 '그 어디엔가'(Somewhere)를 다시 한번 불러준다. "우리를 위한 시간과 장소. 내 손을 잡아, 이미 거기에 있어. 내 손을 잡아, 널 데려가 줄게. 어떻게든. 언젠가. 그 어딘가에…."

TONY: Maria! I didn't believe hard enough.
MARIA: Loving is enough.
TONY: Not here. They won't let us be.
MARIA: Then we'll get away.
TONY: Yeah, we can.
MARIA: Yes.
TONY: We will.
MARIA: Yes. (*Singing*)
    Hold my hand and we're halfway there
    Hold my hand and I'll take you there
    Somehow, someday, some… (Act 2 Scene 6)

분노와 증오로 가득 찬 웨스트사이드는 서로 다른 인종적 배경을 가진 그들을 사랑하게 가만두지 않는다는 토니에게 마리아는 어딘가 먼 곳으로 떠나자고 한다. 마리아가 토니를 감싸 안고 애절하게 노래하는 동안 토니는 그녀의 품에서 죽어간다. 여기서 '그 어디'란 편견과 증오가 없는 자유로운 공간이다. 2막 1장에서 토니와 마리아는 '그 어디엔가'라는 노래를 통해 싸움과 미움이 없는 그 어느 곳으로 가고 싶은 간절한 소망을 드러낸 바 있다. "우리를 위한 그곳, 어딘가 있겠지. 우리를 위한 그곳, 평화롭고 고요하고, 열린 그곳. 우릴 기다리는 그곳. 우리를 위한 시간, 우리를 위한 시간, 우리가 함께할 시간. 바라보며 아껴줄 시간. 언젠가 그 어딘가에서 우리는 새 삶을 찾으리. 서로 용서하고. 그 어딘가 우리가 갈 곳이 있겠지. 우리를 위한 시간과 장소. 내 손을 잡아 이미 거기에 있어. 내 손을 잡아. 널 데려가 줄게." 피날레에서 마리아를 통해 다시 반복되는 '그 어디엔가'에는 살아생전 이루지 못했던 새로운 삶에 대한 갈망이 드러나 있다. 그러므로 이 노래는 영화의 주제를 구체화하는 특별한 의미를 지니고 있다.

노래를 마친 마리아는 토니와 리프와 베르나르도를 그들 모두가 죽인 것이라고 외친다. 그러고는 치노에게 총을 뺏어 토니의 시신을 둘러싼 제트파와 샤크파 패거리들에게 다음과 같이 말하면서 총을 겨눈다. "물러서! 이 총을 어떻게 쐈지, 치노? 이 방아쇠를 당겼니? 총알은 몇 개 남았지? 너를 쏠 건 있지? 그리고 너도?"

How do you fire this gun, Chino? Just by pulling this little trigger? [*She points it at him suddenly; he draws back. She has all of them in front of her now, as she holds the gun out and her voice gets stronger with anger and savage rage.*] How many bullets are left, Chino? Enough for you? [*Pointing at another.*] And you? [*At Action.*] All of you? WE ALL KILLED HIM; and my brother and Riff. I, too. I CAN KILL NOW BECAUSE I HATE NOW. [*She has been pointing the gun wildly, and they have all been drawing back. Now, again, she holds it straight out at Action.*] How many can I kill, Chino? How many—and still have one bullet left for me? (Act 2 Scene 6)

마리아는 총이나 총알이 아닌 증오가 모두를 죽였다고 강력하게 항변한다. "너희들 모두! 우리들 모두가 죽였어. 내 오빠와 리프를." 마리아는 이제 자신도 사람을 죽일 수 있다고 말한다. 연인과 오빠의 죽음으로 인해 증오심이 생겼기 때문이다. "나도 이젠 죽일 수 있어. 증오가 생겼으니까. 몇 명이나 죽일 수 있지, 치노? 날 위해 총알 한 방은 남겨야지." 마리아의 격렬한 분노가 여과 없이 드러난 부분이다.

<웨스트사이드 스토리>는 인종 간의 갈등과 증오가 얼마나 큰 비극을 야기하는지를 잘 보여주는 작품이다. 앞서 언급했듯이 마리아는 『로미오와 줄리엣』에서 잠에서 깨어나 죽은 로미오를 발견하고 단도로 자살한 줄리엣과는 매우 다른 인물이다. 줄리엣은 로미오를 따라 죽는다. 그러나 마리아는 줄리엣처럼 연인을 따라 죽지 않는다. <웨스트사이드 스토리>에서 사건의 진행에 대한 마리아의 영향력은 지대하다. 마리아는 적극성을 드러내면서 사건의 곳곳에 개입한다. 예를 들어 마리아는 싸움을 중단시켜야 한다고 강력하게 토니를 설득하고 토니의 손에 죽은 오빠의 연인 아니타도 설득한다. 토니에게 보내는 메시지를 아니타에게 맡기고 아니타가 이를

전하러 갔다가 사건이 꼬여 파국으로 치닫게 된다는 것은 그만큼 마리아의 역할이 지대하다는 것을 드러내는 설정이다. 죽은 토니의 시신을 안고 양편 패거리들에게 분노를 터뜨리며 강력하게 경고한다. 마리아는 줄리엣에게서는 볼 수 없었던 적극성을 드러내면서 인종 간의 갈등과 증오를 언급한다. 이처럼 마리아는 모든 이들을 향하여 자신의 의사를 적극적으로 표현한다. <웨스트사이드 스토리>에서는 『로미오와 줄리엣』에 비해 여성 인물들의 비중이 훨씬 크다. 마리아뿐만 아니라 아니타도 사건의 전개에, 특히 비극적 진행에 지대한 영향력을 행사하는 인물이다.

마리아가 죽은 토니에게 키스를 한 뒤, 제트보이들은 토니의 시신을 옮긴다. 처음에는 제트보이들만이 옮기다가 나중에는 샤크파 중 몇 명도 운구를 돕는다. 경찰차의 헤드라이트가 번쩍거리고 배경음악으로 '그 어디엔가'라는 노래가 흘러나온다. 그런데 주목할 점은 토니의 시신을 옮기는 행렬이다. 제트파 단원 중 몇 명이 샤크파 단원들이 서 있는 방향으로 토니의 시신을 옮긴다. 몇몇 제트파와 샤크파 단원들이 토니의 시신을 따라 같은 방향으로 빠져나가자, 제트파의 베이비 존(Baby John)이 마리아에게 스카프를 씌워준다. 존스(J. B. Jones)는 이 장면을 두고 믿기 어려운 장면이라고 비판했지만,[116] 이런 행동에는 상징적 의미가 내포되어 있다. 그것은 다름 아닌 두 패거리의 화해의 가능성이다. 토니의 죽음 앞에 양쪽 편이 모두 애도의 자세를 드러내기 때문이다. 그러나 서로에 대한 증오의 감정이 완전히 사라진 것은 아니다. 마리아가 퇴장

---

116) John B. Jones, *Our Musicals, Ourselves: A Social History of the American Musical Theatre* (Waltham, MA: Brandeis UP, 2003), p.193.

하자 그 자리에 남아 있던 몇몇 패거리들은 각자 자신들의 방향으로 퇴장한다. 이는 인종 간의 갈등이 여전히 그리 쉽게 해결되지 않을 과제로 남아 있다는 것을 암시한다. 토니의 죽음에도 불구하고 살아남은 마리아가 그런 갈등을 푸는 실마리를 제공할 것이다. 토니의 시신이 옮겨진 후 슬퍼하던 마리아는 일어나 비장한 표정으로 토니의 시신이 옮겨지는 곳으로 걸어간다. 마리아의 비장한 모습은 인종 간의 갈등을 적극적으로 해결하는 데 일조하리라는 인상을 강하게 풍긴다. 그 해결책은 다름 아닌 '차이'의 포용과 이해이다.

클라라 로드리게스(Clara E. Rodriquez)의 주장에 따르면 많은 할리우드 영화에서 라티노는 부정적으로 재현되고 있다. 가족에 대한 라티노 여성의 헌신은 "많은 자식을 가진 가난한 어머니"라는 이미지로 재현되고, 라티노 남성은 "폭력, 범죄, 위험한 사랑"과 관련된 부정적 이미지로, 가족에 대한 라티노 여성의 애정은 범죄를 저지른 가족 일원을 보호하는 왜곡된 이미지로 재현되고 있다.117) <웨스트사이드 스토리>가 의도적으로 인종주의적 재현을 시도하지 않았다고 해도 이 작품에 재현된 푸에르토리코인들의 부정적 모습은 다소 과장되어 있다. 그들이 뒷골목에서 영역 다툼을 벌이며 싸우는 청소년들이긴 하지만, 그들 집단의 이름인 '샤크파'(상어파)가 지시하듯 잔인한 인물들은 아니다.

인종 간의 '차이'는 늘 갈등을 야기한다. 인종의 경계를 넘어 다양한 문화가 공존하고 서로 다른 이들이 어우러져 아름다운 화음

---

117) Clara E. Rodriquez, *Latin Looks: Images of Latinas and Latinos in the U.S. Media* (Colorado: Westview P, 1997), pp.2~3; 이성훈, p.365.

을 내는 세상은 여전히 요원하다. 인간이 경계를 설정하고 차이를 명시하여 자신과 타자를 구분하고 권력 관계를 구축하려는 욕망을 배제하기는 여전히 쉽지 않다. 하지만 아름다운 화음은 서로 다른 다양한 것들의 울림을 들을 수 있을 때 가능하다. 차이를 차별이 아니라 다름으로 포용하지 않는 세상에서 평화를 기대하긴 어렵다. <웨스트사이드 스토리>의 마지막 장면의 배경음악으로 '그 어딘가에'가 흘러나오는데, 이는 영화 전체의 주제를 명시하는 의미를 지니고 있다. 그 어딘가는 다름 아닌 "평화롭고 고요하고 서로 용서하는 열린" 사회, 증오와 대립과 편견이 없고 '차이'가 다름으로 그리고 다양성으로 받아들여지는 사회이다. 그런 사회가 영화 <웨스트사이드 스토리>가 희구하는 사회이다.

THE PHANTOM OF THE OPERA

오페라의 유령

1. 뮤지컬과 영화

1986년 10월 런던의 머제스티스(Majesty's) 극장에서 초연된 <오페라의 유령>(*The Phantom of the Opera*)은 앤드류 로이드 웨버(Andrew L. Webber)의 아름다운 음악을 유감없이 드러낸 최고의 뮤지컬 중의 하나이다. 웨버가 작곡을 맡고 찰스 하트(Charles Hart)가 작사와 극본을, 그리고 카메론 매킨토시(Cameron Mackintosh)가 제작을 맡아 프랑스의 작가 가스통 르루(Gaston Leroux)의 소설 『오페라의 유령』(*Le Fantôme de l'Opéra*)을 뮤지컬로 다시 탄생시켰다. 1910년 파리에서 출판된 르루의 이 추리소설을 바탕으로 수많은 영화들이 제작되었다. 1925년 유니버설 스튜디오가 제작한 최초의 무성영화 <오페라의 유령>(*The Phantom of the Opera*)을 필두로 많은 영화들이 제작되었다. 무성영화 시대의 유명 배우 론 채니(Lon Chaney)가 유령 역을 맡았던 이 영화는 1929년에 유성영화로 리메이크되고, 1943년에는 또다시 컬러영화로 리메이크된다. 클로드 레인스(Claude Rains)가 '유령'인 에릭(Erik) 역을 맡았다.

1937년에는 르루의 소설을 각색한 중국영화 <야반가성>(*Song at Midnight*, 夜半歌聲)이 출시되었으며, 이 흑백영화는 다시 상(1962), 하(1963)편 컬러영화로 리메이크된다.[118] 1974년에는 록 뮤지컬 버전인 <천국의 유령>(*Phantom of the Paradise*)이, 1989년에는 로버트 잉글런드(Robert Englund)가 출연했던 <오페라의 유령>(*The Phantom of the Opera*)이 출시된다. 한국에서는 <영원한 사랑>이라는 제목으로 알려진 영화이다.[119] 2004년에는 웨버의 1986년 뮤지컬 <오페라의 유령>을 바탕으로 제작된 조엘 슈마허(Joel Schumacher) 감독의 <오페라의 유령>이 출시되었다.[120] 이 영화들은 모두 나름대로의 변형을 하고 있지만 이야기의 골격은 모두 르루의 소설을 따르고 있다.

웨버의 1986년 뮤지컬은 19세기 파리의 문화와 역사를 담고 있는 르루 소설의 수많은 "후손" 가운데 하나이다.[121] 1976년 제작된 켄

---

118) 이에 대해서는 다음을 참조. Yiman Wang, "Here, Again, Comes the Bride-to-be: Refiguring the Gender and Remaking the Horror", *Language & Literature* 28 (2003): 43~65.

119) 이 영화의 주인공 에릭 데슬러(Erik Destler)는 베토벤과 같은 음악의 거장이 되고 싶어서 파우스트처럼 악마에게 영혼을 팔고 계약하는 인물이다. 악마는 그에게 영생과 음악의 천재성을 부여했지만, 에릭의 얼굴은 점점 일그러진다. 그는 흉측한 얼굴을 가리기 위해 사람의 얼굴 가죽을 뒤집어쓰고, 그 얼굴 가죽이 썩어 문드러질 때마다 다시 살인을 저질러 또 다른 사람 얼굴 가죽을 벗겨서 자신의 얼굴에 덮어쓴다. 빈곤와이트, "오페라의 유령(*the Phantom of the Opera*)", http://grimper88.egloos.com/2130515

120) 그 외에도 르루의 소설을 기반으로 한 수많은 영화들이 세계 각국에서 제작되었다. 리스트는 다음과 같다. *El Fantasma de la Opereta* (1954): *the Phantom of the Opera* (1962): *The Monster or the Opera* (1964): *Wicked, Wicked* (1973): *Phantom of the Mall: Eric's Revenge* (1989): *the Phantom of the Opera* (1991): *O Fantasma da Ópera* (1991): *Phantom Of The Rock Opera* (1991): *The Phantom of the Ritz* (1992): *Il Fantasma dell'Opera* (1998). "Adaptations of *the Phantom of the Opera*." http://en.wikipedia.org/wiki/Adaptations_of_ The_ Phantom_of_the_Opera# Film

121) George E. Haggerty, "Jerrold E. Hogle's *The Undergrounds of the* Phantom of the Opera", *Studies in Romanticism* 46.4 (2007): 557.

힐(Ken Hill)의 뮤지컬 <오페라의 유령>은 그 첫 번째 후손이다. 두 번째인 웨버의 뮤지컬도 르루의 소설의 이야기 골격을 거의 그대로 따라가고 있다. 그럼에도 불구하고 웨버의 뮤지컬이 초점을 맞추는 내용은 원작과 다소 다르다. 르루의 소설이 초점을 맞추고 있는 것은 19세기 파리 사회가 내포하는 "정상과 비정상"의 문제, 그리고 "기괴함"이라는 무거운 문제이다. 그러나 웨버의 뮤지컬은 성년이 되기 직전 한 어린 소녀를 둘러싼 사랑의 삼각관계에 초점을 맞추고 있다. 호글(Jerrold Hogle)은 이를 웨버의 뮤지컬이 대중적으로 성공한 요인으로 간주한다.[122]

이야기의 초점 이동만이 1986년 뮤지컬의 성공 요인은 아니다. 뮤지컬은 원작의 이야기를 좀 더 단순화하여 극적으로 처리한다. 르루의 이야기에 정서적 깊이를 더하고 느슨한 결말을 좀 더 타이트한 결말로 구성한다.[123] 또한 여주인공 크리스틴(Christine)을 둘러싼 팬텀(Phantom)과 라울(Laoul)의 갈등을 음악적 상징과 시각적 상징을 통해 효과적으로 제시한다. 극적 관점에서 보자면 웨버의 뮤지컬은 르루의 소설보다 훨씬 효과적으로 인물들의 갈등을 재현한다. 뮤지컬의 가장 큰 성공 요인은 뮤지컬 음악의 천재인 웨버가 만든 음악이다. 크리스틴 역을 맡은 사라 브라이트만(Sarah Brightman)과 팬텀 역을 맡은 마이클 크로포드(Michael Crawford)의 열연 또한 성공 요인이다. 1986년 런던에서 초연된 웨버의 <오페라의 유령>은 1988년에는 브로드웨이에서 공연되어 7개 부문의 토니상을 수상했다. 작품

---

122) Jerrold E. Hogle, *The Undergrounds of the* Phantom of the Opera: *Sublimation and the Gothic in Leroux's Novel and Its Progeny* (New York: Palgrave, 2002), p.91 & p.176.

123) Cathleen Myers, "The Phantom's Evolution: From Novel to Screen to Stage", p.3. http://www.peersdance.org/revphant.html

성과 흥행성을 인정받은 것이다. 이 글은 뮤지컬 <오페라의 유령>의 공연 실황을 영화로 찍은 2011년 작품의 극적 전개와 인물 재현에 초점을 맞추면서 그 상징적 의미와 모티프를 논의하는 글이다.

조엘 슈마허가 감독을 맡아 제작한 2004년 영화 <오페라의 유령>은 1919년 파리의 오페라 극장 무대 위의 경매 장면으로 시작한다.[124] 이 자리에 70세가 된 라울이 등장한다. 휠체어를 탄 라울은 낡은 파리 오페라 극장 경매장에서 페르시아풍 조끼를 입은 원숭이가 심벌즈를 연주하는 음악상자를 구입한다. 그 자리에서 라울은 할머니가 된 마담 지리(Madame Giry)와 만나 회상에 잠긴다. 영화는 플래시백을 통해 1870년으로 거슬러 올라가 오페라 극장에서 있었던 사건들을 조망하고 1919년으로 돌아왔다가, 다시 1871년의 파리로 거슬러 올라가 오페라 극장의 공연을 보여주고 1919년 시점으로 돌아와 종결된다. 종결 장면에서 라울은 1917년 63세에 사망한 것으로 표시된 크리스틴의 묘지석 위에 원숭이가 심벌즈를 연주하는 음악상자를 올려놓는다. 1919년 시점에서 시작하여 과거로 갔다가 다시 1919년으로 돌아오는 시간 구성이다. 이는 1905년 시작해서 1862년의 장면으로 종결되는 1986년 웨버의 뮤지컬과는 다른 구성이다.

2011년 10월 1일 런던 로열 앨버트 홀(the Royal Albert Hall)에서 웨버의 <오페라의 유령> 상연 25주년을 기념하는 공연이 진행되었다. 이 공연에서 팬텀 역은 라민 카림루(Ramin Karimloo)가, 크리스틴 역은 시에라 보게스(Sierra Boggess)가 맡았다. 2011년에는 이 공

---

124) 이 영화에서 팬텀(Phantom) 역은 제라드 버틀러(Gerard Butler), 크리스틴(Christine Daaé) 역은 에미 로섬(Emmy Rossum), 라울 자작(Viscount Raoul de Chagny) 역은 패트릭 윌슨(Patrick Wilson), 마담 지리(Madame Giry) 역은 미란다 리처드슨(Miranda Richardson)이 맡았다.

연 실황을 영화로 찍은 작품이 출시되었다.[125] 사라 브라이트만이 커튼콜에서 그간 <오페라의 유령> 공연에서 팬텀 역을 맡았던 다섯 명의 가수들[126]과 함께 테마곡을 부르는 피날레를 제외하고는 1986년의 뮤지컬 공연을 그대로 따라가고 있다. 웨버의 아름답고 환상적인 곡들이 이 뮤지컬의 성공에 결정적인 역할을 하고 있음은 주지의 사실이다. 그러나 또 하나의 간과할 수 없는 사실은 극적 긴장감을 늦추지 못하게 하는 찰스 하트의 탄탄한 각색 대본 또한 이 작품의 성공에 일조했다는 점이다.

　뮤지컬의 구성은 원작 소설의 틀을 거의 그대로 따라가고 있다. 그러나 원작에서 길게 거론되고 있는 '유령'의 과거가 뮤지컬에선 거의 거론되지 않는다. 마담 지리의 언급을 통해 간단하게 제시될 뿐이다. 원작에서 에릭(Erik)이란 이름으로 등장하는 유령은 뮤지컬에서는 이름에 대한 언급 없이 팬텀(Phantom)으로 존재한다. 유령의 과거를 길게 언급하지 않음으로써 팬텀의 신비감을 증폭시키고 있을 뿐만 아니라 그가 관여한 사건들의 긴장도를 높이고 있는 것이다. 신비감은 유령처럼 이 작품을 감싸고 돈다.

---

125) 라울 역은 프라저(Hadley Fraser)가 맡았고, 마담 지리 역은 퍼거슨(Wendy Ferguson)이 맡았다. 감독은 닉 모리스(Nick Morris), 음악은 웨버(Webber), 제작은 메킨토시(Mackintosh), 각본과 각색은 웨버와 하트(Charles Hart) 그리고 스틸고에(Richard Stilgoe)가 맡았다. 제작사는 영국의 Really Useful Films이고 배급사는 미국의 Universal Pictures이다. http://en.wikipedia.org/wiki/The_Phantom_of_the_Opera_at_the_Royal_ Albert_Hall *The Phantom of the Opera at the Royal Albert Hall* (film adaptation of Webber's 1986 musical *The Phantom of the Opera*). Dir. Nick Morris & Laurence Connor. Perf. Ramin Karimloo, Sierra Boggess, Hadley Fraser. Really Useful Films (UK), 2011.

126) 다섯 명의 팬텀은 다음과 같다. 1) 캐나다 공연에서 팬텀을 맡았던 윌킨슨(Colm Wilkinson), 2) 오스트레일리아 공연에서 팬텀을 맡았던 왈로우(Anthony Warlow), 3) 2011년 이후 영국 런던의 웨스트엔드(West End)와 미국의 브로드웨이(Broadway) 공연에서 팬텀을 맡고 있는 조박(Peter Jöback), 4) 런던과 미국 투어 공연에서 팬텀을 맡았던 오웬 존스(Owen-Jones), 5) 카림루(Ramin Karimloo).

웨버의 <오페라의 유령>은 '한니발'(*Hannibal*), '일 무토'(*Il Muto*), '돈 후앙의 승리'(*Don Juan Triumphant*)라는 오페라의 리허설과 공연을 다루고 있다. 극중극인 셈이다. 주인공인 팬텀은 오페라 '한니발'과 '일 무토' 공연에 깊이 관여하고 있고, 오페라 '돈 후앙의 승리'를 직접 작곡하고 그 공연 방식과 배우들을 지정한다. 극중극의 형식을 취하고 있는 오페라 공연은 그 자체로서 하나의 극이다. 특히 '돈 후앙의 승리'는 팬텀이 오페라의 형식을 빌려 자신의 욕망을 새겨 넣은 또 다른 하나의 극이다. 그리고 이 모든 오페라의 리허설과 공연은 여주인공 크리스틴과 관련을 맺으면서 의미의 고리를 형성한다. 웨버의 뮤지컬에서 사건의 전개는 대부분 음악적 선율을 동반한 노래 가사에 의존하고 있으며, 노래 가사가 극 전체를 이끌어간다. 음악 사이의 대사는 대부분 "레치타티보"(Recitativo)[127])의 형태로 처리되면서 사건의 전개를 보완하고 있다. 대부분 고전적 선율에 의지하여 극 전체의 사건 구성을 이끌어나가는 "오페레타"(Operetta)의 형식을 취하고 있다.[128])

---

127) 레치타티보는 극 진행에 사용되는 대화체 노래로, 말에 음을 붙여 노래하되 실제 구사되는 말에 가깝게 하기 위해 말의 억양과 악센트를 살리면서 노래하는 형식이다. 강효욱, "뮤지컬 <오페라의 유령>에 나타난 앤드류 로이드 웨버의 음악적 특징 연구", (이화여자대학교대학원 석사학위논문, 2006), p.7.

128) Edwin M. Bradley, *The First Hollywood Musicals: A Critical Filmography of 171 Features, 1927 Through 1932* (Jefferson: McFarland, 2004), p.165.

2. 오페라의 유령을 기억하나요?

프롤로그(Prologue)는 1905년 파리 오페라 극장의 무대에서 진행되는 경매 현장을 보여주면서 시작한다. 프롤로그 음악이 배경음악으로 깔린 가운데 물건들이 경매되고 있다. 경매인은 먼저 오페라 극장에서 공연된 '한니발' 포스터를 경매한다. '한니발'은 어린 소녀 크리스틴이 1861년 공연에서 당시 프리마돈나였던 카를로타(Carlotta) 대신 주역을 맡아 새로운 프리마돈나로 부상하는 계기가 되었던 오페라이다. 70세가 된 라울 자작(Viscount Raoul de Chagny)이 이를 사들인다. 다음은 "665번 물품"으로 페르시아풍의 가운을 입은 원숭이가 심벌즈를 치는 손풍금 모양의 노래상자이다. 오페라 극장의 지하 미궁에서 발견된 오르골이다. 이 또한 30프랑에 라울 자작에게 낙찰된다. 라울은 이 오르골을 바라보고 옛날을 회상하면서 다음과 같이 조용히 읊조린다. "정말 수집가가 탐낼 명품이구나!/ 모든 것이 그녀가 말한 그대로야./ 이봐 친구, 그녀는 가끔 너에 대해 말했지./ 네 벨벳 선과 안감, 납으로 된 윤곽에 대해…./ 우리 모두 죽고 난 후에도 넌 여전히 노래하겠지."

A collector's piece indeed
Every detail exactly as she said
She often spoke of you, my friend
Your velvet lining and your figurine of lead
Will you still play when all the rest of us are dead?[129]

여기서 '그녀'란 라울이 사랑했던 크리스틴이다. 손풍금 모양의 노래상자는 크리스틴이 팬텀의 지하 미궁에서 보았다고 했던 오르골이다. 라울은 이 오르골을 보면서 그 옛날 자신이 사랑했던 크리스틴과 애처로운 팬텀을 떠올린다. 작품 속에서 몇 번이나 등장하는 이 오르골은 오페라 극장의 지하 미궁에서 살았던 팬텀과 맞대어 있는 상징물이다. 오르골에서 흘러나오는 애조 띤 음조('마스크레이드'Masquerade)가 가련한 팬텀의 모습과 그가 쓰고 다니는 '가면'을 떠올리게 만들기 때문이다. 또한 원숭이가 입은 페르시아풍 조끼는 페르시아 왕의 '미궁'을 건설하는 것을 돕다가 죽을 고비를 넘기고 도망쳤던 팬텀의 과거를 상기시킨다. 작품의 맨 처음에 등장했던 이 오르골은 작품의 맨 마지막 장면에 다시 등장한다. 라울과 크리스틴이 지하 미궁에서 떠나고 팬텀이 흐느끼는 장면에서 '마스크레이드'의 애조 띤 음조가 다시 흘러나온다. 그러므로 이 음악상자는 "영원한 순환"(the eternal circularity)의 상징으로

---

129) <오페라의 유령>(*The Phantom of the Opera*) 대본 인용은 다음을 따른다. http://www.angelfire.com/musicals/phantom_01/Libretto_.html

그리고 과거에 대한 회상의 상징으로 작용한다.[130]

경매에 나온 물품 모두가 팬텀과 크리스틴과 관련을 맺고 있는 물품들로 상징적 의미를 내포하고 있다. 다음 경매 대상은 666번 물품인 '샹들리에'(chandelier)인데, 이것은 오페라 극장의 전성기를 떠올리게 하는 상징물이다. 경매인은 이를 두고 다음과 같이 말한다. "부서졌던 샹들리에입니다. 여러분 가운데 몇몇은 아마 오페라의 유령을 기억하실 겁니다. 그 사건은 아직도 완벽하게는 풀리지 않을 수수께끼로 남아 있죠. 여러분, 이게 그때 이 극장에 재앙을 불러온 바로 그 문제의 샹들리에입니다. 저희가 완벽하게 복원했습니다." 지금 경매에 나온 샹들리에는 1861년 오페라 '일 무토'가 공연될 때 일어났던 사건을 상기시키는 물품이다. 작품의 1막 끝에 무대 위에 떨어져 사람들을 놀라게 하고 극장 문을 닫게 했던 바로 그 샹들리에이다. 부서졌던 이 샹들리에를 수리하여 지금 경매에 내놓은 것이다.

경매인이 언급하고 있는 '오페라의 유령'은 오페라 극장 지배인들이 자신의 요구를 들어주지 않자 '일 무토' 공연 중인 무대에 샹들리에를 떨어뜨려 박살냈던 인물이다. 이 사건이 있은 후 오페라 극장은 문을 닫았고 6개월 후 다시 문을 연다. 여기서 샹들리에는 팬텀의 "악마적 면모를 지시하는 상징"으로 작용한다.[131] 경매 물품 번호 '666'은 <요한계시록> 13장과 관련을 맺고 있는 "사탄과 적그리스도"를 의미하는 공포의 숫자이기 때문이다.[132] '666'은 기

---

130) Kathryn E. Wildgen, "Making the Shadow Conscious: The Enduring Legacy of Gaston Leroux", *Symposium* 55.3 (2001): 159.

131) John Snelson, *Andrew Lloyd Webber* (New Haven: Yale UP, 2004), p.81.

132) "Number of the beast", http://en.wikipedia.org/wiki/Hexakosioiphobia#Fear_and superstition

독교 문화권에서 그리스도에 반하는 악마적 힘의 상징으로 받아들여지는 숫자이다.

팬텀의 정체가 구체적으로 밝혀지진 않았지만 뮤지컬이 재현하는 사건은 어느 정도 실화에 기초를 두고 있다. 르루의 소설은 다음과 같이 시작한다. "오페라의 유령은 실제로 있었다. … 예술가의 상상이 만들어낸 존재가 아니라 … 살과 피를 가진 인간이었다."(The Opera ghost really existed. He was not … a creature of the imagination of the artists. … he existed in flesh and blood.)[133] 실제로 1861년경 파리 오페라 극장 지하 은둔처에 팬텀이 살았다는 소문이 있었다. 뮤지컬이 재현하는 지하 호수도 있었고 1896년에는 오페라 극장 무대에 거대한 샹들리에가 떨어져 사람이 죽은 사건도 있었다.[134] 윌킨슨(Scott Wilkinson)은 팬텀이 예술가의 상상력이 만들어낸 허구적 존재가 아니라 파리 오페라 극장의 지하 미궁에 실제로 살았던 인물이라고 주장하고 있다.[135]

경매인이 샹들리에의 스위치를 누르자 웅장한 '서곡'(Overture)이 시작된다. '서곡'이 연주되는 동안, 오페라 극장은 1860년대의 화려한 모습으로 변하고 거대한 샹들리에가 무대에서 떠올라 높은

<요한계시록> 13장: "15 그가 권세를 받아 그 짐승의 우상에게 생기를 주어 그 짐승의 우상으로 말하게 하고 또 짐승의 우상에게 경배하지 아니하는 자는 몇이든지 다 죽게 하더라 16 그가 모든 자 곧 작은 자나 큰 자나 부자나 가난한 자나 자유인이나 종들에게 그 오른손에나 이마에 표를 받게 하고 17 누구든지 이 표를 가진 자 외에는 매매를 못하게 하니 이 표는 곧 짐승의 이름이나 그 이름의 수라 18 지혜가 여기 있으니 총명한 자는 그 짐승의 수를 세어 보라 그것은 사람의 수니 그의 수는 육백육십육이니라." 마지막 대재앙이 있기 전 사도 요한이 본 환상을 언급하는 구절이다. 재앙 전에 양의 탈을 쓰고 나타난 사탄이 그 표식인 숫자 '666'을 주면서 우상에게 절하지 않는 자를 죽였다고 언급하고 있다.

133) Gaston Leroux, *The Phantom of the Opera* (1910), p.3. http://www.gutenberg.org (2008, Ebook#175).

134) Michael Walsh, "The opera of the Phantom., *Vanity fair* 51.2 (1988): 122.

135) Scott Wilkinson, "Phantom of the Brain Opera", *The American Music Teacher* 46.6 (1997): 32.

천장에서 번쩍인다. 오르간과 오케스트라로 연주되는 '서곡'은 앞으로 등장할 팬텀의 성격을 암시하는 대단히 장엄하고 강렬한 선율이며, 팬텀이 오페라 극장을 장악하듯 이 서곡의 테마는 이 뮤지컬 전체를 장악한다.[136] 프롤로그는 1905년 파리 오페라 극장에서 1861년의 '한니발' 공연과 관련된 물품들을 경매하는 장면에서 시작하며, 1막은 1861년의 '한니발' 공연 연습 장면으로 이어진다. 프롤로그의 '서곡' 이후 2막으로 구성된 이 작품에 삽입된 음악은 다음과 같다.

PROLOGUE: "Overture" — Instrumental

ACT ONE
I-1: A Rehearsal for Hannibal
  "Think of Me (Introduction)" — Carlotta, Piangi, Chorus and Ballet Girls/Carlotta, Ballet Girls, André and Buquet
  "Think of Me" — Christine and Raoul
I-2: After the Gala, "Angel of Music" — Meg and Christine
I-3: Christine's dressing room
  "Little Lotte/The Mirror/Angel of Music (Reprise)"[137] — Christine, Raoul, and The Phantom
I-4: The Labyrinth Underground
  "The Phantom of the Opera" — The Phantom and Christine
I-5: Beyond the Lake
  "The Music of the Night" — The Phantom
I-6: The Next Morning
  "I Remember/Stranger Than You Dreamt It" — Christine and The Phantom
I-7: Backstage

---

136) 강효욱, "뮤지컬 <오페라의 유령>", p.26.
137) /는 두 곡이 함께 불려 어느 한 곡의 시작과 끝이 불분명한 경우를 표시한다.

"Magical Lasso" — *Buquet, Meg, Madame Giry,*
and Ballet Girls

I-8: *The Manager's Office*
"Notes" — *Firmin, André, Raoul, Carlotta,*
Madame Giry, Meg, Piangi, and The Phantom
"Prima Donna" — *Firmin, André, Raoul, Carlotta,*
Madame Giry, Meg, Piangi, and The Phantom

I-9: *A Performance of 'Il Muto' By Albrizzio*
"Poor Fool, He Makes Me Laugh/Il Muto" —
Carlotta, Piangi and Company

I-10: *The Roof of the Opera House*
"Why Have You Brought Us Here?/
Raoul, I've Been There" — *Raoul and Christine*
"All I Ask of You" — *Raoul and Christine*
"All I Ask of You (Reprise)" —
Raoul, Christine, and Phantom

ACT TWO
"Entr'acte" — *Instrumental*

Ⅱ-1: *The Staircase of the Opera House, New Year's Eve*
"Masquerade/Think of Me (Reprise)?" —
Ensemble, Christine and Raoul
"Why So Silent?" — *The Phantom*

Ⅱ-2: *Backstage*

Ⅱ-3: *The Manager's Office*
"Notes (Reprise)" — *Firmin, André, Carlotta, Piangi,*
Raoul, Christine, Madame Giry, and The Phantom
"We Have All Been Blind/Twisted Every Way" —
Raoul, Firmin, André, and Christine

Ⅱ-4: *A Rehearsal for "Don Juan Triumphant"*
A Rehearsal — *Carlotta, Piangi, Christine, and Chorus*

II-5: A Graveyard in Perros
   "Wishing You Were Somehow Here Again" — *Christine*
   "Wandering Child/Bravo, Monsieur!" —
   Phantom, Christine, and Raoul
   "Angel of Music (Reprise)" — *Christine, Phantom*
II-6: The Opera House Before the Premiere
II-7: "Don Juan Triumphant"
   Music from Don Juan Triumphant —
   Piangi, Carlotta, Christine, and Company
   "The Point of No Return" — *The Phantom and Christine*
II-8: The Labyrinth Underground
   "Down Once More/Track Down This Murderer" —
   The Phantom, Christine, Raoul, and Company
II-9: Beyond the Lake
   Beyond the Lake
   "The Point of No Return (Reprise)" —
   The Phantom, Christine, and Raoul

   "Finale" — *Instrumental*

　작품의 1막이 시작되기 전 1905년 시점에서 진행되는 프롤로그는 몇 가지 관점에서 호기심을 자극한다. 샹들리에가 왜 부서졌고, '오페라의 유령'이라 불리던 수수께끼 같은 인물의 정체는 무엇인가? 오페라 극장에서 벌어진 이상한 사건이란 무엇인가? 라울이 사랑했던 크리스틴이란 여성은 누구인가? 경매에 나온 팬텀의 오르골은 무엇인가? 경매에 나온 물건들 모두가 파리 오페라 극장 지하 미궁에 살았던 정체가 묘연한 인물과 관련되어 있다. 후에 마담 지리를 통해 이 인물의 정체가 일부 밝혀지긴 하지만, 뮤지컬은 원작 소설처럼 팬텀의 과거를 자세하게 드러내지는 않는다. 이는 팬텀에 대한 신비감과 호기심을 증폭시킨다. 그는 왜 늘 가면을 쓰고

다니고, 어두운 지하 은신처에 홀로 살고 있는가? 그가 원하는 것
은 무엇인가? 오페라 극장은 팬텀과 어떤 관계가 있는가? 그에게
음악은 무엇인가? 그에게 크리스틴은 어떤 존재인가? 크리스틴은
그를 사랑하는가? 그는 하얀 가면을 남겨두고 어디로 사라진 것인가?

3. 저를 생각해줘요

　1막 1장, 1861년 파리. 오페라 극장에서 샬루메(Chalumeau)의 오페라 '한니발' 리허설이 진행되고 있고, 지배인을 그만두는 르페브르(Lefèvre)에 의해 새로운 지배인들과 극장 담당자들이 소개되고 있다. 앙드레(Gilles André)와 피르맹(Richard Firmin)은 극장의 새 지배인이고 마담 지리(Madame Giry)는 발레 담당 코치이다. 멕 지리(Meg Giry)는 마담 지리의 딸로 장래가 촉망되는 발레리나이고, 크리스틴 다에(Christine Daaé)의 가장 친한 친구이다.

　오페라 '한니발'의 주역은 카를로타(Carlotta)와 이탈리아 가수 피앙지(Ubaldo Piangi)이다. 피앙지는 프리마돈나인 카를로타의 상대역을 맡고 있다. 카를로타는 오랜 시즌 동안 최고의 소프라노 가수로 군림했던 여성이다. 카를로타는 엘리사(Elissa) 역을, 피앙지는 한니발(Hannibal) 역을 맡아 다음과 같이 노래한다.

CARLOTTA (ELISSA): Once more to my welcoming arms!
  My love returns in splendour!
PIANGI (HANNIBAL): Once more to those sweetest of
  charms my heart and soul surrender!
CHORUS: The trumpeting elephants sound
  Hear Romans now and tremble!
  Hark to their step on the ground
  Hear the drums! Hannibal comes! (Act 1 Scene 1)

'한니발'은 로마인들을 두려움에 떨게 했던 카르타고의 한니발 장군과 그의 마음과 영혼을 빼앗은 엘리사란 여성에 관한 오페라이다. 새로운 극장 지배인이 된 앙드레의 부탁에 따라 카를로타가 '한니발' 3막의 아리아를 부른다('저를 생각해줘요'Think of Me). 그런데 노래하는 동안 갑자기 무대의 배경 소품이 쓰러져서 노래가 중단된다. 이때 멕 지리와 발레 소녀들이 함께 외친다. "그가 여기 있어, 오페라의 유령. 저기 있어, 오페라의 유령. 우리와 함께 있어, 귀신이야."(He's here, the Phantom of the Opera. He's there, the Phantom of the Opera. He is with us. It's the ghost.) '오페라의 유령'이 작중 인물에 의해 처음으로 언급되는 순간이다. 모두가 우왕좌왕하면서 혼란스럽다.

'오페라의 유령'으로 불리는 팬텀은 일그러진 반쪽 얼굴을 가리기 위해 항상 하얀 가면을 쓰고 다녔다. 그는 오페라 극장의 지하 은신처에서 홀로 살아가는 인물이다. 항상 검은 연미복을 입고 오페라 극장의 5번 박스석에 앉아 오페라를 관람했던 인물이다. 그는 아름다운 음악을 만드는 천재 작곡가이고 아름다운 목소리를 가진 신비로운 인물이다. 그는 프리마돈나가 되기를 꿈꾸는 크리스틴 다에라는 아름답고 어린 소녀를 짝사랑하고 '음악의 천사' 모습으로 그녀에게 다가간다.

"오페라의 유령이 여기 있어"라는 외침 소리가 들리는 혼란스러운 무대에 무대장치 담당자인 부케(Joseph Buquet)가 올가미처럼 보이는 밧줄을 들고 나타나 모두를 진정시키려고 노력한다. 극장의 전 지배인인 르페브르가 극장 무대 위쪽에서 무슨 일이 일어났는지를 묻자 부케는 다음과 같이 답한다. "제발 그렇게 보지 말아요. 맹세하는데, 저는 저 위에 없었어요. 저기엔 아무도 없었어요. 누군가 있었다면 그건 분명 유령입니다." 무대 배경이 쓰러진 사고의 책임을 '오페라의 유령'에게 전가하는 말이다. 극장 지배인은 이를 단순사고라고 하면서 진정시키려고 하지만 오페라의 프리마돈나인 카를로타는 이를 받아들이지 않는다. 카를로타는 지난 3년 동안 항상 이런 사고들이 있었다고 하면서, 사고를 미연에 방지하지 못하면 출연하지 않겠다고 하면서 퇴장한다. 그리하여 '한니발' 공연은 난관에 봉착하고, 공연을 진행할 수도 취소할 수도 없는 지배인들은 곤욕스럽다. 이때 마담 지리는 오페라 유령이 전한 메시지의 내용을 이야기한다. "그분이 5번 박스석은 계속 비워두길 요구하였고, 그분의 월급날이 다가온다고 상기시켜 주었습니다."

팬텀은 공연을 위한 작품의 작곡을 맡았던 인물로 항상 극장의 5번 박스석에서 오페라를 관람했다. 멕 지리는 크리스틴 다에라는 소녀가 훌륭한 선생님에게 음악 교육을 받았다고 하면서 발레를 하던 크리스틴을 카를로타의 대역으로 추천한다. 그러나 크리스틴에게 음악을 가르친 '훌륭한 선생'이 누구인가는 밝히지 않는다. 그녀가 말하는 '훌륭한 선생'이란 항상 검은 연미복을 입고 얼굴

반쪽을 하얀 가면으로 가리고 다니는 팬텀이다. 마담 지리는 이 작품에서 팬텀의 과거를 알고 있는 유일한 인물이지만 후반부에서 라울에게 그의 정체를 알려주기 전까지는 아무에게도 그의 정체를 밝히지 않는다. 마담 지리는 페르시아 왕궁에서 도망쳐 나와 떠돌던 팬텀을 이 오페라 극장에 숨겨준 인물이다. 그녀는 또한 팬텀의 고통스러운 과거를 알고 그에게 연민을 느끼는 인물이다. 모두가 팬텀의 존재를 언급하지만 그의 정체는 쉽게 드러나지 않는다. 그는 모두가 두려워하는 '오페라의 유령'이다.

지배인은 크리스틴을 미심쩍어 하지만 크리스틴에게 '한니발' 3막의 아리아 한 소절을 시켜본다. 그녀의 노래를 듣고 흡족한 지배인은 마침내 그녀를 카를로타 대역으로 발탁하고, 새로운 프리마돈나가 된 크리스틴은 무대 위에서 다음과 같이 노래한다.

Think of me, think of me fondly
When we've said goodbye
Remember me every so often
Promise me you'll try
On that day, that not so distant day
When you are far away and free
If you ever find a moment
Spare a thought for me (Act 1 Scene 1)

"저를 생각해줘요, 다정하게 절 떠올려봐요./ 우리 이별하던 그때를 생각하며/ 가끔은 절 생각하고 기억해 주세요./ 그러겠다고 약속해줘요./ 멀지 않은 언젠가/ 저에게서 멀리 떠나 자유로워도/ 잠시라도 시간이 나면/ 가끔은 저를 떠올려봐요." 자신을 잊었어도 어쩌다 자신을 생각해달라는 이 노래는 '한니발'에 나오는 아리아이다. 그러나 이 노래는 크리스틴과 라울의 어린 시절을 떠올리게 한다. 피아노 반주만으로 시작된 노래는 "Spare a thought for me" 부터 웅장한 오케스트라 음악을 동반한다. 이어지는 노래는 다음과 같다.

> Think of August
> When the world was green
> Don't think about the way
> Things might have been
> Think of me
> Think of me waking
> Silent and resigned
> Imagine me, trying too hard
> To put you from my mind (Act 1 Scene 1)

"8월을 생각해 보세요./ 모든 게 푸르던 그때를/ 그런 식으로 생각하지 마세요./ 그렇게 되었으면 좋았을 것이라고…./ 절 생각해 봐요. 절 일깨우려고 생각하세요./ 조용히 체념하며 지내던 저를…./ 그대, 저를 떠올려봐요./ 마음속 당신 모습을 지우려고/ 너무나 힘겹게 노력하던 저를…." 이 노래는 그렇게 느리지도 빠르지도 않은 알레그레토(allegretto)로 구성된 아름다운 멜로디와 효과적인 조성(tonality)이 로맨틱한 무드와 정서를 자아낸다.[138] 또한 아르페지오(arpeggios)[139]를 통해 주제어인 "Think of me"를 강조한다. 모든 게 푸르던 여름날, 즉 꿈이 있었던 시절의 추억을 상기하면서

---

138) Emily Geale, "Think of Me Analysis", p.3. https://sites.google.com/a/geale.com.au/music/think-of-me-analysis

139) 화음의 각 음을 연속적 차례로 연주하는 주법으로 대체로 화음을 아래서 위로 향해 펼치는 형태가 일반적이며, 펼침 화음이라고도 한다.

자신을 상상하고 그려보라는 노래는 다시 "저를 생각해줘요"라는 소절로 이어진다.

> Think of me
> Please say you'll think of me
> Whatever else you choose to do
> There will never be a day
> When I won't think of you (Act 1 Scene 1)

추억을 되살려 자신을 생각하고 기억해달라는 구절이 계속 반복된다. "제발 절 생각해줘요./ 날 생각할 거라고 말해줘요./ 당신이 어떤 선택을 하더라도/ 당신을 생각하지 않는 날은/ 결코 단 하루도 없을 겁니다." 크리스틴의 아름다운 노래는 전체적으로 긴장을 고조시키는 크레셴도(crescendo)와 이를 이완시키는 데크레셴도(decrescendo)의 반복으로 구성되어 있다. 처음에는 자신 없이 시작된 노래가 이제 "When I won't think of you"라는 부분에서 절정에 이르면서 무대를 압도하기 시작한다.

> Flowers fade
> The fruits of summer fade
> They have their seasons, so do we
> But please promise me, that sometimes
> You will think of me (Act 1 Scene 1)

"지는 꽃과 시드는 여름 과일처럼/ 사랑도 때가 있다고들 하죠./ 우리 또한 그러하지만/ 제발 저에게 약속하세요. 가끔은/ 저를 생각할 거라고." 크리스틴의 목소리가 점점 느려지고 커지더니 마지막

"think of me"에 이르러 폭발하면서 듣는 이를 압도한다. 화려한 카덴차(cadenza)[140]로 마무리하고 있는 것이다. 새로운 프리마돈나의 탄생을 알리는 카덴차이다.[141]

지는 꽃처럼 자신들의 사랑도 끝이 났지만 자신을 기억해달라는 이 호소는 여전히 라울에 대한 크리스틴의 마음을 드러내는 노래처럼 들린다. 아름다운 서정시로 표현된 크리스틴의 청아한 노래는 모든 이를 감동시킨다. 특히 박스석에서 이 노래를 듣던 라울은 어린 시절 크리스틴과의 아름다운 추억을 떠올린다. 크리스틴의 주문처럼 라울은 "애정 어린 마음"으로 그녀를 떠올리고, "모든 게 푸르던" 시절의 추억에 잠겨 '브라보'를 연발하며 감탄한다. "정말 크리스틴일까? 브라보! 브라보! 오래전, 오래전 그 옛날, 우린 얼마나 젊고 순진했던가!"(Can it be Christine?/ Brava! Brava!/ Long ago/ It seems so long ago./ How young and innocent we were!) 크리스틴이 '음악의 천사'에게서 배운 아름다운 음악을 통해 라울의 어린 시절 추억을 일깨운 것이다.

---

140) 악곡이 끝나기 직전에 독창자가 연주하는 대단히 기교적이고 화려한 부분.

141) Emily Geale, "Think of Me Analysis", p.2.

4. 음악의 천사, 내 보호자여!

　1막 2장, 공연 후. '한니발'의 성공적인 공연 후 크리스틴이 분장실에 들어가기 위해 문을 열려는 순간, 그녀는 어딘가에서 흘러나오는 팬텀의 목소리를 듣는다. "브라보, 브라보, 정말 훌륭해." 크리스틴의 노래를 듣고 감탄한 라울이 외쳤던 '브라보'를 반복하고 있는 것이다. 이 소리를 듣고 당황하는 크리스틴에게 친구인 멕 지리가 그녀에게 노래 잘하는 비결이 뭐냐고 묻는다. "어쩜 그리도 노랠 잘하니? 그 비결 내게도 좀 가르쳐주지. 네 훌륭한 선생님이 누구니?" 크리스틴은 자신에게 음악을 가르쳐준 '음악의 천사'에 대해 처음으로 다음과 같이 언급한다.

> Father once spoke of an angel
> I used to dream he'd appear
> Now as I sing I can sense him

And I know he's here
Here in this room, he calls me softly
Somewhere inside, hiding
Somehow I know he's always with me
He, the unseen genius (Act 1 Scene 2)

크리스틴은 그 형체는 보이지 않지만 "비밀스럽고 신비한" 그가 지금 이 자리에 있다는 걸 느낀다. "아버지는 천사에 대해 말씀하셨죠./ 난 항상 꿈을 꿨어요. 그 천사 나타나길./ 이제 저, 그 존재를 느껴요./ 이곳에 와 계시다는 걸 알아요. 이 방 안 어디선가 부드럽게 날 부르니까." 그러나 팬텀은 몸을 숨기고 쉽게 그 모습을 드러내지 않는 신비한 인물이다. 크리스틴은 "보이지 않는 음악의 천재"인 음악의 천사가 더 이상 숨어 살지 말고 자신 앞에 나타나기를 바란다. 크리스틴은 "그림자 속"에서 그의 얼굴을 본다.

I watched your face from the shadows
Distant through all the applause
I hear your voice in the darkness
Yet the words aren't yours
Angel of Music, guide and guardian
Grant to me your glory (Act 1 Scene 2)

크리스틴에게 팬텀은 영광스러운 음악을 누릴 수 있게 해 주는 음악의 천사이고 '그림자처럼' 그녀를 따라다니며 지켜주는 보호자이다. 크리스틴은 "그림자 속"에서 음악의 천재인 팬텀의 얼굴을 보고, "어둠 속"에서 그의 목소리를 듣는다. "그림자 속에서 당신 얼굴을 보았어요./ 수많은 갈채를 멀리하고/ 어둠 속에서 당신 목소리를 들었어요." 크리스틴은 모습을 쉽게 드러내지 않는 팬텀이 두렵지만 비밀스러운 그의 힘에 끌린다. 두려움과 끌림이 공존하고 있는 것이다.

1막 3장에서 크리스틴은 분장실에 찾아온 어린 시절의 친구 라울에게 아버지가 했던 말을 들려준다. "내가 천국에 가면 너에게 음악의 천사를 보내주마."(When I'm in heaven, child, I will send the Angel of Music to you.) 크리스틴은 돌아가신 아버지께서 '음악의 천사'를 보내주었다고 생각한다. 그리고 팬텀을 그 '음악의 천사'로 생각한다. 크리스틴에게 음악의 천사란 아버지의 존재와 맞대어 있다. 그녀의 아버지가 그녀에게 음악의 천사 모습으로 나타난 것이라는 크리스틴의 믿음은 팬텀이 그녀를 유혹하고 사로잡는 수단으로 이용된다. 그러나 음악의 천사라는 의미 자체에는 딸에 대한 아버지의 사랑이 담겨 있다.

사랑하는 아버지의 상실과 부재, 그리고 팬텀에게 중첩된 아버지의 이미지는 크리스틴이 팬텀의 유혹에 넘어가는 동인으로 작용한다. "Angel of Music"에서의 "Angel"은 크리스틴에게 아버지를 떠오르게 하는 "수호천사"와 같은 개념이다. "Angel"이라는 단어는 천사라는 의미 외에도 "유령"이라는 의미도 가지고 있다. 팬텀에게서 아버지의 모습을 본 크리스틴이 그에게 무의식적으로 끌리는 것도 무리는 아니다. 심리적인 관점에서 보자면 그들의 관계는 부녀관계이다.[142] 팬텀은 크리스틴이 투사하는 '원형적 아버지'의 상이다. 팬텀은 아버지처럼 그녀의 '보호자'이고 크리스틴은 그의 음

---

142) Susan Kavaler-Adler, "Object Relations Perspectives on 'Phantom of the Opera' and Its Demon Lover Theme: The Modern Film", *American Journal of Psychoanalysis* 69.2 (2009): 152.

악 지도를 받는 제자이고 '피보호자'이다.143)

라울 자작은 오페라 극장의 재정을 돕는 후원자이다. 라울이 저녁 식사 약속을 하고 잠시 나간 사이, 크리스틴은 분장실에서 전율하는 음악과 함께 거울 뒤에서 들려오는 팬텀의 목소리를 듣는다. 그는 위압적인 목소리로 라울을 "거만한 아이, 유행을 좇는 노예"(Insolent boy, the slave of fashion)라고 부르면서 그런 "바보"는 무시하고 자신을 맞으라고 크리스틴을 유혹한다. 팬텀의 모습을 보지 못한 크리스틴은 그를 천사라 여기고, 그의 목소리에 '넋을 잃은 듯이', '무아지경에 빠진 듯이' 무의식적으로 반응한다. 자신을 받아들여 음악의 영광을 함께 나누자는 그의 목소리를 듣고 크리스틴은 마치 최면에 걸린 듯 다음과 같이 노래한다. "천사여, 당신 소리를 들었어요. 들을 테니 말씀하세요./ 제 곁에 머물러 절 이끌어주세요./ 제 믿음 약했지만 절 용서하세요." 팬텀에 대한 두려움을 드러내는 말이다. 크리스틴은 귀신에게 홀린 듯이 다음과 같이 '음악의 천사'를 부른다.

> Angel of Music, guide and guardian
> Grant to me your glory
> Angel of Music, hide no longer
> Come to me, strange angel (Act 1 Scene 3)

팬텀을 아버지가 보내준 '음악의 천사'로 생각하는 크리스틴은 더 이상 숨지 말고 나타나 자신을 아름다운 음악의 세계로 이끌어 달라고 호소한다. 팬텀은 크리스틴을 프리마돈나로 만들어준 '음악

---

143) Kathryn E. Wildgen, "Making the Shadow Conscious: The Enduring Legacy of Gaston Leroux", *Symposium* 55.3 (2001): 160.

의 천사'요, '보호자'이며 음악으로 자신을 영예롭게 해줄 "신비한 천사"이다. 더 이상 숨지 말라는 그녀의 부탁에도 불구하고 형체를 드러내지 않는 팬텀의 다음 목소리만 들린다.

> Flattering child, you shall know me
> See why in shadow I hide
> Look at your face in the mirror
> I am there inside (…)
> I am your Angel of Music
> Come to me, Angel of Music (Act 1 Scene 3)

팬텀은 크리스틴만이 자신을 알고 자신이 왜 그림자 속에 숨어 사는지를 알아야 한다고 생각한다. 팬텀은 자신을 '음악의 천사'라고 하면서 크리스틴에게 거울을 보라고 청한다. 그럼 그 거울에서 모습이 보일 것이라고 하면서. 그러나 크리스틴이 거울 안쪽에서 보는 것은 자신의 모습이 아니라 팬텀이다. 팬텀이 크리스틴의 자상(自相)으로 비친 것이다. 팬텀이 그녀의 마음속에 자리 잡아 그녀의 일부가 된 것이다. 팬텀은 음악을 통해 그녀의 내적 자아를 주조한다.[144]

프리마돈나가 되기를 갈망하는 크리스틴에게 팬텀은 음악의 천사이며, 자신의 노래에 날개를 달아 천상으로 솟아오르게 하고 싶은 팬텀에게도 그녀는 음악의 천사이다. 그러므로 팬텀은 크리스틴의 무의식에 자리 잡은 자상이다. 크리스틴 또한 팬텀 자신의 존재를 비추는 거울이다. 팬텀의 나르시스적인 음악적 욕망이 이상화된 그녀의 이미지 속에 투영되고 있기 때문이다.[145] 크리스틴은 꿈속

---

144) Vicki Hopkins, "Movie analysis Symbolism behind *the Phantom of the Opera*", p.1.
    http://www.entertainmentscene360.com/index.php/ article-list/852445/

에 그가 찾아왔고 "그림자 속"에서 그의 얼굴을 보고, "어둠 속"에서 그의 목소리를 들었다고 언급했는데, 심리적인 관점에서 보자면 팬텀은 자아의 어둡고 무의식적인 측면을 투사하는 그림자(Shadow)이고 크리스틴은 아니마(Anima)이며, 라울은 아니무스(Animus)이다.[146] 크리스틴을 두고 그림자인 팬텀과 아니무스인 라울은 대립하고 경쟁한다. 그들의 관계는 전형적인 사랑의 삼각관계이다.

분장실의 문을 열려고 하던 라울은 팬텀의 목소리를 듣고 혼란스럽다. 크리스틴의 분장실 문은 잠겨 있다. 거울 뒤에서 팬텀의 모습이 보이고, 분장실 안의 거울이 열리고 있다. 그 뒤에서 "지옥의 불빛"을 연상시키는 창백한 흰빛이 흘러나오고 있다. 그 빛 가운데 서 있던 유령이 위압적인 목소리로 "난 네 음악의 천사! 내게로 오라, 음악의 천사에게"를 몇 번이나 반복하면서 자신에게 오라고 주문을 건다. 크리스틴은 위압적인 목소리에 놀라 숨을 헐떡인다. 급한 심장의 박동 소리처럼 들리는 음악이 연주된다. 팬텀은 거울을 통해 크리스틴을 자신의 지하 은신처로 데려간다. 거울은 보는 사람의 상을 비추어낸다. 그러나 거울의 또 다른 면은 크리스틴이 의식의 세계에서는 알 수 없는 무한한 "미지의 영역"을 비추어낸다. 미지의 영역에 대한 호기심이 팬텀의 초대를 받아들이게 한 것이다.[147] 팬텀이 크리스틴을 데리고 사라지는 거울은 의식과 무의식,

---

145) Susan Kavaler-Adler, "Object Relations Perspectives on 'Phantom of the Opera' and Its Demon Lover Theme: The Modern Film", *American Journal of Psychoanalysis* 69.2 (2009): 153 & 159.

146) Murry Stein, *In Midlife: A Jungian Perspective* (Dallas: Spring, 1983), p.26. '아니무스'는 여성의 무의식 속에 들어 있는 남성적 요소. '아니마'는 남성의 무의식 속에 들어 있는 여성적 요소. 크리스틴은 팬텀의 '페르소나'(persona, 심리적 가면)로 간주되기도 한다(Wildgen 166).

지상 세계와 지하 세계, 빛과 어둠의 경계이다. 또한 일상과 예술의 경계이기도 하다. 팬텀의 은신처인 지하 미궁으로의 여정은 곧 꿈과 무의식 그리고 예술로의 여정이다.

반음계(chromatic scale)로 처리되고 있는 '오페라의 유령' 도입부를 배경으로 팬텀은 크리스틴을 데리고 거울을 통해 사라진다. 반음계는 12개의 반음정(半音程)으로 이루어진 음계이다. 온음계 가운데 온음의 간격을 반음으로 메워 1옥타브를 12단계로 한 음계이다.[148] 이 작품에서 대개 오르간 연주를 동반한 이 반음계 화음은 팬텀의 위압적이고 두려운 모습을 드러내는 가장 두드러진 음악적 모티프이다.[149] 팬텀의 분노와 위협, 그리고 그에게서 느끼는 두려움과 공포를 드러내기 위해 자주 사용되는 모티프이다.

147) A. P. Williams, "The Silent Threat: A (Re)Viewing of The Sexual Other in The Phantom of The Opera and Nosferatu", *Midwest Quarterly* 38.1 (1996): 92.

148) 온음계, 예컨대 '다 ·라 ·마 ·바 ·사 ·가 ·나 ·다'를 다시 반음으로 분할했을 때, '다 ·올림다(내림라) ·라 ·올림라(내림마) ·마 ·바 ·올림바(내림사) ·사 ·올림사(내림가) ·가 ·올림가(내림나) ·나'의 반음계가 생긴다. 외견상 12음 음악에 사용되는 12음렬(音列)과 같지만, 12음렬이 중심음을 갖지 않고 조성(調性)과 무관한 데 반하여, 반음계의 경우에는 항상 어떤 조의 온음계로부터 파생된 점에서 구별된다.

149) Jessica Sternfeld, "The Angel of Music Sings Songs in My Head: *The Phantom of the Opera*", *The Megamusical* (Bloomington: Indiana UP, 2006), pp.243~244.

5. 오페라의 유령, 내 마음속에

    1막 4장, 지하 미궁. 팬텀은 강렬한 신시사이저(synthesizer) 비트 음악을 배경으로 크리스틴을 자신의 지하 미궁으로 데려가고 있다. 촛불들이 무대에서 솟아오르고, 배를 타고 안개 자욱한 지하의 호수를 건너는 크리스틴과 팬텀의 모습이 보인다. 팬텀에게 끌려간 지하 미궁에서 크리스틴은 다음과 같이 노래한다('오페라의 유령'The Phantom of the Opera).

> In sleep he sang to me
> In dreams he came
> That voice which calls to me
> And speaks my name
> And do I dream again
> For now I find

The Phantom of the Opera is there
Inside my mind (Act 1 Scene 4)

"잠든 나에게 노래 불러주었고/ 꿈속에서 그가 날 찾아왔네!/ 날 부르고 이름까지 부르던 그 목소리./ 내가 다시 꿈을 꾸는 걸까?/ 이제 난 알아./ 오페라의 유령이 거기 있다는 걸./ 나의 마음속에 있다는 걸." 크리스틴은 '오페라의 유령'이 자신의 마음속에 있다는 걸 부인하지 않는다. '오페라의 유령'은 크리스틴에게 두려움의 존재가 아니라 자신을 황홀한 음악의 세계로 이끄는 '음악의 천사'이다. 크리스틴이 자신은 "팬텀이 쓰고 있는 마스크"(the mask you wear)라고 말하자 팬텀은 관객들이 듣는 것이 자신의 노래(It's me they hear)라고 답한다. 사람들이 크리스틴을 통해 팬텀의 노래를 듣는다는 말이다.

> CHRISTINE: Those who have seen your face
> Draw back in fear
> I am the mask you wear
> PHANTOM: It's me they hear
> CHRISTINE: My spirit and my voice
> PHANTOM: Your spirit and your voice
> BOTH: In one combined
> The Phantom of the Opera is there/here
> inside my/your mind. (Act 1 Scene 4)

팬텀과 크리스틴은 그들의 "영혼과 목소리가 하나가 될 것"이라고 함께 노래한다. 자아와 마스크가 하나 되고 서로가 서로의 마음속에서 하나가 된다는 말이다. "오페라의 유령, 거기/여기 존재해.

나의 마음속에, 그대 마음속에." 여기서 '오페라의 유령'은 음악 자체이다. 음악에 대한 욕망을 두고 팬텀과 크리스틴이 분리될 수 없다는 말이다. 마스크가 자아가 되었다는 말이고 크리스틴이 '그림자'(Shadow)인 팬텀의 존재를 받아들였다는 말이다.150)

> PHANTOM: In all your fantasies
> You always knew
> That man and mystery
> CHRISTINE: Were both in you
> BOTH: And in this labyrinth
> Where night is blind
> The Phantom of the Opera is there/here
> Inside my mind, Inside your mind
> PHANTOM: My Angel of Music!
> CHRISTINE: He's there,
> the Phantom of the Opera (Act 1 Scene 4)

크리스틴은 '음악의 천사'인 '오페라의 유령'의 존재와 그 신비로움을 알고 있다. 팬텀과 그녀는 다음과 같이 함께 노래한다. "밤조차 눈이 머는 이 미궁 안에/ 오페라의 유령은 거기/여기 존재해. 내 마음속에, 당신 마음속에…" 음악에 대한 갈망을 두고 두 사람은 분리된 존재가 아니다. 크리스틴은 팬텀의 마음속에 팬텀은 크리스틴의 마음속에 존재한다. 팬텀은 자신을 '음악의 천사'라고 부르는 크리스틴을 자신이 노래를 쓰게 하는 '음악의 천사'라고 부른다. 음악이 전부인 팬텀 자신의 삶이 크리스틴에게 투영된 것이다. 팬텀은 크리스틴에게 자신과 함께 신비한 노래를 부르자고 청한다.

---

150) Kathryn E. Wildgen, "Making the Shadow Conscious: The Enduring Legacy of Gaston Leroux", *Symposium* 55.3 (2001): 159 & 161.

Sing once again with me, our strange duet
My power over you, grows stronger yet
And though you turn from me, to glance behind
The Phantom of the Opera is there
Inside your mind (Act 1 Scene 4)

　팬텀은 '오페라의 유령'이 크리스틴의 마음속에 자리 잡고 있어, 결코 그녀가 자신을 피할 수 없을 것이라고 단언한다. "다시 한 번 함께 노래해, 우리의 신비한 노래를…./ 그대를 향한 나의 힘, 갈수록 더 강해져./ 내게서 고개를 돌려 뒤를 돌아본다고 해도…./ 거기에 오페라의 유령이 있으니까./ 당신 마음속에 있으니까." '오페라의 유령'은 어두운 지하의 미궁 안에 존재하고, 크리스틴의 마음속에 자리 잡고 있다. 그 유령은 또한 오페라 극장의 무대 위에도 존재한다. '오페라의 유령'이 모든 이를 사로잡고 있는 것이다. "오페라의 유령, 거기 있다네!(The Phantom of the Opera is there!) 거기 있다네, 오페라의 유령!"이라는 합창이 들려온다.

　오페라 극장의 그 어떤 오페라 공연도 팬텀을 피해갈 수 없다. '한니발'은 크리스틴이 프리마돈나로 등장하는 계기가 된 오페라로, 공연 후 '음악의 천사'에 대한 언급을 통해 팬텀의 정체를 처음으로 드러낸다. 이후 팬텀은 크리스틴을 자신의 은신처인 지하 미궁으로 데려간다. '일 무토'는 크리스틴을 주역인 백작부인으로 배정하라는 팬텀의 요구를 어긴 대가로 사고가 일어나고 크리스틴이 명실상부한 프리마돈나로 자리 잡게 했던 오페라이다. 그러나 이 공연 후 샹들리에가 무대에 떨어지는 사건이 발생하고 팬텀은 또다시 크리스틴을 자신의 은신처인 지하 미궁으로 데려간다. 2막의

'돈 후앙의 승리' 공연에서 팬텀은 돈 후앙 역을 맡은 테너 가수 피앙지를 죽이고 그 대신 등장하여 크리스틴(아민타 역)을 유혹한다. 공연 도중 크리스틴이 팬텀의 가면을 벗겨 그의 정체를 드러내고, 팬텀은 또다시 그녀를 납치해 지하 미궁으로 데려간다. 하나의 오페라가 끝날 때마다 팬텀은 크리스틴을 자신의 은신처인 지하 미궁으로 데려갔던 것이다. 그러므로 각각의 오페라는 팬텀과 크리스틴의 관계 변화를 명시하는 고리로 작용한다.

'한니발'의 성공적인 공연 후 크리스틴은 새로운 프리마돈나로 자리 잡고, 이를 자신에게 음악을 가르쳐준 '음악의 천사' 덕분이라고 생각한다. 그러나 크리스틴 또한 팬텀에게 '음악의 천사'이다. 팬텀 또한 크리스틴이 자신의 '음악의 천사'가 되어 노래해 주기를 갈망하기 때문이다. 그는 몇 번이나 "날 위해 노래해, 내 음악 천사여!"(Sing for me, my Angel of Music!)를 반복하면서 크리스틴에게 주문을 건다. "우리의 신비한 노래"를 함께 부르자는 소절에서와는 달리 팬텀은 이 소절에서 이기적 욕망을 드러낸다. 자신을 위해 노래하라고 요구하기 때문이다. 팬텀은 크리스틴의 노래에 자신의 욕망과 이미지를 투영한다.[151] 자신을 위해 노래해달라는 팬텀의 요청에 따라 크리스틴은 고음으로 노래하기 시작한다. 무엇엔가 홀린 모습이다. 그녀의 노래는 점점 더 높아지다가 마침내 비명이 되어 사라진다. 무대 위에 환상적인 불빛이 비치는 가운데 팬텀은 그녀를 안개 낀 호수 너머 자신의 은신처인 지하 미궁으로 데려간다.

---

151) Susan Kavaler-Adler, "Object Relations Perspectives on 'Phantom of the Opera' and Its Demon Lover Theme: The Modern Film", *American Journal of Psychoanalysis* 69.2 (2009): 152.

6. 귀를 기울여, 내 밤의 음악에

　1막 5장, 호수 너머에. 팬텀과 크리스틴은 마침내 지하 미궁에 있는 거처에 도착한다. 수많은 촛불들이 반짝거린다. 그들이 타고 온 배는 침대로 변한다. 팬텀은 거대한 오르간을 반주하면서 다음과 같이 노래한다.

> I have brought you
> To the seat of sweet music's throne
> To this kingdom where
> all must pay homage to music
> Music.
> You have come here
> For one purpose and one alone
> Since the moment I first heard you sing
> I have needed you with me to serve me
> To sing for my music, My music (Act 1 Scene 5)

"나 그대를 데려왔네!/ 감미로운 음악의 왕좌 있는 곳으로…/ 모두가 음악에 경의를 바쳐야만 하는/ 내 왕국에, 그 음악의 세계로…." 팬텀은 크리스틴을 데려온 이곳이 달콤한 음악이 있는 자신의 왕국이라고 밝히고, 이 음악의 왕국에서 자신을 위해 자신이 만든 음악을 불러줄 사람으로 크리스틴을 지목한다. "그대 여기 왔네./ 한 가지 목적을 위해, 그대 홀로./ 그대 목소리를 처음 들은 순간부터/ 난 그대가 필요했어, 내 음악의 봉사자로./ 내 음악을 불러줄 당신이…, 내 음악을…." 팬텀은 왕좌에 앉은 왕처럼 그녀가 자신의 음악을 불러주면 그녀를 왕비처럼 만들어 음악의 영광을 함께하겠다고 유혹한다. 오르간 반주에 따라 빠르고 높은 음정으로 격렬하게 부르던 노래가 "To sing for my music" 부분에 이르러 점차 느려지더니 더욱 느리고 부드러운 '밤의 음악'(The Music of the Night)으로 이어진다.

'밤의 음악'이라는 주제곡은 팬텀의 공간인 지하 은신처의 어둠 속에서 탄생한 노래이다. 그러나 그것은 밤이 갖는 어두운 이미지와는 달리 신비로운 힘을 드러내는 감미로운 노래이다. '오페라의 유령'과 함께 이 작품의 주제와 팬텀의 성격을 잘 드러내는 곡이다. 팬텀은 부드럽고 감미로운 목소리로 밤이 모든 감각을 예민하게 만들어 우리의 상상력을 일깨운다고 노래하기 시작한다. 매우 느리고 부드럽지만 가는 고음으로 처리되고 있는 부분이다.

> Night time sharpens, heightens each sensation
> Darkness stirs and wakes imagination
> Silently the senses abandon their defenses (Act 1 Scene 5)

"밤은 날카롭게 만들어, 모든 감각 절정에 이르고,/ 어둠이 우리를 흔들어, 모든 상상들이 깨어나면/ 우리 감각들, 조용히/ 더 이상 저항하기를 포기해버려." '밤의 음악'의 발단 또는 도입부에 해당하는 부분이다. '밤의 음악'은 그 자체로 드라마의 극적 구조를 가지고 있다. 발단, 상승부(전개), 클라이맥스(절정), 하강부(전환), 그리고 대단원으로 구성되어 있다.152) 부드럽고 감미로운 팬텀의 목소리가 듣는 이의 감각을 자극하고 상상력을 일깨운다. 아무런 배경 장치가 없는 무대 위에서 크리스틴을 바라보며 부르는 팬텀의 노래에 크리스틴과 관객들은 빨려들기 시작한다. 팬텀이 마법을 걸기 시작한 것이다.

매우 느리고 부드럽게 시작한 도입부는 여전히 느리고 부드러운 다음 스탠자(stanza)로 이어진다. 팬텀은 크리스틴에게 그 달콤한 밤의 음악이 주는 부드럽고도 황홀한 떨림을 느껴보라고 유혹한다. "밤은 천천히 부드럽게, 그 화려함을 펼쳐 드러내./ 잡아봐 느껴봐, 그 부드러운 떨림을./ 그대 얼굴을 돌려 외면해, 낮의 현란한 빛을./ 그대 생각을 바꿔 외면해, 차갑고 무감각한 빛을./ 그리고 들어봐, 내 밤의 음악을."

> Slowly, gently night unfurls it's splendor
> Grasp it, sense it, tremulous and tender
> Turn your face away from the garish light of day
> Turn your thoughts away from cold unfeeling light
> And listen to the music of the night (Act 1 Scene 5)

---

152) Kelli Mashall, "Music of the Night: Reminiscing, Analyzing, Praising", p.3. http://www.kellimarshall.net/my-blog/phantom

낮고 느리게 시작한 노래는 "Turn your face away"에서 빠르고 높은 음정으로 바뀌었다가 "And listen to the music of the night"에서 다시 낮고 느린 음정으로 마무리된다. 팬텀은 "낮의 현란한 빛"을 차갑고 느낌 없는 빛이라고 노래하면서, 이 현란한 빛으로부터 얼굴을 돌려 '밤의 음악'에 귀를 기울이라고 호소한다. 아니 호소라기보다는 마치 크리스틴에게 명령하는 것 같다. 팬텀은 부드러운 음성으로 크리스틴이 '밤의 음악'을 들으면서 눈을 감고 꿈꾸라고 권유한다. 이는 라울에게서 얼굴을 돌려 자신을 바라보고 자신의 음악을 들으면서 새로운 삶을 꿈꾸라는 말에 다름 아니다. 라울과 팬텀 가운데 한 사람을 선택하라는 말이다. 크리스틴이 라울을 선택하는 것은 한 남자를 사랑하고 평범한 일상의 삶을 택한다는 뜻이다. 팬텀을 선택하는 것은 평범한 일상의 세상을 멀리하고 황홀한 꿈의 세계에서 예술에 헌신하겠다는 뜻이다.153)

다음 스탠자에서 팬텀은 이전의 삶을 잊어버리고 음악을 통해 고결한 영혼이 날게 하라고 권유한다. "그대 두 눈을 감고, 그대 가장 어두운 꿈에 의지해./ 전에 알았던 그 삶은 깨끗이 잊어버려./ 그대 두 눈을 감고, 그대 고결한 영혼이 높이 날게 해./ 그럼 전과 다른 새로운 삶을 살 게 될 거야."

> Close your eyes and surrender to your darkest dreams
> Purge your thoughts of the life you knew before
> Close your eyes, let your spirit start to soar
> And you'll live as you've never lived before (Act 1 Scene 5)

---

153) John Snelson, *Andrew Lloyd Webber* (New Haven: Yale UP, 2004), p.92.

느리지만 높은 음정으로 처리되고 있는 이 부분은 팬텀이 본격적으로 크리스틴을 유혹하는 부분이다. 팬텀은 두 눈을 감고 "가장 어두운 꿈", 즉 무의식의 영역에 자리 잡은 욕망을 일깨우라고 주문하고, 일상의 세계를 벗어나 새로운 상상의 세계로 날아가 꿈을 꾸라고 자극한다. 이전의 삶을 깨끗이 잊고 자신의 음악을 통해 고결한 영혼이 날게 하라고 유혹한다(Let your spirit start to soar). 그럼 그녀가 "전과 다른 새로운 삶"을 살 게 될 것이라고 하면서…. 가늘지만 대단히 높은 고음으로 마치 마법을 거는 것처럼 보인다. 여기서 팬텀은 밤/어둠/지하, 그리고 예술의 세계를 대변한다. 반면, 라울은 낮/빛/지상, 그리고 일상의 세계를 대변한다.154) '음악의 천사'인 팬텀에게 노래를 배우기 위해 크리스틴은 라울과 현실을 떠나 새로운 "꿈과 상상의 세계"로 들어가야 한다.155) 그리고 '밤의 음악'은 이 "꿈과 상상의 세계"로 들어갈 수 있는 도구이다. 심리적인 관점에서 보자면 라울이 대변하는 낮과 일상의 세계는 의식의 영역이고 팬텀이 대변하는 밤과 상상의 세계는 무의식의 영역이다.156) 은밀한 사랑의 감정은 의식의 영역보다는 무의식의 영역에서 더욱 강력하게 작동하는 욕망의 에너지이다. 크리스틴을 향한 팬텀의 은밀한 유혹이 계속되고 있다.

팬텀은 다음 스탠자에서 몸을 어루만지는 은밀한 음악을 듣고

---

154) 김광선, "연극비평: <오페라의 유령> 한국 공연", 『연극평론』 24 (2002): 158~159.

155) Thomas R. Hersh, "Phantom of the Opera: A Psychological Review", p.2. http://www.psychological-observations.com/two-approaches-to-understanding-psychology/via-something-that-isn-t-in-me/universals/archetype-symbol-myth/45-film-stage-phantom-of-the-opera-a-psychological-review

156) Susan Kavaler-Adler, "Object Relations Perspectives on 'Phantom of the Opera' and Its Demon Lover Theme: The Modern Film", *American Journal of Psychoanalysis* 69.2 (2009): 152.

느껴보라고 노래하면서 성년에 이르기 직전의 한 어린 소녀의 무의식에 잠재된 에로틱한 욕망을 일깨운다.157) "부드럽고 능숙하게, 몸을 어루만지는 음악을 느껴봐./ 들어봐 느껴봐, 은밀하게 그대 사로잡는 음악을./ 마음을 활짝 열고 그대 환상들을, 이 어둠 속에 풀어놓아봐./ 그럼 저항할 수 없다는 걸 알게 될 거야./ 이 밤의 음악의 어두운 힘에…."

> Softly, deftly, music shall surround you
> Feel it, hear it, closing in around you
> Open up your mind, let your fantasies unwind
> In this darkness which you know you cannot fight
> The darkness of the music of the night (Act 1 Scene 5)

에로틱한 욕망을 일깨우는 대단히 육감적이고 관능적인 내용이다. 크리스틴을 유혹하는 팬텀의 목소리는 은밀하고 매혹적이다. 팬텀은 크리스틴이 마음을 열고 상상의 나래를 펴면 "밤의 음악의 어두운 힘"에 저항할 수 없다는 걸 알게 될 거라고 하는데, 이는 크리스틴이 결코 벗어날 수 없으니 자신을 받아들이라는 말로 들린다. 음악은 팬텀이 그녀의 몸과 마음을 사로잡는 '덫'(trap)이고 '올가미'이다.158) 감미로운 음악을 통해 그는 크리스틴의 경계심을 무력화시키려고 노력한다. 크리스틴은 몽롱한 꿈속에서 욕망의 무

---

157) 융(Carl Gustav Jung)의 심리학적 관점에서 보자면 크리스틴은 이제 막 "성년에 이른 여성의 원형"(archetype of a woman's coming of age)이다. 그녀는 이제 막 아버지에게서 분리되어 팬텀과 라울이라는 두 남성 사이를 배회하면서 선택을 망설이는 여성이고, <오페라의 유령>은 무의식과 의식을, 그리고 예술적 창조성과 생물적·사회적 역할을 융합·통합·조화시켜 성숙한 자아를 가진 전인으로 변모하는 여성의 성장 과정을 다루는 작품이다. John Lobell, "The Phantom of the Opera", p.2. http://cinemadiscourse.com/ the-phantom-of-the-opera

158) Jessica Sternfeld, "The Angel of Music Sings Songs in My Head: The Phantom of the Opera", The Megamusical (Bloomington: Indiana UP, 2006), p.242.

장 해제를 당한 사람처럼 보인다. 크리스틴은 이제 팬텀의 모든 것을 받아들일 준비가 되어 있다.

느리고 부드럽게 시작된 노래와 음악이 점점 빨라지기 시작하여 "마음을 활짝 열라"(Open up your mind)는 부분에 이르자 절정에 이르고, 크리스틴은 감미롭고 신비한 음악의 힘에 더 이상 저항하지 못한다. 음악을 통한 유혹의 마법이 성공한 것이다. 그녀는 유혹에 완전히 넘어간 사람처럼 보인다. 팬텀은 자신의 음악을 '밤의 음악'이라고 말하고 있다. '밤의 음악'이 인간의 은밀한 욕망만을 자극하고 있다면 그것은 어두운 음악이다. 그러나 그의 음악이 영혼을 울리는 힘이 있다면 그것은 '어둠'의 이미지보다는 '빛'의 이미지를 띠고 있다. 여기서 '밤'의 이미지가 드러내는 것은 '어둠'이 아니라 미지의 세계의 '신비한 힘'이다. 그리고 팬텀은 베일에 가려진 그 신비성을 드러내는 인물이다.

'밤의 음악'은 이제 다음 스탠자에서 클라이맥스로 치닫는다.[159] 음악과 목소리가 점점 더 커지기 시작한다. 유혹이 어느 정도 성공했다고 느낀 팬텀은 이제 명령조로 노래한다. 이 지점에서 그의 목소리는 높고 매우 빠른 톤으로 처리되고 있다. 그리고 팬텀의 목소리는 대단히 강렬한 인상을 던진다. "마음을 열고 여행을 시작해, 놀랍고 새로운 세계로/ 네가 알던 세상은 다 여기 남겨두고/ 네 영혼이 원하는 데 갈 수 있게 놔둬!/ 그럼 그대, 내 세계에 들어올 수 있으리."

---

159) Kelli Mashall, "Music of the Night: Reminiscing, Analyzing, Praising", p.5. http://www.kellimarshall.net/my-blog/phantom

Let your mind start a journey to a strange new world
Leave all thoughts of the world you knew before
Let your soul take you where you long to be
Only then can you belong to me (Act 1 Scene 5)

크고 빠른 고음으로 처리된 클라이맥스 부분이다. 이제 과거는 다 잊고 놀랍고 새로운 세계로의 여정을 시작하라는 팬텀의 어조는 대단히 강렬하다. 특히 이전의 삶을 잊고 자신의 음악을 통해 영혼이 자유롭게 날게 하라는 부분(Let your soul take you where you long to be)은 대단히 고조된 목소리로 처리되고 있다. 크리스틴은 은밀한 유혹의 덫에 사로잡힌 사람처럼 보인다. 유혹은 종결되고 마술과도 같은 그의 감미로운 음악에 사로잡힌 크리스틴은 그를 허락한다.

이제 '밤의 음악'은 클라이맥스를 지나 하강부로 들어선다. 팬텀은 다시 부드러운 목소리로 전에 알던 세상은 남겨두고 신비한 신세계, 즉 감미로운 밤의 음악을 통해 황홀경을 제공하는 자신의 세계로 마음의 여행을 시작하라고 달래면서 그녀를 유혹한다. "떠다니듯 떨어지듯, 감미로운 도취감./ 날 만져봐, 그리고 믿어, 내 모든 감각들 낱낱이 음미해./ 꿈꾸는 걸 시작해, 그대 어두운 내면을 맡겨봐./ 내가 만든 음악의 힘에, 밤의 음악의 힘에."

Floating, falling, sweet intoxication
Touch me, trust me, savour each sensation
Let the dream begin, let your darker side give in
To the power of the music that I write
The power of the music of the night (Act 1 Scene 5)

여기서 팬텀은 음악의 신비한 힘을 찬미하고 있다. 음악은 사람들에게 "감미로운 도취감"(Sweet intoxication)을 선사해 영혼을 하늘로 솟아오르게 하는 힘을 가진 예술이다. 팬텀은 'floating', 'falling', 'intoxication', 'touch'와 같은 단어들을 통해 에로틱한 분위기를 조성한다. 팬텀의 목소리는 감미롭고 부드럽다. 그러나 "꿈꾸는 걸 시작해"(Let the dream begin)라는 부분부터 다시 음정이 고조되기 시작하여 강렬한 인상을 던지는 카덴차로 스탠자를 마무리한다. 여기서 팬텀은 자신을 신비한 밤의 음악으로 "의인화"하여 드러낸다.160) 음악을 통해 자신을 만지고 믿으면서 황홀한 도취감을 맛보라고 권유하기 때문이다. 크리스틴은 마치 최면에 걸린 사람처럼 몽롱한 상태에 있다. 팬텀의 달콤하고도 황홀한 노래에 취한 것이다. 이제 크리스틴은 의심할 여지없이 자신을 압도하는 밤의 음악에 몸을 맡긴다. '밤의 음악'이 제공하는 황홀한 "도취감"에 빠진 것이다. 이는 곧 팬텀을 믿고 자신을 맡기는 행동이다. 그리하여 크리스틴은 그가 자신의 몸을 어루만지도록 허용한다. 팬텀은 은밀하게 크리스틴의 몸과 마음을 어루만진다. 크리스틴은 이제 더 이상 어린 소녀가 아니다.

'밤의 음악'은 마침내 다음과 같은 소절로 대단원의 막을 내린다. "그대만이 내 음악을 날게 할 수 있어/ 날 도와줘. 밤의 음악을 만들 수 있게…."(You alone can make my song take flight/ Help me make the music of the night.) 팬텀이 음악에 취해 몽롱한 크리스틴을 침대로 데려가 눕히면서 '밤의 음악'을 만들 수 있게 도와달라고 간구하는 부분이다. 침대는 호수를 건너 지하 은신처로 올 때

---

160) Ley Maren, "Music of the Night: In-Depth Analysis", p.2. http://phantomsrose.wordpress.com/2011/01/15/music-of-the-night-in-depth-analysi

두 사람이 탔던 배의 모양을 하고 있다. 주위에 수많은 촛불이 깜박거리면서 환상적인 분위기를 자아낸다. 침대 옆 거울에 금박을 입힌 뮤즈 형상의 큰 인형 모습이 비친다. 이 뮤즈는 다름 아닌 크리스틴이다. 크리스틴은 그에게 신비로운 음악을 만들 수 있게 하는 원동력이고 삶을 의미 있게 만들어주는 원동력이다. 팬텀이 영혼을 울려 솟아오르게 하는 음악을 만들 수 있게 하는 원동력이고 "감미로운 도취감"을 맛보게 하는 뮤즈이다.

팬텀은 음악 안에서 살고 음악에 의해서 살고 음악을 통해서 산다. 그는 크리스틴을 통해 그의 음악이 날게 하고 싶다. 그에게 음악은 곧 존재 목적이고 자신의 존재를 드러낼 수 있는 수단이다. 그에게 음악은 삶 전체이고 그 음악은 바로 크리스틴이다. 그녀와 함께한다는 것은 곧 음악과 함께한다는 뜻이다. 음악은 곧 그의 삶을 지탱하는 원동력이다. 그러기에 그는 음악에 집착하고 크리스틴에게 집착한다. 크리스틴은 그의 존재 목적인 동시에 수단이다. 그러기에 크리스틴은 그에게 음악이고 사랑이고 삶 전체이다.

팬텀 자신이 '유령'으로 불리지만 팬텀을 사로잡고 있는 유령은 다름 아닌 음악이다. 그리고 그 음악은 크리스틴이라는 아름답고 어린 소녀이다. 크리스틴을 사로잡고 있는 것 또한 음악이라는 유령이다. 서로가 서로에게 유령 또는 '음악의 천사'로 다가간 것이다. 그의 음악은 아름답고 신비하지만 일그러진 얼굴로 인해 낮의 세계로 나아가지 못하는 팬텀의 '밤의 음악'이다. 이 밤의 음악에 날개를 달아 영혼을 울리며 승천하게 하는 것은 음악의 천사인 크리스틴이다. 그러기에 팬텀은 그녀에게 자신의 음악을 날게 해달라고 간구한다. 어둠을 빛으로 바꾸어주는 것은 다름 아닌 크리스틴의 사랑이다.

7. 두려움이 사랑으로

1막 6장, 호수 너머, 다음 날 아침. 팬텀은 지하 미궁에서 크리스틴과 하룻밤을 지내고 날이 밝자 열정적으로 오르간을 연주한다. 그리고 가끔씩 멈춰 악보에 음을 적어 넣는다. 팬텀은 엄청난 집중력을 발휘하면서 작곡하고 있다. 그에게 뮤즈인 크리스틴이 옆에 있기 때문이다. 그녀는 팬텀이 영혼을 울리는 음악을 만들 수 있게 하는 '음악의 천사'이다.

크리스틴이 깨어나자 침대 옆에 놓인 손풍금 모양의 음악상자가 저절로 작동하기 시작한다. 상자에서 흘러나오는 애절한 음악은 '마스크레이드'의 첫 소절이다. 크리스틴은 여전히 몽롱한 상태에 있지만, 다음과 같이 어젯밤의 일을 회상한다('나는 기억해'I Remember). "온몸을 휘감던 안개와 잔잔하던 호수 주위 가득 밝혀진 촛불들과 건너온 호수엔 배 한 척까지, 그리고 배에는 한 남자가 있었지." 그녀는 잠에서 깬 그녀를 아직 보지 못한 팬텀에게 다가가 그가 쓴 가면에 손을 대려고 하면서 다음과 같이 노래한다. "저건 누굴까? 그림자 속의 저 형상, 가면 속의 얼굴. 과연 누구일까?"(Who was that shape in the shadows? Whose is that face in the mask?) 가면 속의 얼굴이 궁금한 그녀는 마침내 가면을 벗긴다. 팬텀의 비밀스러운 모습이 처음으로 드러나는 순간이다.

이 순간 팬텀은 벌떡 일어나 그녀를 무섭게 질책한다. "판도라처럼 남의 비밀을 캐다니! 작은 악마, 이 얼굴을 보길 원했나? 저주스러워! 작고 교활한 데릴라! 어린 독사 같으니!" 판도라(Pandora)는 신화에서 열지 말라는 상자를 열어 온갖 재앙이 튀어나오도록 했던 인류 최초의 여성이다. 삼손(Samson)의 두 번째 아내인 데릴라(Delilah)는 블레셋(Philistines)의 사주를 받아 삼손을 배신하고 그의 머리칼을 잘라 힘을 잃게 했던 여인이다. 팬텀은 가면을 벗겨 자신의 비밀을 들추어내는 크리스틴을 판도라와 데릴라로 비유하면서 격렬하게 비난한다. 팬텀의 반응은 격렬하고도 위압적이다.

팬텀은 크리스틴에게 드러난 자신의 흉측한 모습을 참을 수 없다. 상상했던 것보다 훨씬 더 흉측한 모습이기 때문이다. 거칠고 산만한 다음 노래, '네 상상보다 더 흉측한 모습'(Stranger than you Dreamt it)은 분노와 고뇌의 무게에 짓눌려 어찌할 바를 모르는 팬텀의 심경을 잘 드러내고 있다.[161] "상상 이상으로 괴상한 내 모습,/ 누가 과연 내 얼굴을 똑바로 쳐다볼 수 있을까?/ 내 얼굴 보는 걸 누가 견딜 수 있을까?/ 괴물 조각처럼 혐오스러운 얼굴을, 지옥

---

161) John Snelson, *Andrew Lloyd Webber* (New Haven: Yale UP, 2004), p.93.

불에 검게 탄…."

Stranger than you dreamt it
Can you even dare to look
Or bear to think of me
This loathsome gargoyle[162]) who burns in hell
But secretly yearns for heaven
Secretly, secretly. But, Christine
Fear can turn to love
You'll learn to see (Act 1 Scene 6)

팬텀은 크리스틴이 지옥 불에 검게 탄 추하고 혐오스러운 얼굴
을 똑바로 쳐다볼 수 없을 것이라고 생각한다. 그는 저주를 받아
괴물 같은 모습으로 지옥에 살고 있다고 생각한다. 그러나 천국에
갈 수 있기를 은밀하게 갈망한다. "하지만 천국에 가길 은밀히 갈
망하지./ 은밀히, 은밀하게…, 하지만 크리스틴/ 넌 알 게 될 거야,
두려움이 사랑으로 바뀔 수 있다는 걸." 팬텀은 크리스틴이 자신을
두려워하지만, 두려움이 사랑으로 변할 수 있다고 생각한다. 팬텀
은 크리스틴이 "괴물 같은 얼굴 뒤에 숨겨진 사내의 진실"을 알아
주기를 바라면서 흐느낀다. 그리고 자신도 그녀와의 은밀한 사랑을
갈망하는 한 인간임을 호소한다(secretly dreams of beauty, secretly,
secretly). 그러나 크리스틴은 공포에 사로잡혀 있다. 겁에 질린 그
녀는 팬텀에게 가면을 돌려주면서, 애처로운 눈빛으로 그를 바라본
다. 팬텀은 그녀가 되돌려준 가면을 쓰고 객석 쪽으로 돌아서서 크

---

162) 가고일(Gargoyle)은 큰 사원의 지붕 등에 놓인 날개가 있는 괴물의 상이다. 기독교가 확산되
면서 사신(邪神)으로 간주되어 악마의 이미지를 띠게 된 상으로 건물 바깥에서 망을 보는 역
할을 부여받게 되었다.

리스틴을 찾는 "어리석은 극장 지배인들"에게 그녀를 곧 돌려보내 겠다고 선언한다.

1막 7장, 무대 뒤. 부케는 오페라 극장에서 목을 조르는 올가미처럼 보이는 긴 밧줄을 들고 그것을 발레 소녀들에게 보여주면서 다음과 같이 노래한다('마법의 올가미'). "피부는 누런 양피지 같고… 코가 없는 대신 검은 구멍뿐이지…." 유령의 흉한 모습을 조롱하는 말이다. 부케는 "항상 경계를 늦추지 말 것"을 당부하면서 목을 조르는 올가미로부터 자신을 지키는 방법을 설명한다. 발레 소녀들은 이 올가미가 두렵고도 신기하다. 비밀 문을 통해 나타난 팬텀의 그림자가 보인다. 자신을 조롱하는 부케에게 화가 난 것이다. 소녀들은 겁에 질려 도망친다. 팬텀은 부케를 노려보고는 크리스틴을 망토를 휘감은 채 어디론가 사라진다.

이 자리에 마담 지리가 나타나 부케에게 경고한다. "알고 있는 걸 모두 말하다니. 너무 늦었어. 신중하게 침묵하는 게 현명하다는 걸 알기에는(Find too late that prudent silence is wise). 조셉 부케, 혀를 잘 단속해요. 그러지 않으면 그가 불꽃같은 눈으로 당신을 태워버릴 테니…." 팬텀을 조롱하는 부케의 경거망동을 경고하는 말이다. 혀를 단속하지 못한 부케는 후에 팬텀을 조롱한 대가를 톡톡히 치른다. '일 무토' 공연 중 올가미에 목이 졸려 죽은 시체로 발견되기 때문이다.

8. 프리마돈나, 당신 발아래

1막 8장, 지배인의 사무실에서 앙드레와 피르맹은 자신들에게 전달된 두 통의 편지를 발견한다. "친애하는 앙드레 대표, 정말 매력적인 공연이었소. 크리스틴을 기용한 건 대성공이었소. 카를로타가 없어도 잃은 것은 없소." 피르맹은 자신에게 온 편지를 읽는다. "친애하는 피르맹 대표, 짧게 전하겠소. 내 월급이 아직 지불되지 않았소. 우편으로 당장 보내시오." 그들은 이 편지를 보낸 자가 오페라의 유령이라고 외치고, 팬텀을 "미친 놈"이라고 하면서 화를 낸다. 라울 또한 편지를 갖고 있다. "다에 양은 걱정하지 마시오. 음악의 천사가 날개 아래 그녀를 보호하고 있으니…. 그러나 다시는 그녀를 만날 생각을 하지 마시오." 음악의 천사인 팬텀 자신이 크리스틴을 보호하고 있으니 라울이 그녀에게서 물러서라는 말이다.

카를로타 또한 편지를 들고 화가 난 모습으로 사무실에 들어온다. "당신 오페라 경력은 이제 끝날 때가 되었소. 이제 크리스틴 다에가 당신 대신 노래할 거요. 만일 그녀의 자리를 넘본다면 큰 불행이 닥칠 거요." 편지들을 두고 모두가 불평하기 시작한다. 이 자리에 마담 지리가 나타나 크리스틴이 돌아온 소식을 알린다. 마담 지리 또한 팬텀이 보낸 다음과 같은 내용의 편지를 갖고 있다. "신사 여러분, 여러분 각자에게 알맞은 여러 편지들을 보냈소. 그것들은 모두 극장 운영방식에 관한 것이오. 당신들은 지금까지 내 결정에 따르질 않았소. 그래서 여러분에게 한 번의 마지막 기회를 주려고 하오."

편지를 읽는 피르맹의 소리를 압도하는 팬텀의 목소리가 들린다. "크리스틴 다에는 당신들 곁으로 돌아왔고, 난 그녀의 경력이 계속되기를 바라고 있소. 새 오페라 '일 무토'에서 카를로타를 시종으로, 다에 양을 백작부인으로 배정하시오. 다에 양이 백작부인이 되어 무대에 선다면 무척 매력적일 것이오. 그 시종에게는 대사가 없소. 정말 적격이오." 그리고 팬텀은 편지로 다음과 같이 경고한다. "늘 그랬던 것처럼 난 5번 박스에 앉아 관람할 테니, 그 자리를 날 위해 비워두시오. 만약 내 명령들이 무시되면, 상상조차 할 수 없는 재앙이 닥칠 거요."(I shall watch the performance from my normal seat in Box Five, which will be kept empty for me. Should these commands be ignored, a disaster beyond your imagination will occur.)

카를로타는 "전부 크리스틴을 위한 연극"이라고 화를 낸다. 피르맹과 앙드레는 여전히 스타인 카를로타가 '일 무토' 공연에서 주역인 백작부인을 맡을 것이라고 진정시킨다. 크리스틴에게는 대사가 없는 시종 역을 배정하겠다고 달랜다. 팬텀의 요구를 받아들이지 않겠다고 결정한 것이다. 마담 지리는 팬텀의 요구를 어기려는 그들에게 조심하라고 경고한다. "천사는 보고 있어요, 천사는 알고 있어요." 그녀가 언급하고 있는 '천사'란 음악의 천사인 팬텀이다. 이제 더 이상 노래하고 싶지 않다는 카를로타를 두고 앙드레와 피르맹은 다음과 같이 노래한다('프리마돈나'Prima donna).

> ANDRE: Your public needs you!
> FIRMIN: We need you, too!
> CARLOTTA: Would you not rather have your precious
>   little ingenue?
> ANDRE/FIRMIN: Signora, no! the world wants you! (…)
>   Prima donna first lady of the stage!
>   Your devotees are
>   on their knees to implore you! (Act 1 Scene 8)

대중이 여전히 카를로타를 원하고, 그녀가 여전히 대중들이 숭배하는 프리마돈나요, "무대 위의 여왕"이라는 극장 지배인들의 부추김에 카를로타는 백작부인 역을 받아들이려는 기색을 보인다. 라울은 크리스틴이 '천사' 이야기를 했다는 걸 떠올리고 마담 지리는 크리스틴이 '천사'의 목소리를 들었다고 했던 것을 떠올린다. 멕과 라울은 유령이 "천사 아니면 미친 자"일 것이라고 생각한다. 그러나 앙드레와 피르맹은 카를로타를 천사라고 칭하면서 그녀를 부추긴다. "당신 목소리를 듣는 사람들은 천사를 떠올리게 되오!" 마침내 카를로타는 백작부인 역을 수락한다. 그러나 마담 지리는 다음과 같이 우려를 드러낸다. "이 잘못된 캐스팅이 저주를 불러오게

될 겁니다. … 오, 멍청한 사람들, 그의 경고를 조롱하다니! … 이
명령들을 거부하기 전에 잘 생각해 봐요." 그러나 모두가 마담 지
리의 경고를 받아들이지 않는다.

> RAOUL: His game is over!
> GIRY: This is a game you cannot hope to win!
> RAOUL: And in Box Five a new game will begin.
> GIRY: For, if his curse is on this opera.
> MEG: But if his curse is on this opera…
> ANDRE/FIRMIN: Prima donna the world is at your feet!
>   A nation waits, and how it hates to be cheated!
> CARLOTTA: The stress that falls upon a famous prima donna!
>   Terrible diseases, coughs and colds and sneezes! Still,
>   the dryest throat will reach the highest note, in search
>   of perfect opera! (Act 1 Scene 8)

앙드레와 피르맹은 온 세상이 프리마돈나인 카를로타의 공연을
기다리고 있다고 카를로타를 부추긴다. 그러자 카를로타는 공연에
서 "위대한 프리마돈나라는 것을 알리겠다"고 선언한다. 끔찍한 병
이 나거나 목소리가 갈라져 힘든 경우라도 반드시 무대에 서겠다
고 선언하는데, 이는 사실이 된다. 공연 중 그녀의 목소리가 갈라
져 두꺼비 울음소리를 내기 때문이다. 팬텀의 저주가 시작된 것이
다. "5번 박스석에서 새로운 게임이 시작될 것"이라는 라울의 말에
마담 지리는 "이기기를 기대할 수 없는 게임"이라는 말로 우려를
드러낸다. 그녀만이 상황을 정확하게 파악하고 있다. 그녀는 팬텀
이 어떤 저주와 재앙을 내릴 것이라고 예상한다. 그의 요구가 관철
되지 않았기 때문이다. 갑자기 팬텀의 목소리가 들려온다. "그럼
이것은 우리들 사이의 전쟁이 되겠군! 만약 내 명령들이 무시되면,

상상할 수조차 없는 재앙이 닥칠 거야!"(So, it is to be war between us! If these demands are not met, a disaster beyond your imagination will occur!)

9. 5번 박스석을 비우라고 했지?

1막 9장, 알브리지오의 '일 무토' 공연. '일 무토' 서곡이 연주되는 동안 라울, 앙드레, 피르맹이 자리를 잡는다. 라울은 5번 박스석에 앉아 있다. 마담 지리는 그가 5번 박스석에 앉는 것이 현명한 짓일까를 묻는다. 그러나 라울은 아랑곳하지 않는다. 5번 박스석을 자신을 위해 비워두라는 팬텀의 요구를 거절한 것이다. 막이 오르고 무대 위의 18세기풍 거실 가운데 큰 침대가 놓여 있다. 카를로타가 백작부인 역을 맡고 있고, 크리스틴은 그녀의 하녀로 변장한 시종 세라피모 역을 맡고 있다. 멕은 보석상인의 조수 역을 맡고 있다. 박스석에서 공연을 보던 지배인들은 "엄청난 재앙" 같은 것은 일어나지 않았다고 하면서 팬텀을 비웃는다. 그리고 낄낄대면서 반대편 박스석에 있는 라울을 향해 고개를 끄덕인다.

이탈리아의 알브리지오(Albrizzio)가 쓴 작품으로 알려진 '일 무토'는 플롯 전개와 인물의 형상화에 있어 모차르트의 <피가로의 결혼>과 유사하다. '일 무토'는 이 작품에 대한 패러디(parody)로 볼 수 있는 희극적 오페라이다.[163] 특히 하녀로 변장한 시종 세라피모는 <피가로의 결혼>에서 바보 같은 주인을 속이고 주인의 부인과 놀아나는 케루비노(Cherubino)와 흡사하다. 백작부인을 맡은 카를로타가 어리석은 남편이 영국으로 떠난 걸 기뻐하며 노래한다('불쌍한 바보, 남편이 날 웃게 만드네'Poor Fool, He Makes Me Laugh). 백작부인은 어리석은 남편을 속이고 시종인 세라피모와 놀아나는데, "정숙한 척하느라 피곤했던 시간들. 불쌍한 바보인 내 남편은 모른다"고 노래한다. 정숙의 가면을 쓰고 남편을 속인 것이다. 가면을 쓰고 속고 속이는 인간들의 모습은 <오페라의 유령> 2막의 서두를 장식하는 "가면무도회"에 잘 드러나고 있다.

카를로타의 노래가 끝날 때쯤 모두를 당혹스럽게 만드는 두렵고도 위압적인 팬텀의 목소리가 들려온다. "5번 박스석을 비워두라고 하지 않았느냐?" 모두가 놀란 가운데 카를로타는 크리스틴에게 다음과 같이 외친다. "네 역할은 대사가 없어, 두꺼비 같은 계집애!" 이 말을 듣고 화가 난 팬텀의 목소리가 들린다. "두꺼비라고? 두꺼비는 당신 같은데…." 노래하던 카를로타는 갑자기 두꺼비 소리를 낸다. 이상하게 생각하면서 모두가 당황한다. 카를로타는 다시 정신을 차리고 노래하려고 하지만 목에서 계속 이상한 소리가 흘러나온다. 팬텀의 웃음소리가 들린다. 낮은 웃음소리가 점점 더 미친 듯한 소리로 변한다. 팬텀의 웃음소리가 점점 더 커지고 개굴개굴

---

163) Jessica Sternfeld, "The Angel of Music Sings Songs in My Head: The Phantom of the Opera", *The Megamusical* (Bloomington: Indiana UP, 2006), p.237.

소리를 반복하는 카를로타가 보인다. 울부짖는 것 같은 팬텀의 큰 웃음소리가 들린다. 공연은 중단되고 극장은 혼란스럽다. 피앙지가 흐느끼는 카를로타를 데리고 나가자, 놀란 피르맹이 무대에 나와서 사과한다. 10분 뒤에 공연이 다시 시작될 것이며 크리스틴이 백작 부인 역을 맡을 것이라고 알린다. 팬텀의 존재를 이제야 의식하기 시작한 것이다. 무대를 다시 준비할 동안 발레가 공연된다.

발레 소녀들이 요정의 춤을 추기 시작한다. '일 무토' 3막에 나오는 춤이다. 무대 위쪽에서 위협적인 팬텀의 그림자가 나타나고, 올가미에 목이 졸려 죽은 조셉 부케의 시체가 무대에 떨어진다. 모두가 혼비백산이 된다. 이 혼돈의 순간에 크리스틴과 라울은 서둘러 극장의 지붕으로 피신한다.

10. 내가 당신께 바라는 전부

1막 10장, 오페라 극장의 지붕. 라울은 극장의 지붕에서 크리스 틴에게 왜 자신을 여기 데려왔느냐고 묻는다('왜 나를 여기 데려 왔소?'Why have you brought us here?). 라울은 무대로 돌아가자 고 하지만 크리스틴은 팬텀이 자신을 죽일지도 모른다고 하면서 두려워한다. 라울은 오페라의 유령 같은 것은 존재하지 않으니 팬 텀에 대한 악몽은 잊으라면서 그녀를 진정시킨다. 그러나 그 역시 팬텀의 존재가 의심스럽다. 라울은 '죽음의 가면'을 덮어쓴 그의 정체가 궁금하다. "이 죽음의 가면은?(this mask of death?) … 당신 이 들은 소리는 무엇일까? … 이 숨결은 무엇일까?" 크리스틴도 "사람과 죽음을 사냥하는" 그의 정체가 두렵고 궁금하다. 그리고 자신이 "그에게서 달아날 수 없다"고 고백한다. 그가 자신의 마음 속에 있기 때문이다. "밤조차 눈이 머는 이 미궁 속에서 오페라의 유령은 당신/나의 마음속에 있어…."(And in this labyrinth, where night is blind, the Phantom of the Opera is here: inside your/my mind.) 크리스틴은 주제곡인 '오페라의 유령' 한 소절을 반복하고 있다. 오페라의 유령으로부터 벗어날 수 없다는 말이다.

크리스틴은 라울에게 자신이 팬텀의 지하 은신처에 갔었다고 고백한다('라울, 난 그곳에 갔었어요.'Raoul, I've Been There). "끝없는 밤이 이어지는 그의 세계에/ 햇살조차 어둠에 녹아드는/ 그만의 세계에… 그 어둠…./ 라울, 난 보았어요/ 그의 얼굴 어찌 잊을 수가 있겠어요?/ 그 얼굴 어찌 떨쳐버릴 수 있겠어요?/ 그렇게 뒤틀리고 일그러진 그 얼굴을…./ 어둠 속의 그건 사람 얼굴이 아니었어요./ 어둠 속의 그 얼굴…."

> To his world of unending night
> To a world where the daylight
> dissolves into darkness/ Darkness
> Raoul, I've seen him
> Can I ever forget that sight?
> Can I ever escape from that face?
> So distorted, deformed
> It was hardly a face in that darkness
> Darkness (Act 1 Scene 10)

크리스틴은 지하의 어둠 속에 살고 있는 팬텀의 얼굴을 잊을 수가 없다. 어둠 속 그의 얼굴은 사람의 얼굴이 아니다. 그러나 그의 아름다운 목소리는 크리스틴의 영혼을 가득 채우고 그녀의 영혼을 솟아오르게 한다. "하지만 그 목소리, 내 영혼을 가득 채웠죠./ 이상하고 달콤한 소리로…./ 그 어둠 속에도 음악이 있었죠, 내 마음속에…./ 그 음악을 통해, 내 영혼은 솟아오르기 시작했어요./ 그리고 들었어요, 평생 들어보지 못한 목소리를….."

> But his voice filled my spirit
> With a strange, sweet sound
> In that night there was music, in my mind
> And through music, my soul began to soar
> And I heard, as I'd never heard before (…)
> Yet in his eyes
> All the sadness of the world
> Those pleading eyes
> That both threaten, and adore (Act 1 Scene 10)

어둠 속 그의 얼굴은 흉측하나 그의 아름다운 목소리는 크리스틴의 마음을 사로잡는다. 그녀는 자신을 바라보는 그의 애절한 눈빛을 잊을 수가 없다. "그리고 그의 눈 속엔/ 세상 모든 슬픔 담겨 있었어요./ 애절하고 안타까운 눈빛…./ 위협하는 듯했지만, 숭고하기도 한 눈빛…." 팬텀의 눈은 슬프지만 숭고한 빛을 띠고 있다.

라울은 크리스틴이 보고 들은 건 꿈일 뿐이라고 하면서 그녀를 진정시키려고 노력한다. 그러고는 다음과 같이 노래한다('내가 당신께 바라는 전부'All I Ask of You). "더 이상 어둠에 대해 말하지 말아요./ 놀라 크게 뜬 눈 속의 공포 이제 잊어요./ 내가 여기 있어요, 아무도 당신을 해칠 수 없어요./ 당신 마음을 따뜻하게 가라앉혀 드릴게요./ 당신을 자유롭게 해 드릴게요./ 햇살이 되어 당신 눈물 닦아 드릴게요./ 나 여기 바로 당신 곁에 있어요./ 당신을 지키고 인도하기 위해."

No more talk of darkness
Forget these wide-eyed fears
I'm here, nothing will harm you
My words will warm and calm you
Let me be your freedom
Let daylight dry your tears
I'm here, with you, beside you
To guard you and to guide you (Act 1 Scene 10)

느리고 부드러운 음조로 라울이 부르는 조용하고 따뜻한 노래이다. 그러나 '밤의 음악'에서 느껴지는 에너지와 힘은 없다. 라울의 이 노래에서 밤의 어둠은 낮의 밝음에 대조되고 있고, 공포와 속박은 따뜻함과 자유에 대비되고 있다. 라울은 자신이 따뜻한 햇살처럼 크리스틴을 지켜주고 자유롭게 해 주겠다고 고백한다. 여기서 밤의 어둠과 공포는 팬텀을 지시한다.164) 어둠과 공포를 잊으라는 라울의 말은 "낮의 현란한 빛"(the garish light of day)으로부터 얼굴을 돌려 "무감각한" 빛을 외면하라는 팬텀의 말과 대조를 이룬다. 이는 라울에게서 얼굴을 돌려 팬텀 자신의 음악을 들으면서 새 삶을 꿈꾸라는 말이기 때문이다. 크리스틴은 다음과 같은 답송으로 라울에게 호소한다.

Say you'll love me, every waking moment
Turn my head with talk of summertime
Say you need me with you, now and always
Promise me that all you say is true
That's all I ask of you (Act 1 Scene 10)

---

164) John Snelson, *Andrew Lloyd Webber* (New Haven: Yale UP, 2004), p.96, p.98.

"사랑한다고 말해 주세요, 깨어 있는 순간 늘 사랑한다고…./ 고개를 돌리게 해줘요, 여름날의 노래로…./ 말해 주세요, 내가 당신과 함께 있기를 원한다고, 지금뿐만 아니라 영원히…./ 약속하세요. 당신이 한 말 모두 진실이라고./ 그것이 당신께 바라는 전부." 크리스틴에게 팬텀은 두렵게 만드는 추운 '겨울의 노래'로 라울은 이 두려움을 잊게 하는 따뜻한 '여름날의 노래'로 작용한다. 팬텀이 대변하는 어둠과 공포의 이미지와 라울이 대변하는 빛과 자유의 이미지는 다음 소절에서도 계속된다.

> RAOUL: Let me be your shelter
> Let me be your light
> You're safe, no one can find you
> Your fears are far behind you
> CHRISTINE: All I want is freedom
> A world with no more night
> And you always beside me
> To hold me and to hide me (Act 1 Scene 10)

크리스틴은 자신이 '어두운 밤'과 같은 팬텀에게 사로잡혀 있다고 생각한다. "내가 바라는 건 오직 자유./ 더 이상 어두운 밤이 없는 세상/ 당신이 언제나 내 곁에 있는 세상…./ 날 안아주고 숨겨주세요." 그녀가 바라는 '자유'는 바로 이 어두운 힘으로부터의 자유이다. 라울의 사랑은 이 어두운 힘을 떨쳐내고 크리스틴을 자유롭게 해줄 힘이다. "당신의 피난처가 되어 드릴게요./ 당신의 빛이 되어 드릴게요./ 당신은 안전해요./ 아무도 당신 찾아낼 수 없어요./ 두려움 이제 저 멀리 당신 뒤에 있어요." 라울은 팬텀이 드리우는 어둠을 비춰주는 빛이자 낮과 같은 자유롭고 편안한 존재이다.[165]

라울은 그녀에게 안식처(shelter)가 되고, 빛(light)이 되겠다고 약속한다. 이에 대한 대답으로 크리스틴은 그와 사랑을 나누면서 평생 함께 살아가겠다고 노래한다. 라울과 크리스틴은 다음과 같이 사랑의 마음을 드러낸다.

> RAOUL: Then say you'll share with me
> One love, One lifetime
> Let me lead you from your solitude
> Say you need me with you
> Here beside you
> Anywhere you go, let me go, too
> Christine, that's all I ask of you
> CHRISTINE: Say you'll share with me
> One love, One lifetime
> Say the word and I will follow you
> Share each day with me
> Each night, each morning
> Say you love me (Act 1 Scene 10)

라울은 크리스틴에게 평생 사랑하겠다고 고백한다. "그럼 말해줘요, 나와 함께 나누겠다고./ 하나의 사랑 하나의 삶을….../ 고독을 떨쳐낼 수 있게 당신을 이끌겠어요./ 말해 주세요, 내가 여기 당신 곁에 함께 있기를 원한다고./ 당신이 어딜 가든 함께 가겠어요./ 크리스틴, 그것이 당신께 바라는 전부요." 자신과 평생 함께 살아가겠다고 맹세하면 어디에서든 그녀와 함께하겠다는 소망을 드러내

---

165) 힐(Matthew Hill)의 주장을 따르면 <오페라의 유령>은 "삶과 죽음, 선과 악, 천국과 지옥, 빛과 어둠의 알레고리"이다. 라울과 크리스틴이 사랑을 나누는 오페라 극장의 지붕은 천국이며, 팬텀의 은신처인 오페라 극장 지하 미궁은 지옥이다. 팬텀은 악마처럼 그녀를 유혹하고, 라울은 구세주처럼 그녀를 구원한다. Matthew Hill, "*The Phantom of the Opera*", 09 Feb. 2005, p.1. http://www. hollywoodjesus.com/comments/matthill/2005/02/phantom-of-opera.html

는 라울에게 크리스틴 또한 같은 소망을 드러낸다. "그럼 말해줘요, 나와 함께 나누겠다고./ 하나의 사랑 하나의 삶을…./ 그럼 전 당신을 따르겠어요./ 하루하루를 우리 항상 함께해요./ 매일 밤, 매일 아침을 함께해요./ 날 사랑한다고 말해줘요."

그들이 서로에게 원하는 것은 하나의 사랑으로 묶여 하나의 삶을 살아가는 것이다. 라울의 사랑은 부드럽고 따뜻하다. 그러나 팬텀의 짝사랑은 황홀하고 강렬하다. 서로의 사랑을 확인한 라울과 크리스틴은 다음과 같이 함께 부르면서 노래를 마무리한다. "날 사랑해줘요,/ 그것이 당신께 바라는 전부./ 당신이 어딜 가든 함께 가겠어요./ 날 사랑해줘요,/ 그것이 당신께 바라는 전부."

Love me
That's all I ask of you
Anywhere you go, let me go, too
Love me
That's all I ask of you (Act 1 Scene 10)

크리스틴을 가운데 두고 낮/빛/일상의 이미지와 맞대어 있는 라울과 밤/어둠/꿈의 이미지와 맞대어 있는 팬텀은 여러 가지 면에서 대립적인 인물이다. 이 작품을 미녀와 야수라는 동화(fairy tale)로 본다면 라울은 야수와 어둠의 속박에서 미녀를 구해내는 백기사이며 왕자이다. 팬텀은 가면으로 야수성을 감추고 사악한 힘으로 그녀를 유혹하는 "치명적인" 왕자이다.[166] 팬텀은 흑마를 타고 오는 어둠의 왕자이다. 크리스틴의 사랑을 두고 표면적으로는 백마를 탄

---

166) Susan Kavaler-Adler, "Object Relations Perspectives on 'Phantom of the Opera' and Its Demon Lover Theme: The Modern Film", *American Journal of Psychoanalysis* 69.2 (2009): 158.

왕자인 라울이 승리한 것처럼 보인다. '밤의 음악'에 대한 '낮의 음악'의 승리처럼 보인다. 그러나 감정적인 울림을 두고는 팬텀이 승리한다. 라울의 노래는 따뜻하지만 팬텀이 크리스틴을 앞에 두고 홀로 부르는 '밤의 음악'처럼 깊은 울림과 강렬함을 드러내지 못하기 때문이다.

'내가 당신께 바라는 전부'(All I Ask of You)는 라울과 크리스틴의 현실적인 사랑을 가장 잘 드러내는 곡이다. 또한 이후 팬텀에 의해 다시 반복됨으로써 빛과 어둠의 이미지를 극명하게 드러내주는 곡이다. 이 곡을 통해 우리는 크리스틴의 마음이 팬텀이 아닌 라울에게 향해 있다는 것을 알게 된다. 그러나 우리의 마음이 공명하는 것은 크리스틴의 사랑을 얻은 라울이라기보다는 이루어질 수 없는 사랑의 고통과 아픔을 안고 있는 팬텀이다.

서로의 사랑을 고백하면서 사랑의 키스를 나누는 라울과 크리스틴을 숨어서 홀로 지켜본 팬텀은 흐느끼면서 다음과 같이 노래한다.167) "너에게 내 음악을 줬는데/ 네 노래에 날개를 달아줬는데…/ 그런데 이렇게 되갚다니./ 날 거부하고 날 배반했어./ 그가 너에게서 사랑을 느낀 건/ 내가 가르쳐준 노래를 듣고서였는데."

---

167) 2004년 영화에서 팬텀은 이 지점에서 붉은 장미꽃 한 송이를 들고 있다. 애절하게 노래하는 팬텀의 귀에 크리스틴과 라울의 듀엣("그럼 말해 줘요. 나와 함께 사랑을 나누고 평생 함께 살아가겠다고")이 멀리서 들려오자 팬텀은 절규하면서 장미꽃을 움켜쥔다. 으스러진 붉은 장미꽃 잎이 눈 나리는 땅에 떨어져 바람에 흩날린다. 절묘한 상징이다. 떨어진 장미꽃 잎을 통해 크리스틴과의 사랑이 끝났음을 상징적으로 드러낸 것이다. '한니발' 공연이 끝나고 분장실에 있던 크리스틴에게 마담 지리를 통해 검은 리본을 맨 붉은 장미꽃 한 송이가 전달되는데, 검은 리본은 장미처럼 아름다운 크리스틴을 묶고 있는 '올가미'의 상징이다. 그녀의 운명을 옭아매는 팬텀의 상징이다. 영화의 끝 장면에서 장미꽃은 다시 등장한다. 라울이 방문한 크리스틴의 묘지 앞에 촛불이 켜져 있고 검은 리본으로 묶은 장미꽃 한 송이가 놓여 있다. 팬텀의 장미이다. 장미꽃을 비추던 촛불이 꺼지면서 화면이 사라진다.

I gave you my music
Made your song take wing
And now how you've repaid me
Denied me and betrayed me
He was bound to love you
When he heard you sing (Act 1 Scene 10)

애절하게 노래하는 팬텀의 귀에 크리스틴과 라울이 부르는 다음 소절이 멀리서 들려온다. "그럼 말해줘요, 나와 함께 나누겠다고./ 하나의 사랑 하나의 삶을…." 팬텀은 들려오는 이 노랫소리에 귀를 막으면서 절규한다. "하라는 대로 하지 않고 날 배신한 오늘을 저주하게 될 거야./ 그것만이 유령이/ 너희들에게 바라는 전부!"(You will curse the day you did not do/ All that the Phantom/ Asked of you!) '내가 당신께 바라는 전부'의 후반부를 따라 부르면서 팬텀이 복수를 맹세하고 있는 것이다. 누군가를 사랑하지만 사랑받지 못하는 한 가련한 남자의 고통스러운 저주이다. 팬텀은 사랑하면서 저주하고, 저주하면서 사랑한다.

장면이 바뀌어 어수선한 무대가 정리되고 다시 오페라 '일 무토'가 공연되고 있다. 공연을 마친 가수들이 인사하기 위해 무대 위에 등장한다. 크리스틴은 백작부인의 옷을 입고 있다. 갑자기 유령의 기괴한 웃음소리가 들리고, 천장에서 곧 떨어질 것처럼 흔들리는 샹들리에가 보인다. 울부짖는 유령의 웃음소리를 배경으로 깜빡거리는 샹들리에가 오케스트라의 좌석 위에서 불안하게 흔들린다. 갑자기 샹들리에의 불빛이 사라진다. 1막의 끝이다. 샹들리에가 무대에 떨어지는 사고로 인해 오페라 극장은 문을 닫는다.

11. 가면무도회! 네 얼굴을 숨겨

2막 1장, 오페라 극장의 계단, 6개월 후 새해 전날 밤. 오케스트라가 1막의 마지막을 장식했던 '내가 당신께 바라는 전부'(All I Ask of You)가 연주를 마치자, 앙드레와 피르맹은 오페라 망토를 두르고 괴기한 해골 가면을 덮어쓰고 등장해 다음과 같이 노래한다.

> FIRMIN: Dear Andre what a splendid party!
> ANDRE: The prologue to a bright new year!
> FIRMIN: Quite a night! I'm impressed!
> FIRMIN: Well, one does one's best.
> ANDRE/FIRMIN: Here's to us
>   A toast to all the city
>   Such a pity that
>   The Phantom can't be here (Act 2 Scene 1)

앙드레와 피르맹은 멋진 파티를 벌이면서 멋진 새해를 예감한다. 그러나 다음 말을 덧붙인다. "유령이 없다는 게 조금 아쉽긴 하지만…." 팬텀의 존재를 비꼬는 말이다. 가면무도회가 열리고, 오페라 극장 무대는 사람들로 북적인다. 원숭이 형상으로 변장한 사람들이 나타나 우스꽝스럽게 심벌즈를 치는 흉내를 낸다. 프롤로그에서 보았던 원숭이가 심벌즈를 치는 손풍금 모양의 오르골을 연상시킨다. 가면을 쓰고 형형색색의 분장을 한 손님들과 배우들 그리고 소녀들이 '가면무도회'(Masquerade) 노래를 부르면서 춤을 춘다. "가면무도회! 각양각색 가면들의 향연./ 가면무도회! 네 얼굴을 숨겨./ 세상이 널 알아볼 수 없게./ 가면무도회! 모든 얼굴 모두 다른 그늘."

> Masquerade! Paper faces on parade
> Masquerade! Hide your face
> So the world will never find you
> Masquerade! Every face a different shade
> Masquerade! Look around
> There's another mask behind you
> Flash of mauve, Splash of puce
> Fool and king, Ghoul and goose
> Green and black, Queen and priest
> Trace of rouge, Face of beast (Act 2 Scene 1)

모두가 가면을 쓰고 춤을 추는 가면무도회는 각양각색의 인간들을 비춘다. 팬텀만이 가면을 쓰고 있는 것이 아니다. 인간의 가면과 동물의 가면을 덮어쓴 사람들이 보인다. 귀족, 사업가, 상인, 군인, 경찰, 광대 등 가지각색의 얼굴들을 가지각색의 가면들로 숨긴다. "가면무도회! 둘러봐, 네 주위를./ 네 뒤에 또 다른 가면/ 튀는 자주 누런 갈색/ 광대와 왕 귀신과 거위/ 녹색과 검정 여왕과 성직자/ 붉은 루즈, 야수의 얼굴." '가면무도회'는 외양을 숨기는 거짓과 기만으로 가득 찬 세상을 풍자하는 상징적인 장치이다.168) 가면을 쓰고 현란한 조명 아래 술을 마시고 웃고 떠들어도 아무도 그가 누군지 모른다. 또한 누군지를 묻지 않는다. 축제 분위기에 취해 모두가 자신을 잊는다.

> Masquerade, Stop and stare
> At the sea of smiles around you
> Masquerade
> Seething shadows, Breathing lies
> Masquerade, You can fool
> Any friend who ever knew you
> Masquerade
> Leering satyrs, Peering eyes
> Masquerade, Run and hide (Act 2 Scene 1)

가면이 부여하는 익명성으로 인해 모두가 즐겁고 자유롭다. 점잖을 필요도 고상할 필요도 없다. 탐욕의 눈길을 감추고 양심을 가리는 가면을 쓰고 거짓말을 하고 누구라도 속일 수 있다. "가면무도회, 멈춰 서서/ 네 주위의 미소의 바다를 봐./ 가면무도회, 들끓는 인파, 내뱉는 거짓말들./ 가면무도회, 당신을 아는/ 그 어느 누구든 속일 수 있다네./ 가면무도회, 곁눈질과 탐욕의 눈길/ 가면무도회, 도망치고 숨는…." '가면무도회'는 눈을 현혹하는 가면을 덮어쓰고 서로를 속이는 인간의 기만적 속성을 드러내는 음악이다.169) 오페라 극장은 당대 파리의 귀족들이 자신의 모습을 드러내고 숨기고

---

168) Michael Brody, "*The Phantom of the Opera*. Review", p.2. http://www.cinemablend.com/reviews/The-Phantom-of-the-Opera-795.html

169) John Snelson, *Andrew Lloyd Webber* (New Haven: Yale UP, 2004), p.102.

다른 사람에게 보이던 공간이었다.

가면은 감춤의 기제이다. 인간 누구에게나 마음속에 깊이 자리 잡은 고통과 상처가 있다. 팬텀은 가면 뒤에 들키고 싶지 않은 흉한 얼굴을 숨기고, 버림받을까 봐 두려워하는 약한 마음 또한 숨긴다. 가면은 또한 불안과 공포로부터 자신을 보호하는 방어 기제이다.170) 가면은 외면을 가릴 뿐만 아니라 내면까지를 숨겨 타인을 속이는 심리적 속성을 포함한다. 가면은 양면성을 드러낸다. 자신을 숨기는 기능과 동시에 자신의 것이 아닌 것을 드러내는 기능을 갖고 있기 때문이다. 인간은 사회적 관습과 규범에 따라 살아간다. 자유로움을 갈망하는 자신의 욕망을 숨긴 채 다른 이들이 자신에게 바라는 것을 투영하면서 살아간다는 말이다. 이는 곧 심리적 가면이다.

가면무도회에 등장하는 경쾌하고 화려하지만 과장된 멜로디와 과장되게 부풀린 의상들은 당대 상류층 귀족들이 드러내는 허영심을 풍자적으로 드러낸다. 그들의 가면은 남들에게 드러내고 싶지 않은 그늘진 욕망과 어둠을 감추기 위한 것이다. 그들은 가면을 쓰고 곁눈질과 탐욕의 눈길을 감추지 않는다. 내면을 숨기고 기만의 행동을 일삼는다. 그에 반해 끔찍한 외관을 가리기 위해 팬텀이 쓴 가면 이면에는 천재적인 음악적 재능과, 뒤틀려 있지만 순수한 영혼이 도사리고 있다. 사람들은 팬텀을 물리쳐야 할 두려운 괴물로 간주하고 경멸한다. 그러나 그들은 가면 아래 불순한 욕망과 기만을 숨기고 있다. 깊숙이 감춰진 본모습과 욕망이 가면 아래서 꿈틀

---

170) Charles R. Schmidtke, "Using A Dramatic Persona For A Classroom Life Review", *Educational Gerontology* 26.5 (2000): 462.

댄다. 뒤틀린 팬텀의 영혼에 살인을 저지를 수 있는 악마성과 야수성이 도사리고 있는 것도 사실이다. 그럼에도 불구하고 이 작품은 멀쩡하게 보이는 사람들도 사실은 팬텀과 크게 다르지 않다는 것을 '가면무도회'를 통해 드러낸다. 삶은 가면을 쓰고 살아가는 가면무도회의 일부이다. '보이지 않는 가면'(invisible mask) 깊숙이 어두운 욕망과 자아를 감추고 살아가는 가면무도회이다.[171]

앤드레는 공포의 시간은 지나갔으니 즐거운 파티에서 맘껏 즐기라고 떠들어댄다. 유령은 더 이상 나타나지 않고 그의 편지도 없을 것이라고 단정한다. 모두들 안도와 기쁨과 평화로 가득 찬 세월이 되어 이제 제대로 숨을 쉴 수 있게 되었다고 자축한다. 모두들 오페라 극장의 새로운 번영과 영광을 위해 축배를 든다. 이 축제의 자리에 라울과 크리스틴이 들어온다. 크리스틴은 목에 건 목걸이를 만지작거린다. 라울과의 약혼반지가 걸려 있는 목걸이다. 크리스틴과 라울은 그동안 비밀리에 약혼식을 올렸다. 크리스틴은 이를 숨기고 싶지만 라울은 "감출 이유가 없다"고 생각한다. "알면 어때서? 약혼은 죄가 아니오. 크리스틴, 무엇이 두렵소?"(Well, let them see. It's an engagement, not a crime. Christine, what are you afraid of?) 크리스틴은 왜 언젠가는 알려질 약혼을 숨기려고 하는가? 팬텀을 화나게 할까 봐? 그럴지도 모르겠다. 크리스틴은 팬텀이 두렵긴 하지만, 그가 자신을 연모한다는 것을 알고 있다. 어떤 이유에서든 그녀는 라울과 약혼한 걸 숨기고 싶다. 가면을 쓴 것이다.

크리스틴은 요염한 표정으로 이 남자 저 남자 사이를 돌아다니

---

171) Charles R. Schmidtke, "Using A Dramatic Persona For A Classroom Life Review", *Educational Gerontology* 26.5 (2000): 462.

면서 열정적으로 춤을 춘다. 축제 분위기에 취한 모습이다. 가면무도회는 절정을 향해 치닫고 모두가 흥겹게 노래 부르면서 춤을 춘다. "가면무도회, 얼굴을 숨겨. 세상 사람들이 널 알아볼 수 없게…" 가면 뒤의 얼굴을 아무도 모르기에 행동은 더욱 자유롭고 해방감을 느낀다. 모두들 자신을 잊고 축제의 흥겨움에 몸을 맡긴다.

흥겨운 가면무도회가 절정에 이르자 갑자기 무대 뒤쪽 휘장이 열리면서 '오페라의 유령'의 음산하고 장엄한 음악을 배경으로 기괴한 모습의 팬텀이 나타난다. 붉은색의 옷차림을 하고 죽음의 가면을 쓰고 있다. 두려움을 자아내는 위압적인 모습이다. 사람들은 모두 춤과 노래를 멈추고 놀란 모습으로 조용히 서 있다. 이들에게 팬텀은 위압적인 목소리로 다음과 같이 노래한다('왜 이리 조용한가?'Why So Silent).

Why so silent, good messieurs?
Did you think that I had left you for good?
Have you missed me, good messieurs?
I have written you an opera
Here I bring the finished score
Don Juan Triumphant
I advise you to comply
My instructions should be clear
Remember there are worse things
than a shattered chandelier (Act 2 Scene 1)

"다들 왜 이렇게 조용하오?/ 내가 당신들을 영원히 떠난 줄 아셨나?/ 여러분, 내가 보고 싶지 않았소?/ 그래서 새 오페라를 하나 써 왔지./ 여기 방금 끝낸 새로운 작품/ '돈 후앙의 승리!'/ 내 충고를 따르길 권하오./ 내 지시는 간단하오./ 부서진 샹들리에를 기억하시오." 위압적인 팬텀의 경고에 사람들은 모두 겁에 질려 움찔한다. 그는 자신의 말을 듣지 않아 무대 위에 떨어졌던 "부서진 샹들리에"를 기억하라고 하면서 앙드레에게 새로운 오페라 '돈 후앙의 승리' 악보 뭉치를 던진다. 그리고는 크리스틴에게 오라는 손짓을 하면서 다음과 같이 외친다. "네 사슬은 아직 내 것이다. 날 위해 노래하게 될 거야!"(Your chains are still mine… you will sing for me!) 크리스틴이 자신의 '사슬'을 벗어나지 못하고 계속 자신을 위해 노래하게 될 것이라는 말이다.

그 사슬은 크리스틴을 옭아맨 '운명의 사슬'이다. 크리스틴은 음악을 포기할 수 없고, '음악의 천사'인 팬텀을 벗어날 수 없기 때문이다. 이 지점에서부터 팬텀은 '음악의 천사'가 아니라 크리스틴의 자유를 구속하는 악마처럼 보인다. 그녀의 의사를 고려하지 않기 때문이다. 팬텀이 음악의 이름으로 그녀를 유혹하고 옭아매고 있다면 그는 '음악의 악마'이다. 모든 사람들이 우왕좌왕하는 가운데, 팬텀은 최면에 걸린 듯 서 있는 크리스틴을 납치하여 다시 지하 미궁으로 사라진다.

12. 자연의 사악한 장난

2막 2장, 무대 뒤. 팬텀이 사라진 무대 뒤에서 라울이 팬텀의 정체를 캐묻자 마담 지리는 마지못해 다음과 같이 답한다. "오래전 서커스단이 이 도시에 왔죠. 곡예사, 요술쟁이, 기이한 사람들. … 그리고 거기엔…. 난 도저히 그를 잊을 수 없어요. 한 남자가 있었어요. 우리 속에 갇혀 있던…."(It was years ago. There was a travelling fair in the city. Tumblers, conjurers, human oddities. … And there was… I shall never forget him. A man locked in a cage.) 마담 지리의 입을 통해 팬텀의 과거와 정체가 처음으로 밝혀지는 순간이다. 마담 지리가 도저히 잊을 수 없는 가련한 남자란 우리 속에 갇혀 파리에 왔던 팬텀이다. 그녀의 이야기는 다음과 같이 이어진다.

A prodigy, monsieur. Scholar, architect, musician. (…) And an inventor, too, monsieur. They boasted he had once built for the Shah of Persia—a maze of mirrors. (…) A freak of nature, more monster than man. (…) From birth it seemed. (…) Then he went missing. He escaped. (…) They never found him. It was said he had died. (…) The world forgot him. But I never can. For in this darkness, I have seen him again. (Act 2 Scene 2)

마담 지리의 말을 빌리면 팬텀은 천재이고, 학자요, 음악가요, 발명가이다. 그리고 "페르시아의 황제를 위해 거울로 만든 미로"를 건설한 건축가였다. 그러나 미로를 다른 사람이 아는 것을 두려워한 황제가 그의 목숨을 노려, 그는 도망쳐 돌아다니다가 파리로 흘러들었다. 사람들은 그가 죽었을 것이라고 생각했고 그를 잊었다. 그러나 마담 지리는 "자연의 사악한 장난"으로 인해 괴물 같은 기형으로 태어났고, 어머니에게서조차 버림받았던 가련한 이 남자를 잊을 수가 없었다. "세상은 그를 잊었지만, 난 결코 잊지 못해요…. 이 어둠 속에서 내가 또 그를 만났기에…." 태어날 때부터 기형인 팬텀의 모습은 그의 운명을 옭아맨 '올가미'이다. 팬텀에게 연민의 정을 느꼈던 마담 지리는 그를 극장의 어두운 지하 공간에 숨겨준다. 마담 지리는 다른 사람들이 팬텀의 존재를 폄하할 때마다 그를 변호했던 여성이다. 팬텀을 조롱하는 부케를 꾸짖었으며, 그의 요구를 무시했던 지배인들에게 경고했으며, 그를 사로잡으려는 라울의 계획에 제동을 걸었던 여성이다. 라울은 이제 '오페라의 유령'이 다름 아닌 팬텀이라는 것을 알아차린다. 라울은 계속 그의 정체를 캐묻지만 마담 지리는 더 이상 말하지 않는다.

일그러진 얼굴로 태어난 팬텀의 운명은 이미 결정되었다. 어머니조차 흉한 그를 보기를 꺼려하고 외면했다. 그가 쓴 가면은 그의 얼굴을 보기를 두려워하던 어머니가 처음으로 준 선물이다. 가장 큰 사랑을 베풀 수 있는 모성의 부재는 어린 팬텀에게 깊은 상처를 남긴다. 그는 쫓기고 쫓기다가 인간의 온기가 있는 따뜻한 대지가 아니라 차갑고 음산한 동굴과도 같은 지하 은신처에 머문다. 어린 시절의 상처, 특히 어머니에게서 받은 냉대는 팬텀이 견디기 힘든 상처가 되었다. 모성의 부재와 사회적 편견과 냉대가 그를 어둠의 세계로 내몰고 그의 영혼을 뒤틀리게 하여 괴물로 만든 것이다. 얼굴에 반쪽 가면을 덮어쓴 '유령'으로 만든 것이다.

13. 모든 게 다 뒤틀렸어

 2막 3장. 지배인들의 사무실에 또다시 팬텀의 편지가 도착한다. 그들은 팬텀이 준 새 오페라가 엉망이라고 생각하지만, 그의 뜻을 거스르기 어렵다는 걸 알고 있다. 또다시 샹들리에가 떨어지는 것 같은 사고가 있어날지 모르기 때문이다. 그들이 받은 편지의 내용은 다음과 같다. "친애하는 앙드레 대표, 내 관현악 편곡엔 1번 바순 연주자가 더 필요하오. … 그리고 3번 트롬본 주자는 해고하시오. 귀머거리 같은 사람은 필요 없으니까. … 친애하는 피르맹 대표, 내 오페라에선 합창단원 몇 명이 해고돼야 하오. 음감이 좋은 사람을 찾아주길 바라오." 앙드레와 피르맹은 팬텀의 지시를 모욕으로 받아들이지만, 크리스틴을 새 오페라의 주역으로 배정하라는 지시를 쉽게 무시할 수 없다. 그의 요구를 무시한 후 발생한 여러 가지 사고를 목격했기 때문이다. 그리하여 그들은 카를로타에게

"선택권이 없다"고 말한다.

카를로타가 "크리스틴이 이 일을 꾸민 것"이라고 질책하자 크리스틴은 자신의 탓이 아니라고 하면서 아무런 배역도 맡지 않겠다고 화를 낸다. 크리스틴의 거부에 지배인들은 당혹스럽다. 이때 마담 지리가 또 다른 내용을 담은 편지를 들고 들어온다. "작품 리허설 들어가기 전에 몇 가지만 지시하지. 카를로타는 연기 공부를 더 하시오. 무대를 차분하게 도는 연기를." 유령의 목소리가 편지를 읽는 마담 지리의 목소리를 압도한다.

> Our Don Juan must lose some weight
> It's not healthy in a man of Piangi's age
> And my managers must learn
> That their place is in an office not the arts
> As for Miss Christine Daaé
> No doubt she'll do her best
> It's true her voice is good
> She knows though should she wish to excel
> She has much still to learn
> If pride will let her return to me
> Her teacher, her teacher. (Act 2 Scene 3)

마담 지리가 읽는 편지 내용이다. 팬텀은 피앙지와 지배인들을 노골적으로 무시한다. "우리 돈 후앙 양반께선 살을 좀 빼야겠소! 당신 나이면 건강에도 안 좋아, 피앙지 씨. 그리고 지배인 두 분은 자신들이 할 일이 극장 운영이지 예술이 아니란 걸 아셔야지." 팬텀은 이제 자신이 크리스틴의 선생이라는 것을 명시적으로 드러낸다. 그녀의 음색은 나무랄 데 없지만 완벽한 연기를 위해 자신에게 배우러 오라고 권유한다. "크리스틴 다에 양은 분명 최선을 다해 노력할 거요. 그녀 음색과 연기가 좋은 건 모두가 인정하지만, 작품에서 완벽하게 연기하려면 배울 것이 많다는 사실을 잘 알고 있소. 그러니 자존심이 허락된다면 내게 배우러 보내시오. 선생이 되어 줄 테니." 이 작품에서 팬텀과 크리스틴은 음악을 두고 스승과 제자의 관계이다. 그의 가르침으로 크리스틴은 프리마돈나가 될 수 있었기 때문이다.

크리스틴은 계속 새 오페라의 배역을 맡기 싫다고 하지만, 라울은 그녀를 설득한다. 그녀를 이용하여 팬텀을 사로잡겠다는 계획을 갖고 있기 때문이다. "이번 오페라를 이용해 그 영리한 친구를 잡도록 합시다. … 그의 뜻대로 해요. 공연을 하되 주도권을 우리가 쥐면 되니까. 크리스틴만 무대에 선다면 그는 분명 나타날 거야." 크리스틴을 팬텀을 잡는 미끼 또는 '덫'으로 삼겠다는 뜻이다. 지배인은 극장의 문을 모조리 잠그고 무장한 경찰들을 배치해서 그를 사로잡으면 모든 일이 끝날 것이라고 생각한다.

마담 지리와 크리스틴을 제외한 모든 이들은 라울의 이 제안에 솔깃하다. 팬텀을 사로잡을 계획을 두고 서로의 의견이 엇갈린다. 그리고 이는 빠르게 엇갈리는 불협화음으로 나타난다.

GIRY: But messieurs, be careful—
    We have seen him kill
ANDRE/FIRMIN: We'll say he'll fall
    And fall he will (…)
    If you succeed, you free us all
RAOUL: Angel of Music, fear my fury
ANDRE/FIRMIN: This so-called "Angel" has to fall
GIRY: Hear my warning
    Hear his fury (Act 2 Scene 3)

모두가 이 계획이 성공하여 팬텀을 사로잡을 수 있으리라고 생각한다. 천사라고 불리는 그의 운명도 이제 끝장이라고 생각한다. 그러나 이 계획이 크리스틴 없이는 성공할 수 없다고 생각한다. 마담 지리는 팬텀의 분노를 두려워하라고 하면서 말리지만, 라울은 팬텀을 "검은 죽음의 천사"라고 하면서, 그의 운명이 끝장날 것이니 자신의 분노를 두려워하라고 소리친다. 이들의 언쟁을 가만히 듣고 있던 크리스틴은 이 계획을 멈추지 않으면 미쳐버릴 것이라고 하면서, 자신을 제발 무대 위에 세우지 말아달라고 애원한다.

Raoul, it scares me
Don't put me through this ordeal by fire
He'll take me, I know
We'll be parted forever
He won't let me go
What I once used to dream, I now dread
If he finds me, it won't ever end
And he'll always be there
Singing songs in my head
He'll always be there
Singing songs in my head (Act 2 Scene 3)

크리스틴은 프리마돈나가 되려는 소망을 이루기 위해 팬텀에게 노래를 배웠는데, 그것이 자신을 묶는 올가미가 되었다고 생각한다. "라울, 난 두려워요. 이 불같은 시련 속에 날 밀어 넣지 말아요. 그는 날 데려가겠죠, 난 알아요. 우린 영영 헤어지고 말아요. 그는 날 갈 수 없게 하겠죠. 내가 꿈꾸던 것들이 이젠 두려워요." 크리스틴은 팬텀에게 두려움을 느낀다. 그러나 그를 벗어날 수 있다고 생각하지 않는다. 팬텀이 그녀의 마음속뿐만 아니라 머릿속에도 늘 자리 잡고 있기 때문이다. "그가 날 찾는다면, 그건 끝나지 않아요. 그리고 그는 항상 거기 있어요. 내 머릿속에서 노래해요. 그는 늘 거기 있어요. 내 머릿속에서 노래할 겁니다."

라울은 팬텀이 살아 있는 한, 끝까지 자신들을 쫓아다닐 것이라고 생각한다. 라울은 팬텀은 "그냥 한 남자일 뿐, 그 이상의 능력은 없다"고 하면서 크리스틴을 설득하지만 소용없다. 크리스틴은 두려움과 내키지 않는 마음을 다음 노래에 담아낸다('모든 게 다 뒤틀렸어'Twisted every way).

> Twisted every way, What answer can I give?
> Am I to risk my life to win the chance to live?
> Can I betray the man who once inspired my voice?
> Do I become his prey? Do I have any choice?
> He kills without a thought, He murders all that's good
> I know I can't refuse, And yet I wish I could
> Oh, God, if I agree, What horrors wait for me?
> In this, The Phantom's opera (Act 2 Scene 3)

이 노래에는 갈등하는 크리스틴의 마음이 잘 드러나 있다. 그녀는 모든 일들이 뒤틀려버렸다고 생각하고 팬텀의 '먹이'가 되는 것을 두려워한다. "모든 게 다 뒤틀려버렸는데, 내가 뭐라고 답해야 하죠?/ 내 목숨 하나 살리려고, 이런 모험을 해야 하나요?/ 내가 배신할 수 있을까요? 한때 나에게 소리를 준 사람인데/ 그의 먹이가 돼야 하나요? 방법이 없을까요?" 팬텀을 거절하고 싶지만 그를 배신할 수 없다. 자신에게 아름다운 노래를 할 수 있도록 해준 '음악의 천사'이기 때문이다. "그는 무작정 살인을 하고, 닥치는 대로 죽일 텐데···/

물론 난 거절하지 못하겠죠, 하지만… 어떻게든 그러고 싶어요./ 만약 제가 동의한다면, 어떤 무서운 일이 기다릴까요?/ 유령이 작곡한 이번 오페라 공연에서 말입니다." 공포에 사로잡힌 크리스틴의 말이다. 라울은 '돈 후앙의 승리' 공연이 두렵다는 크리스틴을 무대에 세우기 위해 계속 설득한다. 그러나 크리스틴은 더 이상 무대에 서지 못하겠다고 소리치면서 나가버린다. 라울은 다음과 같이 외치면서 팬텀과의 전쟁을 선포한다. "그래, 이건 전쟁이다. 영리한 친구, 이번 재앙은 네 것이 될 것이다!"(So, it is to be war between us! But this time, my clever friend, the disaster will be yours!)

14. 대가를 치러야 할 거야

2막 4장, '돈 후앙의 승리' 리허설. 레이어가 새 오페라의 악보를 보며 노래를 지도하고 있다. 피앙지, 카를로타, 지리와 코러스가 자리를 잡고 있다. 크리스틴도 보인다. '돈 후앙의 승리' 리허설에 참가한 것이다. 다음과 같은 합창이 들린다. "네 오만한 허세가 마지막 전투를 부르는구나!/ 강한 네 자만심이 비싼 대가를 치르는구나!"(Your vainglorious gasconade,/ Brought you to your final fight/ For your pride, high price you've paid!) 팬텀과의 전쟁을 선포한 라울의 허영심과 자만심이 그 대가를 치르게 될 것이라는 소리로 들린다. 레이어는 합창을 멈추게 하고 몇 가지를 지시한다. 돈 후앙 역을 맡은 피앙지에게 지시를 하지만, 그는 악보가 엉망이라고 불평한다. 카를로타 또한 악보를 두고 불평한다. "악보가 대체 왜 이러죠? 틀린지 맞는지 아무도 모르잖아요!"

레이어가 피아노 건반을 치면서 배우들의 주의를 끌자 갑자기 피아노가 혼자서 이상한 음악을 연주하기 시작한다. 모두가 한동안 멍하게 있다가 크리스틴을 제외한 모든 사람들이 갑자기 기계적으로 노래하기 시작한다.

Poor young maiden
For the thrill on your tongue of stolen sweets
You will have to pay the bill
Tangled in the winding sheets (Act 2 Scene 4)

여기서 "달콤함을 잃고" 공포에 떨고 있는 "불쌍한 젊은 처녀"란 크리스틴이다. 팬텀이 오페라 중의 합창을 통해 라울과의 비밀 약혼에 대한 대가를 치를 것이라고 경고하고 있다. "넌 대가를 치러야 할 거야. 정사(情事)에 말려들었으니." 합창단이 뒤로 물러나고, 크리스틴은 꼼짝도 하지 않고 서서 무엇에 홀린 사람처럼 노래한다. "그의 노래에 잠든 나. 꿈속에서 그가 날 찾아왔네. 그 목소리, 날 부르네. 이젠 내 이름까지." 앞에서 나왔던 '오페라의 유령' 첫 소절이다. 크리스틴이 팬텀을 생각하며 불렀던 노래다. '오페라의 유령'이 배경음악으로 깔린 가운데, 크리스틴은 노래하면서 아버지의 묘지를 찾아간다. "아버지께선 약속하셨지. 천국에 가면 내게 음악의 천사를 보내준다고."(When I'm in heaven, child, I will send the Angel of Music to you.) 크리스틴에게 아버지의 존재는 항상 '음악의 천사'와 함께 있었고, 그 음악의 천사는 바로 팬텀이다. 크리스틴의 마음속에 아버지와 '음악의 천사', 그리고 팬텀의 모습이 중첩되어 나타난 것이다.

15. 나는 네 음악의 천사

2막 5장, 페로스에 있는 묘지. 이끼로 뒤덮인 아버지의 무덤 앞에서 크리스틴은 아버지가 한때 자신의 "유일한 친구요, 전부"였다고 하면서 다음과 같이 노래한다('당신이 한 번만 더 여기 있어 준다면'Wishing You Were Somehow Here Again). "당신은 한때 내 친구이자 아버지였어요./ 하지만 내 세상, 산산이 부서져버렸죠./ 한 번만 더 여기 있어 주세요./ 당신께서 제 가까이 계셨으면 좋겠어요./ 가끔 꿈꾸었던 것 같아요./ 어떻게든 여기 있어 주시면 좋겠다고…./ 당신 목소리를 한 번만 더 듣고 싶다고…./ 생각할 수 없다는 걸 알고 있어요./ 당신이 절 돕지 않으리라고…./ 당신이 꿈꾸던 모든 일, 내가 할 수 있도록…."

You were once a friend and father

Then my world was shattered
Wishing you were somehow here again
Wishing you were somehow near
Sometimes it seemed
If I just dreamed
Somehow you would be here
Wishing I could hear your voice again
Knowing that I never would
Dreaming of you won't help me to do
All that you dreamed I could (Act 2 Scene 5)

아버지께 도움을 바라는 크리스틴의 노래다. 이 노래는 크리스틴이 아버지를 생각하며 부르는 노래지만, 한편으로는 팬텀에게 바라는 마음을 담은 노래이다. 팬텀은 그녀에게 "친구이자 아버지" 같은 존재이다. 아버지가 보내준 '음악의 천사'와 함께 보낸 시간들이 마치 꿈처럼 느껴진다. 그녀의 마음속 추억은 결코 지워지지 않는다. 크리스틴은 자신이 할 수 있다고 그가 꿈꾸던 모든 일들이 이제 사라져버렸다고 슬퍼한다.

"죽음을 알리는 조종과 천사들 조각상,/ 차갑지만 기념으로 남겨진…/ 당신께는 어울리지 않는 것 같아요./ 당신은 따뜻하고 부드러운 분이셨어요./ 너무도 오랜 세월, 흐르는 눈물 참아왔어요./ 추억은 왜 이렇게 잊히지 않나요?/ 한 번만 더 여기 함께 있어 주세요./ 언젠가 이별할 것을 알고 있지만…"

Passing bells and sculpted angels
Cold and monumental
Seemed for you the wrong companions
You were warm and gentle

Too many years, fighting back tears
Why can't the past just die?
Wishing you were somehow here again
Knowing we must say goodbye
Try to forgive, teach me to live
Give me the strength to try
No more memories, no more silent tears
No more gazing across, the wasted years
Help me say Goodbye, help me say Goodbye (Act 2 Scene 5)

크리스틴은 아버지께 한 번만 더 자신이 있는 여기 가까이 있어 달라고 호소하지만, 언젠가는 모두 헤어져야 한다는 걸 알고 있다. "저에게 사는 법을 가르쳐주세요./ 버티고 살아가게 노력할 힘을 주세요./ 더 이상의 추억은 싫어요, 소리 없이 흘리는 눈물도 싫어요./ 더 이상 멍한 시선으로, 지나간 세월을 헛되이 바라보는 것도 싫어요./ 제발 도와주세요, 당신을 떠나보낼 수 있게." 의식의 영역에서는 아버지와의 추억을 떠올리는 노래이지만, 무의식의 영역에서는 팬텀에게 간구하는 호소이다.

어디선가 아버지처럼 인자하고 부드러운 목소리가 들려온다. "이렇게 길을 잃고 헤매는 가엾은 아이야. 내가 인도해 주길 애타게 바라는구나."(Wandering child,/ So lost, so helpless/ Yearning for my guidance.) 아버지가 아니라 팬텀의 목소리이다. 당황한 크리스틴은 여기저기를 살피면서 중얼거린다. "거기 당신, 천사 아니면 아버지? 친구 아니면 유령?(Angel or father, Friend or phantom?) 거기서 날 보고 있는 이, 누구신가요?" 크리스틴은 계속 묻고 팬텀은 답한다.

PHANTOM: Have you forgotten your angel?
CHRISTINE: Angel, oh, speak
    What endless longings
    Echo in this whisper
PHANTOM: Too long you've wandered in winter. (⋯)
    Far from my far-reaching gaze. (⋯)
CHRISTINE: Wildly my mind beats against you.
PHANTOM: You resist yet your soul obeys
CHRISTINE: Yet my soul obeys (⋯)
    Angel of Music, I denied you
PHANTOM: Angel of Music, you denied me (⋯)
CHRISTINE: Turning from true beauty
PHANTOM: Turning from true beauty (Act 2 Scene 5)

 팬텀은 크리스틴에게 다가가 최면을 걸듯이 보호자처럼 속삭인다. "이 추운 겨울을 너무 오랫동안 헤맸구나! ⋯ 멀리서 바라보는 내 시선과 보살핌을 벗어나 ⋯ 네 영혼의 복종을 거부하고 있어." 크리스틴은 마치 최면에 걸린 사람처럼 팬텀에게 다가간다. "천사여, 말하소서. 끝없는 그리움이, 속삭이는 이 음성 안에서 울림으로 들리네!" 크리스틴은 그에게서 벗어나려고 애썼지만 팬텀은 그녀가 저항할 수 없는 힘이다. "제 영혼의 복종을, ⋯ 음악의 천사여, 비록 당신을 부정했지만, ⋯ 진정한 아름다움에서 돌아서지 마소서." 크리스틴에게 팬텀은 진정한 음악의 아름다움을 보여주는 '음악의 천사'이다. 그러나 라울에게 팬텀은 '암흑의 천사'이고 '어둠의 유혹'이다. 크리스틴을 두고 벌이는 팬텀과 라울의 경쟁과 대립은 혼란스럽다. 크리스틴 또한 혼란스럽다. 이런 혼란스러운 상황은 다음과 같은 트리오(trio)를 통해 효과적으로 전달된다.172)

---

172) Jessica Sternfeld, "The Angel of Music Sings Songs in My Head: The Phantom of the

RAOUL: Luring her back from the grave
CHRISTINE: Angel of Music, my protector
PHANTOM: Angel of Music, do not shun me
RAOUL: Angel or dark seducer
　　　 Who are you strange angel?
PHANTOM: Come to me strange angel
CHRISTINE: Come to me strange angel
PHANTOM: I am your Angel of Music
　　　 Come to me, Angel of Music
RAOUL: Angel of darkness, cease this torment! (Act 2 Scene 5)

누구의 목소리이고 누구의 노래인지 분간하기 어렵다. 라울은 천사 아니면 악마가 아직도 크리스틴을 유혹하고 있다고 생각한다. 라울은 어둠 속에서 그녀를 유혹하는 "이상한 천사가 누구냐"고 묻고, "암흑의 천사, 당장 멈추라!"고 소리친다. 팬텀을 두고 빛과 어둠의 이미지가 상반되게 나타나고 있는 것이다. 팬텀은 라울에게는 악마의 어둠이고 크리스틴에게는 천사의 빛이다. 팬텀은 자신이 '음악의 천사'라고 반복하면서 크리스틴에게 자신을 피하지 말고 자신에게 오라고 손짓한다. "난 네 음악의 천사(I am your Angel of Music). … 나에게 오라, 음악의 천사에게." 크리스틴은 최면에 걸린 듯이 팬텀에게 다가간다.

그가 아버지도 음악의 천사도 아니라는 라울의 외침에 크리스틴은 갑자기 정신을 차리고 라울에게 달려간다. 라울은 팬텀에게 제발 크리스틴을 풀어달라고 애원한다. 팬텀은 필사적으로 크리스틴을 보호하려는 라울의 발 앞으로 불기둥을 던지고, 도망쳐보라고 하면서 다음과 같이 말한다. "죽음의 천사인 내가 여기 있다. … 이

Opera", *The Megamusical* (Bloomington: Indiana UP, 2006), p.243.

제 너희들과 전쟁이다!"(I am here, The angel of death. … Now, let it be war upon you both!) 라울이 2막 3장의 마지막 부분에서 팬텀과의 전쟁이라고 외쳤던 말을 반복하고 있는 것이다. 팬텀은 이제 자신이 '죽음의 천사'라고 선언한다. '음악의 천사'가 타락 천사로 변한 것이다. 라울과 크리스틴이 사라진 무대 위에 팬텀은 불기둥을 떨어뜨린다. 전쟁이 개시된 것이다. 그 전쟁은 다음에 이어지는 '돈 후앙의 승리'라는 오페라에서 구체적으로 진행된다. 이 전쟁에서 누가 승리자가 될 것인가? 라울 아니면 팬텀? 라울은 이 오페라 공연에서 팬텀을 사로잡을 방안을 마련했고, 팬텀은 이 오페라를 직접 쓴 인물이다.

16. 돌아갈 수 없는 지점

　2막 6장, '돈 후앙의 승리' 첫 공연 전날 밤, 라울이 경찰과 저격수들에게 지시하고 있다. 5번 박스석을 보고 신호를 보내면 기회를 놓치지 말고 총을 쏘아 팬텀을 죽이라고 명한다. 경찰들은 문은 잠그고 예행연습을 한다. 그런데 어디에선가 팬텀의 목소리가 들려온다. "여기 있네, 오페라의 유령. 나는 여기 있네, 오페라의 유령. 난 여기 있어, 여기다, 바로 여기." 경찰들은 목소리를 쫓아가고, 혼란스러운 유령의 목소리가 여기저기서 튀어나온다. 5번 박스석에서 흘러나오는 소리를 들은 저격수가 총을 쏘자, 라울은 신호를 보내지도 않았는데 총을 쏜 그를 꾸짖는다. 이때 건물 전체를 가득 채우는 위압적인 팬텀의 목소리가 들린다. "오늘 밤 내 운명의 종지부를 한번 찍어볼까? … 내 오페라의 막을 올려라!"(Act 2 Scene 6). '돈 후앙의 승리' 공연이 시작된다.

2막 7장, '돈 후앙의 승리' 공연에서 피앙지가 돈 후앙을 맡고 크리스틴은 돈 후앙에게 농락당하는 순진한 처녀 아민타 역을 맡고 있다. 합창이 시작된다. "수컷이 여기서 암컷을 노리네!/ 먹이를 향해 엉큼한 손길을 내뻗는구나!/ 여기, 억울하기 그지없는 가엾은 희생양!/ 절망적인 울음을 홀로 내뿜는다네!"

> Here the sire may serve the dam
> Here the master takes his meat
> Here the sacrificial lamb
> Utters one despairing bleat
> Poor young maiden
> For the thrill on your tongue of stolen sweets
> You will have to pay the bill
> Tangled in the winding sheets (Act 2 Scene 7)

"가엾은 어린 소녀/ 네 혀의 비밀스러운 달콤함은 전율과 같아./ 그 대가를 치러야 할 거야./ 죽음의 수의가 뒤엉킬 거야!" 여기서 "혀의 달콤함"으로 인해 수컷의 '먹이'가 되어 "희생양"으로 전락하는 "가엾은 어린 소녀"는 다름 아닌 크리스틴이다. 돈 후앙의 하인인 파사리노는 피앙지가 맡은 돈 후앙에게 말한다. "그 아가씨는 절 당신으로 알고 있어요. 제가 주인이고 당신이 하인이죠."

> PASSARINO: Your young guest believes I'm you
> I the master, you the man
> DON JUAN: When you met, you wore my cloak
> She could not have seen your face
> She believes she dines with me
> In her master's borrowed place
> Furtively we'll scoff and quaff
> Stealing what in truth is mine

When it's late and modesty
Starts to mellow with the wine
PASSARINO: You come home
I use your voice
Slam the door like crack of doom
DON JUAN: I will say, "Come hide with me
Where, oh, where? Of course, my room"
PASSARINO: Poor thing hasn't got a chance (Act 2 Scene 7)

돈 후앙은 파사리노에게 역할을 바꿀 계획을 구체적으로 밝힌다. "자네가 내 외투를 입고 그녀를 맞으면, 그녀는 자네 얼굴을 못 알아볼 거야. 그럼 제 주인 방에서 나와 식사한다고 믿겠지. 내 음식들을 훔쳐 먹는 한 쌍의 도둑처럼 말이야. 그러나 시간이 무르익고 적당한 술기운이 몸에 퍼질 때…." 아민타는 가엾게도 계략에 걸려들어 돈 후앙의 손에 놀아날 것이다. 돈 후앙이 자신의 하인인 파사리노를 주인으로 변장하게 하여 아민타라는 순진한 소녀를 유혹하여 농락하는 것을 담은 이 오페라는 모차르트의 오페라 <피가로의 결혼>과 <돈 후앙>을 패러디하고 있다.[173]

이제 파사리노가 주인인 돈 주앙 역을 돈 주앙이 하인 역을 하는 연극이 시작된다. 돈 후앙 역을 맡은 피앙지는 파사리노의 외투를 걸치고 커튼으로 가려진 방으로 간다. 이 방에서 관객들이 알지 못한 가운데 피앙지는 올가미에 목이 졸려 죽는다. 피앙지를 죽인 팬텀은 이제 피앙지 대신 돈 후앙을 맡아 연기한다. 물론 이 사실을 아무도 모른다.

커튼 뒤에서 분장한 팬텀이 나타난다. 팬텀이 이제 덫이 놓아졌

---

173) Jessica Sternfeld, "The Angel of Music Sings Songs in My Head: The Phantom of the Opera", *The Megamusical* (Bloomington: Indiana UP, 2006), p.237.

고, '먹이'만 기다리면 되는 상황이니 파사리노에게 가보라고 한다. 파사리노가 떠나고 아민타 역의 크리스틴이 등장한다. 파사리노의 검은 외투를 입은 팬텀이 등장한다. 그는 파사리노의 모습으로 변장한 돈 후앙이다. 검은 두건으로 얼굴을 가리고 있다. 돈 후앙(팬텀)은 아민타(크리스틴) 주위를 어슬렁거리며 다음과 같은 노래로 유혹한다. "그대, 마침내 이곳에 왔어./ 그대 가슴 가장 깊은 곳에 자리 잡은 욕망을 찾아…./ 지금까진 조용히 침묵했던 그 욕망을 찾아…./ 나, 당신을 이곳에 데려왔네!/ 우리 열정이 녹아 이제 하나 될 것이기에…./ 마음속으론 그대 이미 내게 굴복했지./ 저항을 포기하고 내게 완전히 굴복했어./ 당신 지금, 여기 나와 함께 있어./ 아무런 다른 생각 없이./ 당신은 결정하고 왔어./ 이미 결정했어."

> You have come here
> In pursuit of your deepest urge
> In pursuit of that wish
> Which till now has been silent, silent
> I have brought you
> That our passion may fuse and merge
> In your mind you've already succumbed to me
> Dropped all defenses, completely succumbed to me
> Now you are here with me
> No second thoughts
> You've decided/ Decided (Act 2 Scene 7)

돈 후앙은 자신과 하나 될 생각 외엔 그 어떤 다른 생각도 하지 말라고 하면서, 가슴속 깊은 곳에 자리 잡은 아민타의 은밀한 욕망을 자극한다. 지금은 침묵하지만 밑바닥에 감춰진 그 욕망이 자신의 열정에 녹아내려 완전히 굴복하리라고 생각하면서…. 돈 후앙의 입을 빌려 말하고 있지만 이는 팬텀 자신의 유혹이다. 그리고 그 유혹의 대상은 아민타가 아니라 크리스틴이다. 돈 후앙은 아민타가 이미 자신과 하나 될 결심을 했다고 생각한다. 이는 또한 팬텀이 크리스틴에게 바라는 소망이다. '돈 후앙의 승리'라는 오페라가 팬텀의 "억압된 성적 에너지와 갈망의 배출구"가 된 것이다.[174] 아민타의 은밀한 욕망이 솟아오르는 것을 감지한 돈 후앙(팬텀)은 이제 돌아갈 수 없다고 노래한다('돌아갈 수 없는 지점'The Point of No Return).

> Past the point of no return
> No backward glances
> Our games of make believe, are at an end
> Past all thought of "if" or "when"
> No use resisting
> Abandon thought, and let the dream descend
> What raging fire shall flood the soul
> What rich desire unlocks its door
> What sweet seduction lies before us
> Past the point of no return
> The final threshold
> What warm unspoken secrets will we learn?
> Beyond the point of no return (Act 2 Scene 7)

"이제 돌이킬 수 없어./ 이제 돌아봐선 안 돼./ 속고 속이는 우리들 게임, 이제 모두 끝나가고 있어./ '만약'이나 '언제'라는 가정은 아무런 소용없어./ 헛되이 저항하지 마./ 아무것도 생각 말고, 그대 꿈속으로 스며들게 해./ 어떤 격렬한 열정의 불길이 우리 영혼에

---

174) Jessica Sternfeld, "The Angel of Music Sings Songs in My Head: The Phantom of the Opera", *The Megamusical* (Bloomington: Indiana UP, 2006), p.259.

넘쳐흐를까?/ 어떤 강렬한 욕망이 그 문을 열까?/ 어떤 달콤한 유혹이 우리 앞에 놓여 있을까?/ 이젠 돌이킬 수 없어./ 최후의 문턱을 넘었어./ 과연 어떤 따뜻하고 숨겨진 비밀들이 우릴 기다릴까?/ 돌아갈 수 없는 그곳, 저 너머에." 돈 후앙은 이제 돌아갈 수 있는 지점을 지나 돌이킬 수 없으니, 더 이상 저항하지 말고 아민타의 꿈속에 자신이 스며들게 하라고 권한다. 격렬한 욕망과 열정이 그들의 영혼을 사로잡고, 또 다른 달콤하고 은밀한 유혹이 자신들을 기다리고 있다고 설득한다. 이제 돌아갈 수 있는 최후의 문턱을 넘어 결코 돌아갈 수 없는 곳에 와 있다고 선언한다.

돈 후앙(팬텀)의 유혹에 대한 아민타(크리스틴)의 답송은 다음과 같다. "당신이 날 이곳에 데려온 순간, 할 말을 다 잊어버렸어요./ 그 순간 모든 말들, 침묵으로 사라졌어요, 침묵 속으로….1 나, 이곳에 왔어요./ 왜 왔는지도 알지 못한 채….1 하지만 난 이미 마음속에서 상상했어요./ 우리 두 몸, 하나로 엉키는 걸,/ 아무런 저항 없이, 조용히,/ 그리고 난 이제 당신과 여기 함께 있어요,/ 더 이상 생각할 필요 없어요./ 결정했어요, 이미 결정했어요."

> You have brought me
> To that moment when words run dry
> To that moment when speech
> Disappears into silence/ Silence
> I have come here
> Hardly knowing the reason why
> In my mind
> I've already imagined our bodies entwining
> Defenseless and silent
> And now I am here with you

No second thoughts
I've decided/ Decided

　아민타는 아무런 저항 없이 둘의 몸이 하나 되는 걸 상상하고 여기 왔다고 고백한다. 이미 마음의 결정을 내리고 왔다는 말이다. 그녀도 "이제 돌아갈 수 있는 지점"은 지났다는 것을 받아들인다. 선택의 여지가 더 이상 없다는 말이다. 아민타는 돌아갈 수 없는 이곳에서 이제 자신들의 "욕망의 노래"가 시작되었다고 생각한다. "이젠 정말 돌이킬 수 없어./ 이제 돌아봐선 안 돼./ 우리 욕망의 게임을/ 이제 드디어 시작하네요./ 옳거나 그르다는 생각 모두 소용없어요."

Past the point of no return
No going back now
Our passion play has now
At last begun
Past all thought of right or wrong
One final question
How long should we two wait
Before we're one?
When will the blood begin to race?
The sleeping bud burst into bloom?
When will the flames at last
Consume us? (Act 2 Scene 7)

　아민타(크리스틴)는 얼마나 기다려야 피가 끓어올라 한 몸이 될 것인지를 묻는다. 아민타는 잠든 사랑의 꽃을 언제 피우고 언제 정열의 불꽃이 그들을 태울 것인가를 묻는다. "마지막 질문 하나,/ 우리 둘, 하나가 되려면/ 얼마나 기다려야 하나요?/ 열정의 피가 과연 언제 끓어오르나요?/ 잠든 싹은 언제 꽃을 피우나요?/ 피어오른 정열의 불꽃,/ 언제쯤 우리를 태울 수 있을까요?" 그녀가 이제 돈 후앙을 완전히 받아들인 것이다. 그리고 이 고백은 상상의 영역에서 팬텀에 대한 크리스틴의 고백으로 받아들여질 수 있다. 그러므로 일시적으로는 돈 후앙/팬텀의 승리로 볼 수 있다.175) 크리스틴은 이제 더 이상 순진한 어린 소녀가 아니다. 에로틱한 욕망을 느끼고 받아들이는 성숙한 숙녀로 거듭난 것이다.

돈 후앙(팬텀)과 아민타(크리스틴)는 최후의 문턱과 다리를 지나 돌이킬 수 없고, 이제 자신들의 열정이 타는 것을 지켜볼 뿐이라고 함께 노래한다. 이중창의 마지막 소절이 끝나기 전에 아민타는 갑자기 돈 후앙이 쓴 검은 두건을 벗긴다. 하얀 가면을 쓴 얼굴이 드러난다. 크리스틴은 직감적으로 그가 팬텀이라는 것을 알아차린다. 그는 돌아선다. 그리고 이제 진짜 자신의 목소리로 노래한다.

> Say you'll share with me
> One love, one lifetime
> Lead me, save me, from my solitude
> Say you want me
> With you here, beside you,
> Anywhere you go, let me go, too
> Christine, that's all I ask of···. (Act 2 Scene 7)

"나와 함께 나누겠다고 말해줘요./ 하나의 사랑 하나의 삶을···./ 고독을 떨쳐낼 수 있게/ 날 이끌어 구해 주겠다고···." 팬텀은 이렇

---

175) John Snelson, *Andrew Lloyd Webber* (New Haven: Yale UP, 2004), p.102.

게 노래하면서 자신의 손에서 반지를 빼어 크리스틴의 손가락에 끼우고, 다음 소절을 계속한다. "말해줘요, 내가 여기, 그대 곁에 함께 있기를 원한다고…/ 그대 어딜 가든 나도 함께 가겠어요./ 크리스틴, 그것이 내가… 바라는… 전부…." 팬텀 자신의 목소리로 부르는 노래요, 호소이다. 애절함과 절박함이 깊이 스며 있는 목소리이다. 팬텀은 앞선 장면에서 라울과 크리스틴이 서로의 사랑을 확인하고 함께 불렀던 "All I Ask of You"의 소절을 반복하고 있다. 하나의 사랑이 되어 하나의 삶을 살면서 자신을 슬픈 고독에서 구해달라는 내용이다. 팬텀은 애원하면서 이 노래를 부르지만 "당신"(you)이라는 마지막 단어를 마치지 못한다(that's all I ask of…). 왜냐하면 이 지점에서 크리스틴이 팬텀의 가면을 벗겨 흉한 얼굴이 드러났기 때문이다.

팬텀은 노래를 멈추고 괴성을 지른다. 팬텀의 당혹감과 절망이 깊게 각인된 괴성이다. 자신이 쓴 '돈 후앙의 승리'에서 그 결말은 당연히 돈후앙/팬텀의 승리로 끝나도록 되어 있을 것이다. 그러나 그가 원하는 대로 되지 않는다. 그의 일그러진 얼굴이 사람들에게 노출되면서 모든 것이 일그러졌기 때문이다.[176) 두려움과 공포의 전율이 다시 반음계 화음의 배경음악을 통해 전달되는 가운데 "안돼!"라는 팬텀의 고통스러운 절규가 들린다. 극적인 긴장이 최고조에 달한 지점이다. 경찰들이 무대를 향해 총을 쏘고 라울은 이를 저지하고, 팬텀은 절규하면서 크리스틴을 데리고 사라진다.

무대 뒤편의 커튼이 걷히고 '올가미'에 목이 졸려 죽은 피앙지의

---

176) Jessica Sternfeld, "The Angel of Music Sings Songs in My Head: The Phantom of the Opera", *The Megamusical* (Bloomington: Indiana UP, 2006), p.257.

오페라의 유령(The Phantom of the Opera) 341

시체가 보인다. 모두가 죽은 피앙지 대신 팬텀이 노래했다는 것을 알아차린다. 모두들 두렵고 당혹스럽다. '올가미'는 팬텀의 뒤틀린 영혼과 복수 심리를 대변한다. 보이는 것보다 보이지 않는 것이 더 소중하다는 것을 간과하고 자신에게 편견의 시선을 드러내는 냉혹한 사회에 대한 복수 심리가 '올가미'라는 상징으로 드러난 것이다. 올가미는 증거를 남기지 않고 사람을 죽이는 팬텀의 살인 도구요, 복수의 수단이다. 그는 부케와 피앙지를 올가미를 씌워 죽인 살인자이다. 또한 질투심에 사로잡혀 라울을 올가미를 씌워 죽이려는 마성(魔性)을 드러내는 인물이다. 그러나 크리스틴에 대한 애절한 사랑과 순수하고 놀라운 음악은 그가 악마라는 사실을 잊게 만든다. 그는 인간의 마성(魔性)과 선성(善性) 양면을 드러내는 복잡하고 신비한 인물이다. 야수성과 순수성을 동시에 드러내는 인물이다. 팬텀이 온 얼굴을 가리는 가면이 아니라 반쪽만을 가리는 가면을 쓰고 있다는 점은 이러한 양면성을 드러내는 장치이다.

마담 지리는 라울에게 "꼭 손을 눈높이까지 올리고" 올가미에 걸리지 않게 조심하라는 충고와 함께 팬텀이 있는 곳을 알려준다. 올가미에 걸려 부케와 피앙지가 이미 살해되었기 때문이다. 그러나 팬텀의 거처를 따라 들어간 라울 또한 이 올가미에 걸려 팬텀에게 사로잡힌다.

17. 다시 내려가는군!

2막 8장, 지하 미궁. 팬텀은 크리스틴을 격렬하게 질책하면서 지하 미궁으로 데려간다. 가면이 벗겨진 흉한 얼굴을 드러내고 호수를 건너는 다리를 지나면서 팬텀은 다음과 같이 분노를 드러낸다 ('다시 내려가는'Down Once More).

> Down once more
> To the dungeon of my black despair
> Down we plunge to the prison of my mind
> Down that path into darkness
> Deep as hell!
> Why, you ask, was I bound and chained
> In this cold and dismal place?
> Not for any mortal sin
> But the wickedness of my abhorrent face! (Act 2 Scene 8)

"또다시 내려가는군./ 절망의 지하 감옥으로/ 마음속 감옥으로/

다시 돌아가는 거야./ 이 통로 따라가면 어둠이 있어./ 지옥만큼 깊은…/ 내게 물었지, 왜 이렇게/ 차갑고 쓸쓸한 곳에 살아야만 하느냐고?/ 어떤 죄도 짓지 않았는데…/ 혐오스러운 내 몰골 때문에 그런 거야!" 팬텀은 자신의 거처를 "절망의 지하 감옥"으로 생각한다. 그뿐만 아니라 그곳은 "마음속의 감옥"이다. 그의 몸과 마음은 모두 지옥처럼 깊고 어두운 '감옥'에 감금되어 있다. 그리고 "비참한 몰골 때문"에 개처럼 쫓겨 어둡고 차가운 지하 거처에 살아야 하는 자신의 운명을 한탄한다.

군중들이 노래를 부르며 다가오는 소리가 들린다. "살인마를 쫓아라! 놈을 찾아라. … 땅속으로 도망간 짐승을 잡아라! 오랫동안 우리를 가지고 놀았지만 이젠 알고 있다네. 오페라의 유령, 여기 있네. 저 아래 깊은 곳에 있다네, 오페라의 유령." 군중들은 안개 자욱한 호수를 넘어 팬텀을 잡으러 무리를 지어 오고 있다. "살인마를 쫓으라"는 군중들의 노래를 들으면서 팬텀은 다음과 같이 슬퍼한다.

Hounded out by everyone!
Met with hatred everywhere!
No kind word from anyone!
No compassion anywhere!
Christine, Christine. Why, why? (Act 2 Scene 8)

"모두가 날 개처럼 내쫓고/ 가는 곳마다 냉대뿐!/ 따뜻한 말 한마디 없었지!/ 어디고 동정이라곤 없었어!/ 크리스틴, 왜, 왜지?" 냉대만 받아왔던 고통스러운 팬텀의 절규다.

18. 내 노래를 날게 할 수 있어

　　2막 9장, 호수 너머. 팬텀이 크리스틴을 끌고 간 호수 너머 음산한 지하 미궁에는 수많은 촛불이 켜져 있다. 크리스틴 형상을 한 커다란 물체가 보이고, 하얀 면사포를 손에 든 팬텀이 등장한다. 팬텀을 본 크리스틴은 두려움을 떨치고 다음과 같이 용감하게 추궁한다. "피의 욕망을 채워 만족하나요? 내가 이제 당신의 육체적 욕망의 먹잇감인가요?" 그녀가 팬텀의 "육체적 욕망의 먹잇감"은 아니다. 팬텀이 그녀를 사랑하기 때문이다. 팬텀은 다음과 같이 차가운 목소리로 자신의 저주받은 운명에 대해 이야기한다. "저주받은 운명이 피에 젖게 만든 거야./ 육체의 기쁨을 알지 못하게 한 거야./ 이 얼굴이 우리 사랑에 독을 뿌리는 병이야."(That fate which condemns me to wallow in blood/ Has also denied me the joys of the flesh/ This face, the infection which poisons our love.) 저주받았다고 생각하는 팬텀은 자신에게 헌신적 사랑을 베풀 어머니의 부재를 슬퍼한다. 어머니조차 기형으로 태어난 그를 보고 깊은 한숨을 쉬었다. "이 얼굴로 태어나 얻은 거라곤, 어머니의 놀란 얼굴과 깊은 한숨뿐."(This face, which earned a mother's fear and loathing.) 가면은 팬텀이 자신의 얼굴 보기를 두려워했던 어머니에게서 처음으로 받은 선물이다. 팬텀은 이 일그러진 얼굴이 크리스틴과의 사랑을 이루지 못하게 하는 '독'이라고 생각한다.

어머니에게서 버림받고 흉한 얼굴을 가리는 가면이 자신의 일부라는 팬텀의 말에 크리스틴은 동정의 눈길을 보낸다. 이때 팬텀은 크리스틴의 머리에 면사포를 씌운다. 크리스틴은 침착하게 그의 얼굴을 바라보면서 다음과 같이 노래한다. "유령 같은 당신의 일그러진 얼굴/ 더 이상 두렵지 않아요./ 진정 두렵게 하는 건/ 몹시 일그러져 자리 잡은 뒤틀린 영혼이니까."(This haunted face/ Holds no horror for me now/ It's in your soul/ That the true distortion lies.) 일그러진 얼굴보다 "일그러진 영혼"이 더 두렵다는 말이다. 팬텀의 심장을 도려내는 비수 같은 말이다. 그녀는 더 이상 팬텀의 일그러진 얼굴을 두려워하지 않는다. 이는 크리스틴이 이제 팬텀의 마스크나 그림자(Shadow)가 되기를 거부하고 의식적인 자아(Ego)를 회복했다는 증거로 받아들일 수 있는 대목이다.[177]

팬텀은 갑자기 라울이 온 것을 느낀다. 라울을 발견한 팬텀은 격앙된 목소리로 그에게 말한다. "당신이 와 줄 것을 바랬지. 이제 내

---

177) Kathryn E. Wildgen, "Making the Shadow Conscious: The Enduring Legacy of Gaston Leroux", *Symposium* 55.3 (2001): 163. Marion Woodman, *The Ravaged Bridegroom: Masculinity in Women* (Toronto: Inner City Books, 1990), p.18.

소원이 이뤄지는군! 당신이 나의 밤을 빛내주는군!" 라울이 크리스틴을 놔주라고 애원하지만, 팬텀은 그녀의 목을 조르는 시늉을 하면서 위협한다. 잠시 후 크리스틴을 풀어주고 목을 조르는 올가미를 집어 들어 순식간에 라울의 목을 낚아챈다. 그러고는 라울의 목숨을 두고 크리스틴과 거래한다. 위압적인 팬텀의 격렬한 노래가 들린다.

> Nothing can save you now
> Except perhaps Christine
> Start a new life with me
> Buy his freedom with your love
> Refuse me and you send
> your lover to his death
> This is the choice
> This is the point of no return! (Act 2 Scene 9)

팬텀은 크리스틴에게 "이제 우린 더 이상 돌아설 곳이 없다"는 말을 반복하면서 자신을 사랑하지 않으면 라울을 죽일 것이라고 협박한다. "나와 함께 새로운 삶을 시작하는 거야./ 그를 자유롭게 해, 살리려면/ 당신은 날 사랑해야 해./ 날 거절하면/ 당신이 사랑하는 그는 죽게 돼./ 당신이 선택해야 해."

라울과 팬텀, 즉 빛과 어둠 사이에서 크리스틴은 한 인물을 선택해야 하는 상황에 놓이게 된 것이다. 선택의 강요에 크리스틴은 분노한다. "당신의 어둡고 비참한 운명을 동정해 흘렸던 눈물들, 이젠 식어버렸네. 이젠 당신에 대한 미움뿐!" 크리스틴은 팬텀을 "추락한 우상, 거짓 친구"라고 부르면서 격렬한 목소리로 이제 그에 대한 동정심은 없다고 말한다. 우상으로 존재하던 '음악의 천사'가

'타락 천사'가 된 것이다. 격렬하게 엇갈리는 그들의 말이 불협화음이 되어 빠르게 흘러간다.

> PHANTOM: So, do you end your days with me
>   Or do you send him to his grave?
> RAOUL: Why make her lie to you to save me?
> PHANTOM: Past the point of no return
> CHRISTINE: Angel of Music
>   Who deserves this?
> PHANTOM: The final threshold
> RAOUL: For pity's sake, Christine, say no!
> PHANTOM: His life is now the prize
>   which you must earn (Act 2 Scene 9)

팬텀은 크리스틴에게 "나와 일생을 함께 하겠느냐, 아니면 그를 무덤으로 보내겠느냐"고 선택을 강요한다. 크리스틴이 자신을 사랑하면 그 대가로 라울을 살려주겠다는 말이다. 팬텀은 "아무런 조건 없이 당신에게 사랑을 주었다"(I gave my mind blindly)는 크리스틴의 말에 잠시 주춤한다. 그러나 그는 계속 선택을 강요한다. "조건 없이? … 내 인내를 시험하지 말고 빨리 결정해!"(Blindly. … You try my patience. Make your choice!) 크리스틴은 처음에는 조용히 말한다. 그러나 그녀도 점점 격한 어조로 감정을 드러낸다. "어둠의 피조물인 가엾은 당신/ 당신이 알던 삶 어떤 삶이었나요?/ 신께선 당신께 보여줄 용기를 나에게 주셨죠./ 당신이 혼자가 아니라는 걸."

> Pitiful creature of darkness
> What kind of life have you known?

God give me courage to show you
You are not alone (Act 2 Scene 9)

크리스틴이 팬텀의 마음을 움직이는 결정적인 순간이다. 크리스틴은 팬텀에게 이제 홀로 살아가는 고독한 존재가 아니라고 하면서 그에게 오랫동안 키스한다. 라울은 놀란 눈으로 그들을 바라본다. 크리스틴의 이 키스는 라울을 살리려는 몸짓이 아니라 팬텀에 대한 사랑과 연민을 드러내는 키스이기 때문이다. 팬텀의 마음은 갑자기 누그러지고 분노에 찬 눈길은 부드러운 눈길로 변한다. 인간의 숨결과 사랑의 온기를 처음으로 느꼈기 때문이다.

어둠의 세계, 무의식의 세계, 지하의 세계를 대변하는 '지옥의 천사' 팬텀은 크리스틴의 사랑과 키스를 통해 낮/의식/지상의 빛의 세계로 나아갈 힘을 얻는다. 크리스틴의 사랑이 어둠을 빛으로 바꾸어준 것이다.[178] 가면 뒤에 숨은 수치심을 떨치도록 해 주어 유령/야수를 피와 살을 가진 인간으로 바꾸어준 것은 크리스틴의 사랑이다.[179] 심리적인 관점에서 본다는 크리스틴의 키스는 그녀가 그림자인 팬텀을 받아들인다는 것을 의미한다.[180] 그리고 그녀의 키스는 세상물정 모르는 순진한 어린 소녀가 이제 사랑의 밝음뿐만 아니라 사랑의 어둠과 고통까지도 받아들이는 성숙한 숙녀가

178) Ann Belford Ulanov, *The Feminine in Jungian Psychology and in Christian Theology* (Evanston: Northwestern UP, 1971), p.332.

179) Susan Kavaler-Adler, "Object Relations Perspectives on 'Phantom of the Opera' and Its Demon Lover Theme: The Modern Film", *American Journal of Psychoanalysis* 69.2 (2009): 163.

180) Kathryn E. Wildgen, "Making the Shadow Conscious: The Enduring Legacy of Gaston Leroux", *Symposium* 55.3 (2001): 163. 버니스 힐(Bernice H. Hill)의 지적에 따르면 팬텀은 구원되어야 하는 "우리 각자의 마음속에 자리 잡은 그림자"이다. Bernice H. Hill, "Reflections on *The Phantom of the Opera*", (27 October 2013), p.4. http://www.cgjungpage.org/learn/articles/film-reviews/741-reflections-on-qthe-phantom-of-the-opera

되었음을 드러낸다.

팬텀은 갑자기 불 켜진 초를 하나 집어 들어 라울의 목을 매고 있는 올가미를 태워 끊는다. 그를 살려주려고 작정한 것이다. 크리스틴의 사랑이 이미 라울에게 기울어 있음을 느끼고 체념한 것일까? 아니면 크리스틴의 사랑에 대한 보답으로 라울을 풀어준 것일까? 뮤지컬은 이를 분명하게 보여주지 않는다. 크리스틴의 갑작스러운 키스에 놀란 팬텀의 모습을 보여줄 뿐이다. 사랑이 라울에게 향해 있든 팬텀에게 향해 있든 그녀의 사랑에는 진정성이 있다. 이 진정성이 팬텀을 감동시키고 변하게 한 것이다. 어둠의 악마, 타락천사에서 다시 음악의 천사로 돌아온 것이다. 몸과 마음을 가두는 어둠의 감옥에서 탈출한 것이다.

팬텀은 라울의 목을 졸라맨 올가미를 풀어줄 뿐만 아니라 상징적 의미에서 크리스틴을 옭아매던 올가미도 풀어준다. 그 올가미는 다름 아닌 오페라의 유령인 팬텀 자신이다. "살인마를 찾으라"는 소리가 들리는 가운데 팬텀은 그들에게 외친다. "데려가. 날 잊고, 지난 일은 잊어. … 날 두고 가! 본 건 모두 잊어. 어서 가. 사람들에게 발각되면 안 돼. … 보트를 가져가. 비밀을 절대 말하지 않는다고 맹세해." "난 지옥의 유령"(Angel of hell)이었다는 팬텀의 절규와 함께 라울과 크리스틴은 떠나간다. 그러나 팬텀은 더 이상 '지옥의 유령'이 아니다. 크리스틴의 키스로 일그러진 얼굴과 영혼을 숨겼던 가면을 벗고, 또한 "잔인성의 가면"을 벗고 연민을 가진 인간으로 변모했기 때문이다.[181]

---

181) Kathryn E. Wildgen, "Making the Shadow Conscious: The Enduring Legacy of Gaston Leroux", *Symposium* 55.3 (2001): 164.

오르골에서 저절로 흘러나오는 '마스크레이드' 음악 소리에 맞춰 팬텀은 흐느끼면서 조용히 노래한다. "가면무도회. 각양각색 가면들의 향연. 가면무도회. 얼굴을 숨겨. 세상이 널 알아볼 수 없게." 사람들이 알아보지 못하게 가면으로 자신의 모습을 가리고 싶은 팬텀의 심중을 드러내는 가사이다. 팬텀은 여전히 숨고 싶다. 크리스틴을 통해 인간의 온기를 느꼈지만 낮의 세상으로 나가기가 여전히 두렵다. 라울과 함께 떠나는 크리스틴도 사랑의 가면을 쓴 것이 아닌지 모르겠다. 또 다른 사랑을 팬텀의 지하 은신처에 남겨두고…. 사랑의 감정 또한 의식이란 가면 뒤에 숨겨진 무의식의 은밀한 욕망이다.

지하 미궁을 빠져나가다가 다시 돌아온 크리스틴은 팬텀을 바라보며 흐느끼면서 반지를 돌려준다. '돈 후앙의 승리' 공연 중에 팬텀에게 받았던 반지이다. 반지를 받아든 팬텀은 크리스틴을 애처롭게 바라보며 노래한다. "크리스틴, 사랑해 당신을."(Christine I love You.) 애절한 사랑 고백의 울림이다. 크리스틴은 출구 계단을 오르며 팬텀을 돌아보다가 얼굴을 반쯤 돌려 흐느끼면서 다음과 같이 노래한다. "말해줘. 나와 함께 사랑을 나누고 평생 함께 살아가겠다고."(Say you'll share with me one love, one lifetime.) '내가 당신께 바라는 전부'의 한 소절이다. 흐느끼며 노래하는 크리스틴의 시선이 반쯤 팬텀을 향해 있다. 이 노래의 메시지가 팬텀을 향한 것인지 라울을 향한 것인지 분명하지 않다. 그녀의 노래와 함께 카메라가 팬텀을 따라가다가 다시 다음 소절을 부르는 라울을 비추고 있기 때문이다. "그럼 전 당신을 따르겠어요." 이 가락을 듣고 크리스틴의 시선은 다시 라울을 향한다. 카메라는 다시 바닥에 앉아 흐느끼고 있는 팬텀을 비춘다. 카메라의 이동을 통해 팬텀과 라울 사이에서 이러지도 저러지도 못하는 크리스틴을 비춰내고 있는 것이다. 크리스틴의 마음은 복잡하다. 오른쪽 발은 라울을 따라가고 왼발은 아직 팬텀에게 남아 있는 인상을 던진다. 흐느끼면서 팬텀을 바라보는 그녀의 애절한 눈빛 때문이다.

카메라는 다시 라울의 손을 잡고 계단을 오르면서 다음 소절을 부르는 크리스틴을 비춘다. "언제든 우리 항상 함께해요. 매일 밤, 매일 아침을 날 사랑한다 말해 줘요." 이 가락에 이어 다시 카메라는 크리스틴에게 씌우려던 하얀 면사포를 들고 꿇어앉아 다음과 같이 절규하는 팬텀을 비춘다. "당신만이 내 노래를/ 날게 할 수 있었는데⋯./ 이젠 다 끝났어!/ 내 밤의 음악은!"

> You alone can make
> My song take flight
> It's over now
> The music of the night (Act 2 Scene 9)

"당신만이 내 노래를 날게 할 수 있어. 도와줘, 밤의 음악을 만들 수 있게"라는 '밤의 음악' 마지막 소절의 변형이다. "도와줘"라는 표현이 "다 끝났어!"로 변형된 것이다. 이 절규가 끝난 뒤 팬텀은 일어나 들고 있던 하얀 면사포를 던지고 의자에 앉아 검은 망토로 자신을 덮는다. 그들의 관계가 "다 끝났다"는 상징적 몸짓이다. 그런데 이 절규는 여전히 여운을 남긴다. '밤의 음악'이 끝났다는 팬텀의 절규를 어떻게 받아들여야 할까? 자신의 노래를 불러 날게 해주던 크리스틴이 없으니 더 이상 음악을 만들지 않겠다는 말인가? 아니면 어두운 지하 세계에서 살면서 어둠의 음악을 만드는 것이 아니라 낮의 세계로 나아가 음악을 만들겠다는 것인가?

이 외침은 팬텀 자신에게 향한 외침이라기보다는 크리스틴을 향한 외침이다. 라울과의 삶을 택한 크리스틴의 프리마돈나로서의 생명이 끝났다는 의미로 받아들일 수 있기 때문이다.[182] 팬텀에게 사랑이란 곧 음악이고, 음악은 곧 크리스틴이다. 그러나 음악의 날개를 달아 솟아오르게 했던 크리스틴은 더 이상 노래하지 않을 것이다. 팬텀은 마침내 자신의 일그러진 얼굴을 가리던 하얀 가면을 남겨두고 어디론가 사라진다. 일그러진 영혼도 함께 두고 사라진 것인가? 모두가 사라진 무대에는 하얀 가면을 들고 사방을 두리번거리면서 팬텀을 찾는 멕 지리의 시선이 남아 있다. 그녀 역시 크리스틴처럼 프리마돈나가 되기를 꿈꾸는 여성이다. 팬텀의 이야기는 끝나지 않았다.

---

182) John Snelson, *Andrew Lloyd Webber* (New Haven: Yale UP, 2004), p.98.

맺음말

영화는 근본적으로 시각적 이미지를 중시한다. 대본을 기반으로 영화가 만들어지고 대본을 구성하는 기본적인 서사와 인물과 사건의 형상화가 중요한 것이 사실이지만, 영화는 보다 많은 것을 말이 아니라 이미지를 통해 전달한다. 음악과 음향효과를 통해 전달되는 청각적 이미지와 영상을 통해 주어지는 시각적 이미지는 인물의 대화 못지않게 중요한 요소라는 말이다. 영화는 이미지를 통해 많은 것을 '이야기'하고 많은 서사적 정보를 제공한다. 얘기하기보다는 이미지를 통해 이야기를 보여준다. 그러므로 영화는 서사적 정보를 담은 움직이는 그림이다. 그러므로 우리는 영화를 보는 것에 그치지 않고 이미지를 통해 재현되는 의미를 읽어내야 할 것이다. 수동적인 독자가 아니라 영화의 공감각적인 이미지를 읽어내면서 능동적인 독자가 되어야 한다는 말이다.

영화가 창출하는 이미지는 공감각적 이미지이다. 배경음악과 사건의 영상과 인물의 대사는 각자가 따로 작용하는 것이 아니라 동시에 작용하여 공감각적 이미지를 창출한다. 종합예술로서의 영화의 특징일 것이다. <아마데우스>와 <웨스트사이드 스토리>, 그리고 <오페라의 유령>은 대본의 서사적 구조와 장치가 돋보이는 영화들이다. 또한 풍부한 시각적 이미지와 음악이라는 청각적 이미지가 담겨 있는 영화들이다. 이들 영화에서 음악은 단순히 들려주기 위한 것이 아니라, 이를 통해 플롯을 전개하고 분위기를 조성하고 인물들의 성격을 드러내며 주제를 구체화하는 중요한 극적 장치이다. 특히 뮤지컬 영화인 <웨스트사이드 스토리>와 <오페라의 유령>에서 음악이 차지하는 비중과 중요성은 말할 나위가 없다.

이 책에 사용된 필자의 논문은 다음과 같다. 이들 논문은 인용 표시 없이 사용한다. "음악으로 읽는 <아마데우스>", 『인문과학』 42 (2009), "영화 <아마데우스>의 상징.", 『영미어문학』 96 (2010), "의식적 욕망과 무의식적 욕망: <오페라의 유령>의 심리적 분석", 『영미어문학』 121 (2016), "음악의 빛과 밤의 음악: <오페라의 유령>", 『동서인문학』 53 (2017).

인용문헌

Abert, A. A. "The Operas of Mozart." *The Age of Enlightenment: 1745 ~ 1790*. Ed. Egon Wellesz. Oxford: Oxford UP, 1973. 97~171.

Amadeus. Dir. Miloš Forman. Perf. F. Murray Abraham, Tom Hulce, and Elizabeth Berridge. Prod. Saul Zaentz. Orion Pictures, 1984.

Arens, Katherine. "Mozart: A Case Study in Logo-centric Repression." *Comparative Literature Studies* 23.2 (1986): 141~169.

Beales, Derek. "Court, government and Society in Mozart's Vienna." Ed. Stanley Sadie. *Wolfgang Amade Mozart: essays on his life and his music*. Oxford: Clarendon P, 1996. 3~20.

Bidney, Martin. "Thinking about God and Mozart: The Salieri of Puskin and Peter Shaffer." *Slavic-and-East-European-Journal* 30.2 (1986): 183~195.

Bouchard, Larry D. *Tragic Method and Tragic Theology: Evil in Contemporary Drama and Religious Thought*. University Park, PA: Pennsylvania State UP, 1989.

Brophy, Brigid. *Mozart the Dramatist*. London: Faber & Faber, 1964.

Deakin, Michael. *The Children on the Hill*. Indianapolis: Bobbs-Herill, 1972.

Garebian, Keith. *The Making of West Side Story*. Oakville: Mosaic P, 1995.

Garrett, Greg. "God's Frail Flute: Amadeus and *Amadeus*." *Proteus* 8.2 (1991): 57~60.

Gianakaris, C. J. *"Playwright Looks at Mozart: Peter Shaffer's Amadeus."* *Comparative Drama* 15.1 (1981): 37~53.

Gutman, R. W. *Mozart, A Cultural Biology*. New York: Harvest Book, 1999.

_____. "Drama into Film: The Shaffer Situation." *Modern Drama* 28.1 (1985): 83~98.

Hersh, Thomas R. *"Phantom of the Opera*: A Psychological Review." http://www.psychological-observations.com/two-approaches-to-understanding-psychology/via-something-that-isn-t-in-me/universals

Hill, Matthew. "*The Phantom of the Opera.*" 9 Feb. 2005. http://www.holly-woodjesus.com/comments/matthill/2005/02/phantom-of-opera.html

Hinden, Michael. "When Playwrights Talk to God: Peter Shaffer and the Legacy of O'Neill." *Comparative Drama* 16.1 (1982): 49~63.

Hogle, Jerrold E. *The Underground of the* Phantom of the Opera: *Sublimation and the Gothic in Leroux's Novel and Its Progeny.* New York: Palgrave, 2002.

Hopkins, Vicki. "Movie analysis Symbolism behind *the Phantom of the Opera.*" http://www.entertainmentscene360.com/index.php/article-list/852445

Huber, Werner and Zapf, Hubert. "On the Structure of Peter Shaffer's *Amadeus.*" *Contemporary British Drama, 1970~1990.* Eds. Hursh Zeifman and C. Zimmerman. Toronto: U of Toronto, 1993. 62~80.

Jones, Daniel R. "Peter Shaffer's Continued Quest for God in *Amadeus.*" *Comparative Drama* 21.2 (1987): 145~155.

Jones, John B. *Our Musicals, Ourselves: A Social History of the American Musical Theatre.* Waltham, MA: Brandeis UP, 2003.

Kamm, Henry. "Miloš Forman Takes His Camera and 'Amadeus' to Prague." *New York Times,* 29 May 1983.

Kavaler-Adler, Susan. "Object Relations Perspectives on "Phantom of the Opera" and Its Demon Lover Theme: The Modern Film." *American Journal of Psychoanalysis* 69.2 (2009): 150~166.

Kislan, Richard. *The Musical.* New Jersey: Prentice-Hall, 1980.

Klein, Dennis A. *Peter Shaffer, Revised Edition.* New York: Twayne Pub., 1993.

Landen, H. C. Robbins. *Mozart's Last Year.* New York: Schirmer, 1988.

Laurents, Arthur. *Romeo and Juliet/West Side Story.* New York: Dell Publishing, 1965.

_____. *Original Story By.* New York: A. Knopf, 2000.

Lobell, John. "*The Phantom of the Opera.*" http://cinemadiscourse.com/the-phantom-of-the-opera

Lounsberry, B. "Peter Shaffer's *Amadeus* and *Shrivings*: God-Hunting Continued." *Theatre Annual* 39 (1984): 15~33.

MacMurraugh-Kavanagh, M. K. *Peter Shaffer: Theatre and Drama.* London: Macmillan, 1998.

Maren, Ley. "Music of the Night: In-Depth Analysis." http://phantomsrose.wordpress.com/2011/01/15/music-of-the-night-in-depth-analysi

Mashall, Kelli. "Music of the Night: Reminiscing, Analyzing, Praising." http://www.kellimarshall.net/my-blog/phantom

McMillan, Scott. *The Musical as Drama: A Study of the Principles and Conventions behind Musical Shows from Kern to Sondheim.* Princeton: Princeton UP, 2006.

Mikels, Frank X., and James Rurak. "Finishing Salieri: Another Act to *Amadeus.*" *Soundings* 67.1 (1984): 42~54.

Myers, Cathleen. "The Phantom's Evolution: From Novel to Screen to Stage." Retrieved 2007-10-30. http://www.peersdance.org/revphant.html

Negron-Muntaner, Frances. "Feeling Pretty: *West Side Story* and Puerto Rican Identity Discourse." *Social Text 63* 18.2 (2000): 83~106.

Novak, Elaine A. *Performing in Musical.* New York: Macmillan, 1988.

Plunka, Gene A. *Peter Shaffer: Roles, Rites, and Rituals in the Theatre.* Rutherford, NJ: Fareigh Dickinson UP, 1988.

Rodriquez, Clara E. ed. *Latin Looks: Images of Latinas and Latinos in the U.S. Media.* Colorado: Westview P, 1997.

Sanchez, Alberto S. "*West Side Story*: A Puerto Rican Reading of 'America.'" in Rodriquez, Clara E.

Shaffer, Peter. *Amadeus* (1984), http://sfy.ru/sfy.html?script=amadeus

Shakespeare, William. *The Riverside Shakespeare.* Ed. G. B. Evans. Boston: Houghton Mifflin, 1974.

Snelson, John. *Andrew Lloyd Webber.* New Haven: Yale UP, 2004.

Stein, Murry. *In Midlife: A Jungian Perspective.* Dallas: Spring, 1983.

Sternfeld, Jessica. "The Angel of Music Sings Songs in My Head: *The Phantom of the Opera.*" *The Megamusical.* Bloomington: Indiana UP, 2006. 225~272.

Sullivan, William J. "Peter Shaffer's *Amadeus*: The Making and Un-Making of the Fathers." *American Imago* 45.1 (1988): 45~60.

Sunderland, Margot & Ken Pickering, *Choreographing the Stage Musical.* New York: J. Garnet Miller, 1989.

Swain, J. P. *The Broadway Musical: A Critical and Musical Survey.* 2nd ed. Lanham, Maryland: Scarecrow P, 2002.

The Phantom of the Opera at the Royal Albert Hall (film adaptation of Webber's 1986 musical *The Phantom of the Opera*). Dir. Nick Morris & Laurence Connor. Perf. Ramin Karimloo, Sierra Boggess, Hadley Fraser. Really Useful Films (UK), 2011.

Ulanov, Ann Belford. *The Feminine in Jungian Psychology and in Christian Theology.* Evanston: Northwestern UP, 1971.

Vidal-Ortiz, Salvador. "On being a White Person of Color: Using Auto-ethnography to understand Puerto Rican's Racialization." *Qualitative Sociology* 27.2 (2004): 179~203.

Webber, Andrew Lloyd, Charles Hart, and Richard Stilgoe. *The Phantom of the Opera.* http://www.angelfire.com/musicals/phantom_01/Libretto.html

Wells, Elizabeth A. "What about doing it about the Chicanos?" http://www.echo.ucla.edu/ Volume2-Issue1/wells/wells.pdf

West Side Story. Dir. Robert Wise and Jerome Robbins. Perf. Natalie Wood, Richard Beymer, Russ Tamblyn, Rita Moreno, and George Chakiris. United Artists. 1961.

Wildgen, Kathryn E. "Making the Shadow Conscious: The Enduring Legacy of Gaston Leroux." *Symposium* 55.3 (2001): 155~167.

Williams, A. P. "The Silent Threat: A (Re)Viewing of The Sexual Other in *The Phantom of The Opera* and *Nosferatu*." *Midwest Quarterly* 38.1 (1996): 90~101.

Woodman, Marion. *The Ravaged Bridegroom: Masculinity in Women.* Toronto: Inner City Books, 1990.

Ziegenruecker, Wieland. *Allegemeine Musiklehre*. Muenchen: Goldmann-Verlag, 1977.

http://navercast.naver.com/contents.nhn?contents_id=7190

http://terms.naver.com/entry.nhn?docId=73630&mobile&

강석진. "<아마데우스>의 영상화." 『영미어문학』 64호 (2002): 69~88.

강용식. "<웨스트사이드 스토리>: 사이렌의 탄생." 『음악이론연구』 12 (2007): 71~102.

김광선. "연극비평: <오페라의 유령> 한국 공연." 『연극평론』 24 (2002): 155~163.

_____. "뮤지컬의 다층적 언어: <웨스트사이드 스토리>의 음악분석." 『한

국연극학』 23 (2004): 239~265.

김방현 역.『모차르트. I (Kaisetsu Library 13)』. 서울: 음악세계, 2001.

_____.『모차르트. II (Kaisetsu Library 14)』. 서울: 음악세계, 2001.

김선아. "뮤지컬 무용의 극적 기능에 관한 연구: <웨스트사이드 스토리>를 중심으로." 이화여자대학교대학원 석사학위논문, 1997.

김성제. "사연의 고백과 각색: 살리에리와 모차르트의 Amadeus."『문학과 영상』 2권 2호 (2001): 5~30.

이성훈. "1960년대 영화에 나타난 라티노에 대한 인종주의: <웨스트사이드 스토리>와 <알라모>를 중심으로."『스페인어문학』 43 (2007): 363~378.

이채훈.『내가 사랑하는 모차르트』. 서울: 호미, 2006.

장윤정. "뮤지컬 <웨스트사이드 스토리>에서 무용의 역할 분석." 조선대학교 대학원 석사학위논문, 2001.

조두영. "아마데우스의 정신분석적 이해."『한국정신분석학』 8.2 (1997): 135~143.

조창현. "영화 <아마데우스> 연구: 작품 속 두 주인공의 관계에 대해."『세계문학비교연구』 10 (2004): 207~236.

조희경. "영화 <아마데우스>에 나타난 문학적 상상력의 조화."『문명연지』(한국문명학회) 6.1 (2005): 67~91.

지정윤. "뮤지컬 <West Side Story>를 통한 음악의 극적 기능과 효과에 관한 연구." 숙명여자대학교대학원 석사학위논문, 2012.

푸시킨, 알렉산드르.『보리스 고두노프/모차르트와 살리에리』. 조주관 역. 서울: 지만지, 2009.

김종환

1981년 계명대학교 영문과를 졸업하고 1992년 미국 네브래스카주립대학교에서 박사학위를 취득했다. 1995년에 재남우수논문상(한국영어영문학회)을 받았고, 1998년에는 제1회 셰익스피어학회 우수논문상을, 2006년에는 원암학술상을 받았다. 1986년부터 계명대학교 영문학과 교수로 재직하고 있으며, 한국영어영문학회 부회장을 역임했고, 현재 한국영미어문학회 편집위원장과 한국셰익스피어학회의 편집이사로 활동하고 있다.

저서로는 『셰익스피어와 타자』와 『셰익스피어와 현대비평』, 『셰익스피어 연극 사전』(공저)이 있으며 세 권 모두 대한민국학술원 우수학술도서로 선정되었다. 그 외 저서로『셰익스피어 작품 각색과 다시쓰기의 정치성』, 『인종담론과 성(性)담론: 셰익스피어의 경우』, 『상징과 모티프로 읽는 영화』, 『명대사로 읽는 셰익스피어 주요 비극』이 있다. 번역서로는 셰익스피어의 4대 비극과 『로미오와 줄리엣』, 『한여름 밤의 꿈』, 『베니스의 상인』, 『줄리어스 시저』, 『헨리 5세』, 『자에는 자로』, 『말괄량이 길들이기』, 『리처드 3세』, 『헛소동』, 『당신 뜻대로』, 『헨리 4세, 1부』, 그리고 아이스킬로스의 『사슬에 묶인 프로메테우스』와 『오레스테이아』 3부작, 에우리피데스의 『메데이아』, 『엘렉트라』, 『히폴리투스』가 있다. 또한 소포클레스의 작품 전체를 완역했다.

음악과 영화가
만난 길에서 [개정증보판]

초 판 인 쇄 | 2013년 8월 16일
초 판 발 행 | 2013년 8월 16일
개정증보 | 2017년 8월 31일

지 은 이 | 김종환
펴 낸 이 | 채종준
펴 낸 곳 | 한국학술정보㈜
주   소 | 경기도 파주시 문발동 파주출판문화정보산업단지 513-5
전   화 | 031) 908-3181(대표)
팩   스 | 031) 908-3189
홈 페 이 지 | http://ebook.kstudy.com
E - m a i l | 출판사업부 publish@kstudy.com
등   록 | 제일산-115호(2000. 6. 19)

ISBN   978-89-268-8115-6   03680